RAQUEL PINHO

O BOM E VELHO JEITO DE EMPREENDER

CONHEÇA AS LIÇÕES SURPREENDENTES DE QUEM FUNDOU A **MABEL**, UM **IMPÉRIO BILIONÁRIO** E UMA DAS MARCAS MAIS FORTES E TRADICIONAIS DA INDÚSTRIA BRASILEIRA

NESTORE SCODRO
UDELIO SCODRO

Gente editora

Diretora
Rosely Boschini
Gerente Editorial
Rosângela de Araujo Pinheiro Barbosa
Assistente Editorial
Natália Mori Marques
Controle de Produção
Karina Groschitz
Preparação
Renata Lopes
Projeto Gráfico e Diagramação
Triall Editorial Ltda.
Revisão
Vero Verbo Serviços Editoriais
Capa
Vanessa Lima
Impressão
Edições Loyola

Rua Pedro Soares de Almeida, 114,
São Paulo, SP – CEP 05029-030

Telefone: (11) 3670-2500

Site: http://www.editoragente.com.br

E-mail: gente@editoragente.com.br

Dados Internacionais de Catalogação na Publicação (CIP)
Angélica Ilacqua CRB-8/7057

Pinho, Raquel
O bom e velho jeito de empreender: conheça as lições surpreendentes de quem fundou a Mabel, um império bilionário e uma das marcas mais fortes e tradicionais da indústria brasileira / Raquel Pinho. — São Paulo: Editora Gente, 2017.

ISBN 978-85-452-0160-1

1. Scodro, Nestore, 1930– Biografia 2. Administradores de empresa - Biografia 3. Administração de empresas 4. Negócios 5. Empreendedorismo 6. Empresas familiares 7. Grupo Mabel (Firma) – História I. Título

17-0450 CD 926.58

Índice para catálogo sistemático:
1. Administradores de empresa – Biografia 926.58

SUMÁRIO

Apresentação

A trajetória de sucesso de Nestore Scodro, com muito orgulho meu PAI, foi possível graças a sua determinação, visão e preocupação com seus funcionários e também com sua família. Sua crença na eterna busca de novidades foi o que moveu sua vida, para não ser mais um, e sim um homem que marcou com sucesso todo o caminho que percorreu.

Soube criar oportunidades e produtos, porém também soube criar filhos, como eu e meus irmãos Sonia e Sergio, que soubemos levar à frente todos os seus sonhos, multiplicando em muitas vezes o resultado do seu árduo caminho inicial, de uma marca que se chama MABEL, que mais do que uma marca, tornou-se um referencial de boas lembranças da infância de milhões de brasileiros. As rosquinhas MABEL significam tudo de bom para muita gente.

Mesmo nós sendo muito jovens, ele permitiu a mim e também ao meu irmão que assumíssemos a direção daquela empresa, que era já famosa, para que pudéssemos levá-la à frente e tornar a Mabel uma das maiores fabricantes mundiais de biscoitos.

Este livro mostra em uma leitura gostosa como alcançar o sucesso com muito trabalho, determinação e fé. Mostra ainda quanto a família de sangue e também a grande família, que foram todos os nossos colaboradores, são importantes no sucesso de uma pessoa.

Este livro mostra bem quem foi este grande empreendedor.

Sandro Mabel Scodro

PREFÁCIO

MISTURANDO O INTERESSE PROFISSIONAL E A CURIOSIDADE JUVENIL por boas histórias, aceitei o convite para empreender "viagem" à saga da família Scodro, fundadora da Mabel, empresa de alimentos docemente incorporada à memória afetiva dos brasileiros.

Posso afirmar que a narrativa me seduziu logo nas primeiras páginas. Há uma história de dor e superação, iniciada com o falecimento do patriarca italiano da família. A gestão da casa é, então, assumida de maneira valente por Anna, mulher cuja força e dedicação evocaram a lembrança de minha própria mãe.

O menino Nestore, protagonista dessa história real, cativa-nos desde as proezas infantis, quando agrega força aos *partigiani*, os rebeldes italianos que resistiam ao nazifascismo, no contexto da Segunda Guerra Mundial.

Depois, ele nos encanta com seus anelos de jovem artista. É o violinista que sonha com as notas musicais, que emprega disciplina e rigor na busca pela excelência.

Mais adiante, foi impossível não me projetar, como exercício de empatia, em sua experiência de imigrante. Aí, bem lembrou meu saudoso pai, português, exportado ao Brasil como mão de obra excedente.

Nestore inicia suas façanhas justamente nesta São Paulo que tão bem conheço, ao mesmo tempo implacável e generosa, na qual tantas almas estrangeiras se misturaram na luta pela sobrevivência e na busca da felicidade.

O livro, então, nos oferece um espetacular prêmio: a detalhada história de empreendedorismo de Nestore e de seu irmão Udelio, que saltam da vida de trabalhadores assalariados para a pugna dos empreendedores.

Ambos são absolutamente obstinados, esforçados e, sobretudo, inventivos. Se não havia mais compradores para seus fornos industriais, puseram-se a fabricar e comercializar biscoitos.

Aprenderam enquanto faziam, adaptando padrões, recriando paradigmas e, acima de tudo, superando barreiras por meio do bom "jeitinho latino", que nada tem de malandro, mas tem tudo de criativo.

Não tem gasolina? Ah, eu pago com bolacha. Continue a percorrer estas bem escritas páginas e você vai compreender de que modo os grandes empreendedores seguem adiante, mesmo diante das maiores adversidades.

A trajetória da Mabel, honestamente retratada nesta maravilhosa obra, mostra como podemos vencer desafios em logística, em vendas, em marketing, em gestão de pessoas e no particular desenvolvimento de empresas familiares.

Também é possível compreender de que modo a visão do empresário pode se fundir àquela do agente de transformação social. Sim, o inspirado Nestore é também o homem por trás de um belo projeto de profissionalização de jovens carentes.

Por fim, é sempre interessante saber sobre o rito da invenção. Se Thomas Edison experimentou inúmeros filamentos para sua lâmpada elétrica, até torná-la um irradiador estável de energia luminosa, Nestore trilhou caminho semelhante até desenvolver a máquina que transformou milho no delicioso Skiny, esse alimento natural que até hoje ocupa lugar nas lancheiras de nossa garotada.

É igualmente um prazer acompanhar o processo educativo construído na família Scodro. Os incansáveis Nestore e Udelio souberam repassar conhecimentos técnicos e de gestão aos filhos.

No entanto, na educação do afeto, foram também capazes de lhes repassar valores morais e fazê-los trabalhadores dignos e honrados, preocupados não somente com o próprio sucesso, mas também com a promoção social dos colaboradores.

No cotidiano, pude confirmar esse procedimento reto e assertivo ao me tornar conselheiro da Gama Sucos e Alimentos (GSA) e conhecer o labor diligente do Sandrinho, neto de Nestore e filho de Sandro "Mabel" Scodro. Ali, na terceira geração, resiste o espírito infatigável e desbravador do violinista italiano que virou empresário de sucesso.

Tive a honra de conhecer pessoalmente o velho Nestore, que octogenário ainda trabalha todos os dias, tocando diversos negócios nos Estados Unidos.

Trata-se de um homem de múltiplas virtudes, mas também simples, desprovido de soberba, vibrante e sempre focado em pessoas. Por meio de seus exemplos de gestão, prova que o fator humano é o maior diferencial na construção de organizações sadias, inovadoras e prósperas.

Em diálogos com ele, delicio-me com os relatos de suas fantásticas experiências e constituo um inestimável aprendizado acerca de inventar, produzir, atender demandas, vender, lucrar e compartilhar resultados.

Nestes dias em que muito se fala de crise, é fundamental que empreendedores e profissionais de gestão aprendam com a trajetória da família Scodro. Cada adversidade foi transformada em oportunidade. Cada pedra no caminho foi coletada para que erguessem unidades industriais e fortalecessem os pilares de seus negócios.

Nesse processo, aliaram sempre a paixão e a razão, a criatividade e a disciplina, a versatilidade e a persistência. Nestore e Udelio começaram do zero, moveram montanhas e triunfaram. Se o nosso Brasil precisa retomar o crescimento econômico, gerar empregos e melhorar a qualidade de vida de sua população, convém nos inspirarmos nesse magnífico exemplo. Vamos, pois, também arregaçar as mangas e fazer acontecer.

Carlos Alberto Julio

Sócio do Instituto Locomotiva de Pesquisa, professor, palestrante, colunista da Rádio CBN e autor na área de Negócios

Mensagem da autora

Um dos princípios essenciais do bom jornalismo literário é a empatia. Para ter acesso a uma boa história, é preciso conseguir acessar a subjetividade do entrevistado. Por vezes, declarações soam como confissões. A vida floresce sem edição.

Esta foi a essência de três anos de convívio com Nestore Scodro. Uma relação de confiança entre escritora e biografado se estabeleceu e tive o privilégio de enxergar a alma de um dos grandes empresários que o Brasil já conheceu.

Visitei seu passado, seus sonhos, suas dores e o cenário de sua juventude, que o levou a construir, com seu irmão, uma das marcas de biscoito mais queridas pelos brasileiros: a Mabel. Também conheci as nuances do pai, do amigo e do cidadão que estava por trás do empresário de sucesso.

É inspirador e encorajador olhar para o passado de líderes bem-sucedidos e descobrir uma boa essência. Nestore e Udelio começaram do zero, enfrentaram dificuldades e persistiram, mas sem abrir mão de seus valores essenciais. Ensinam às novas gerações que não é preciso abandonar a coerência para alcançar as estrelas. Revelam também, sem fantasia, o duro caminho do empreendedorismo.

Mas, afinal, o que leva um indivíduo a se destacar na multidão? Amizade, parceria e, algo raro nos dias de hoje, o bom senso. O patrimônio, o dinheiro e o poder que Nestore e Udelio obtiveram com o império da Mabel não sobrepujaram a cumplicidade, a irmandade e a lealdade nata que existiam entre eles.

Uma viagem, um privilégio. Você é meu convidado para o embarque nas próximas páginas, que também apresentam, como pano de fundo, os desafios econômicos e estruturais do Brasil, a partir dos anos 1950.

RAQUEL PINHO

Homenagem a Lucimar Veiga

Por onde ela passou, deixou boas lembranças. "Vôôôôô!" Até hoje, Nestore ainda se lembra do timbre alegre de sua voz, chamando-o nos encontros de família. A esposa de seu neto virou também uma neta. Ele preferiu recolher suas fotografias que estavam penduradas na parede. Não quer ver para não se lembrar.

Não me esqueço da ligação dela, dias antes do acidente que tirou sua vida, recomendando-me agilidade para concluir a biografia. "Raquel, o senhor Nestore está em idade avançada. Se algo acontecer com ele antes de o livro ficar pronto, vou ficar muito triste."

Deixou seu recado e partiu.

Muitas foram as pessoas que, ao conhecer a história de Nestore, disseram que ele deveria escrever um livro. Em especial seu neto, Sandro Marques Scodro. Ao perceber o desejo do marido, Lucimar se movimentou. Foi atrás de jornalistas, fez seleção, escolheu, definiu roteiro, prazo.

Virou projeto. Virou compromisso.

Agora, vira realidade.

Que eu dedico a você, Lu!

Raquel Pinho

CAPÍTULO 1

NA ITÁLIA

ERA NOITE EM CRESPANO DEL GRAPPA, uma pequena cidade que integra a província de Treviso, na Itália. O jantar na casa dos Scodro era servido pontualmente às 7 da noite. O senhor Antônio Fortunato havia chegado depois de um cansativo dia de trabalho no comércio local, onde comprava vinho no atacado e o engarrafava para venda.

Dona Anna já o esperava com um farto cardápio para o jantar: risoto, verduras cozidas, queijos e frutas. As crianças, Domizia, Udelio e Nestore, aguardavam o pai, sentadas à mesa, cada qual em seu lugar previamente definido. Famintas, elas bem que queriam já ter devorado toda aquela comida, mas desde pequenas foram muito bem ensinadas pela mãe que o chefe da família teria de preceder aos demais na refeição, como mandava o costume à época.

O pai sentou-se à mesa. Em um só tempo, todos colocaram o guardanapo no colo e organizadamente se serviram.

Assim era a educação dos italianos do norte, nos idos de 1930. Herdaram dos alemães, seus vizinhos geográficos, o pragmatismo e o formalismo. Em casa, o diálogo era pontual. Não havia afagos nem mimos. A conversa era baixa, sem sobressaltos ou risos. O clima frio da região influenciava hábitos mais discretos e contidos, bem diferentes dos de seus vizinhos sulistas, que viviam com temperaturas mais convidativas à cordialidade e à interação. Entretanto, como bons italianos que eram, de uma tradição não abriam mão: reunir a família nos momentos de refeição.

Era assim que, todos os dias, a família Scodro se relacionava. O pequeno Nestore tinha seu pai mais próximo quando este, sentado à mesa, degustava o vinho e saboreava as delícias que dona Anna preparava. Nesses momentos, aquele menino travesso, que colecionava aventuras, como descer a escadaria da casa de triciclo, dava lugar a um garotinho limpo, de cabelos penteados e roupas impecavelmente passadas, com as recomendações da mãe de usar corretamente os talheres e não interromper a conversa dos adultos.

Bem que ele se esforçava, mas o que se podia esperar de um menino de 5 anos? Havia as traquinagens, os cochichos com os irmãos, as brincadeiras proibidas por baixo da toalha. Foi numa dessas que o pequeno Nestore entrou em apuros: derrubou o copo de vinho do pai. À medida que a bebida tão apreciada pelo senhor Antônio avermelhava a toalha branca, ele também enrubesceu. Seu coração acelerou e só as retaliações ocuparam espaço em sua mente. De cabeça baixa, nem ousou levantar os olhos para não se deparar com as sobrancelhas franzidas de seu pai e sua mãe.

– "Vou apanhar" –, pensou.

Paralisado pelo medo, ele deu um pulo da cadeira com o grito do pai:

– Alegria! Alegria! Acidentes acontecem. Vamos celebrar! – exaltou.

Para surpresa do menino, o pai deixara a figura de autoridade de lado em nome da descontração da família.

Não que o senhor Antônio fosse um homem rude com os filhos, mas o rigor era o costume da época e da região. Nestore só costumava ver o pai de saída para o trabalho, buscando o sustento para os seus, como acontecia em outras casas também. Na mesa, era hora de estar perto dos filhos, mas sem grande intimidade. Acima de tudo, era hora de o chefe de família alimentar-se, repor energias e descansar. Cabia às crianças respeitar e não atrapalhar esse momento. O cuidado com os filhos era assunto para a esposa – a ela, sim, caberia um contato maior com questões de criança

Mas, de vez em quando, muito de vez em quando, o senhor Antônio Fortunato fugia às convenções. Foi o que aconteceu em uma manhã fria de dezembro de 1938. Antes de sair para trabalhar, passou pela sala, onde estavam os filhos, dirigiu-se a cada um deles, olhou-os ternamente e se despediu, com um beijo na testa.

Foi a última vez que Nestore veria o pai vivo. Senhor Antônio sofreria um acidente, durante a viagem de retorno para casa, à noite.

No dia seguinte, Nestore fora levado ao encontro de sua mãe, no hospital, que lhe deu a notícia, entre lágrimas. Era uma manhã fria de inverno. Olhou para o infinito e fitou as folhas secas do jardim sendo envolvidas por um redemoinho. Era o fim de um ciclo de vida para a natureza, que se encarregava de transportar para outro lugar os elementos responsáveis pela alegria das cores na primavera e no verão. Nestore via aquelas folhas sendo levadas e imaginava seu pai indo junto para uma dimensão que ele ainda não compreendia, mas aceitava, ainda que com profunda tristeza.

O pai falecera em 21 de dezembro de 1938, dia em que Nestore completou 8 anos. A data, que fora exclusivamente de alegria e comemoração em sua vida, passaria a ser também de saudade.

De seu pai, carregou lembranças. Como a de uma viagem que fizeram ao Tirol, cerca de um ano antes de perdê-lo para sempre. O senhor Antônio levara a família para conhecer essa região situada parte na Itália e parte na Áustria. Além de ser muito bonito, com as montanhas dos Alpes e a charmosa arquitetura das casas, Tirol foi um condado expoente e influente na Idade Média, período no qual passara a ser alvo de muitas disputas políticas que se arrastaram até a Primeira Guerra Mundial, na década de 1910. A região, que outrora fora autônoma, acabou dividida entre os dois países, porém manteve suas tradições e cultura.

Símbolo dessa identidade cultural era o chapéu tirolês que o senhor Antônio deu a Nestore. Encantado com o passeio, que lhe apresentara uma atmosfera diferente da sua, e também pelo gesto carinhoso do pai, sentiu-se todo pomposo com o adereço. De volta a sua cidade, tratou logo de exibir aos amigos a peça, que tinha uma projeção mais pontuda na parte da frente da aba e uma pena na lateral.

O menino usara o chapéu para ir à escola, onde seria visto por sua amada Lia. Ah, Lia! A menina de pele branca que contrastava com seus cabelos e olhos castanhos foi o primeiro amor de Nestore, que divagava em fantasias com a garotinha. Quando andava de bicicleta pela vizinhança, parava à porta da casa dela e imaginava-se entrando naquele palacete com um ramalhete de flores, vestindo terno e gravata, para pedir ao pai a mão de Lia em casamento.

Na escola, tudo estava indo bem. O chapéu tirolês de Nestore chamou a atenção da menina e também do resto da turma, ouriçando até um garoto considerado "líder", a quem todos admiravam, respeitavam e não enfrentavam. Este, tão logo percebera a admiração dos colegas pelo chapéu, começou a fazer piadinhas.

– De onde você tirou esse chapéu? De um espantalho no milharal?

– Eu achei muito bonito – retrucou uma colega.

Ele continuou com outras ironias, gozações e piadinhas, mas não estava dando certo. No pátio da escola, Nestore continuava no centro das atenções. Inconformado, o tal colega tratou de se aproximar e dar um tapa em seu chapéu, derrubando-o numa poça de lama.

Nestore ficou louco de raiva. "Como este chato de galocha faz uma coisa dessas?", perguntava-se. Esqueceu-se de seu tamanho menor e da força maior do agressor e partiu para cima dele. Tirou forças não se sabe de onde e deu-lhe socos e chutes em nome de seu chapéu. Daquele dia em diante, o "líder" passou a ser ele. Por esta Nestore não esperava. Muito menos o valentão da escola.

A rotina da família Scodro muito se alterou depois da partida de Antônio Fortunato. Dona Anna, aos 38 anos, teve de assumir um papel incomum para sua época: tomou conta do negócio do marido para garantir o sustento dos filhos. O cuidado rotineiro das crianças passou a ser feito por funcionárias domésticas. Domizia, a irmã mais velha, aos 12 anos, passara a ser uma importante coadjuvante na administração do lar, antecipando responsabilidades. Em paralelo, dona Anna passou a ter um temperamento mais duro com os filhos para impor respeito e limites. Naquele momento, ela se tornara pai e mãe e tinha de dar conta do duplo papel.

Nessa época, eles já viviam em Montebelluna, onde se estabeleceram. Era outra pequena cidade que integrava a província de Treviso. Antes disso, haviam morado por um curto período em Valdobbiadene, terra do vinho *prosecco*.

Aos poucos, Nestore despedia-se da infância e das coisas de menino e começava a enxergar o mundo com a curiosidade e o interesse juvenis. As implicâncias do tempo de criança com o irmão mais velho, Udelio, começavam a dar lugar ao companheirismo. Começaram a compartilhar atividades, como a criação de coelhos, que mantiveram por algum tempo.

– Nestore, vamos arrumar um jeito de ganhar dinheiro? – propôs o irmão mais velho.

– De que jeito, Udelio? A gente ainda nem trabalha.

– A gente pode criar coelhos pequenos, engordá-los e vendê-los para abate – sugeriu.

Apertaram-se as mãos. Dividiram as tarefas. Nestore ficava encarregado de arrumar a grama para os bichinhos comerem. Buscava em terrenos da vizinhança, porque só o gramado do quintal de casa não era suficiente. Já Udelio mantinha as gaiolas limpas e os alimentava. Deu certo. Quando os bichinhos chegavam ao ponto de abate, dona Anna era a principal cliente.

Além de o coelho fazer parte do cardápio da casa, este era um incentivo para que seus filhos varões aprendessem a trabalhar, a fazer negócio, enfim, crescessem.

Foi nessa etapa, por volta dos 10 anos, que Nestore despertou para a música. No rádio, já gostava de ouvir as peças clássicas e, depois de ver um amigo mais velho tocando violino, resolveu fazer o pedido à mãe:

– A senhora me dá permissão para estudar música?

Dona Anna assentiu:

– Sim, filho meu, com muito gosto.

E, assim, Nestore começou a frequentar um instituto de música em Treviso, capital da província. Três vezes por semana, pegava o trem e lá permanecia por cerca de quatro horas, aprendendo a tocar violino.

Um novo barulho invadiu a casa. Era Nestore e seu instrumento. Aluno aplicado, estava sempre estudando as partituras em seu quarto. Começava, parava no meio, voltava. Repetia os acordes até que fossem executados com perfeição. Quando ele tocava, presenteava a todos, especialmente sua mãe, que tanto apreciava a aptidão do filho.

Como as grandes composições, que se iniciam com suavidade e ganham força e intensidade ao longo de seus compassos, a música se tornou sua grande paixão na adolescência, permitindo que ele concentrasse suas emoções em atividades que elevavam a alma. Foi o que o ajudou a viver em uma época em que a Itália foi manchada com discórdia e sangue. Havia chegado um tempo triste no país de Nestore.

Havia chegado o tempo de guerra. As montanhas, os vinhedos, as flores e as cores de seu país foram mesclados com soldados, bombardeios, abrigos e toda a tristeza da Segunda Guerra Mundial. Assim decorreu a década de 1940.

Na Europa, ainda era forte o interesse expansionista, o desejo de conquista de novos territórios, como ocorrera na Antiguidade e na Idade Moderna, quando aconteceu o desenvolvimento das grandes navegações e a conquista das Américas. Foram essas circunstâncias que fizeram o fascismo ganhar força na Itália, um sistema político ultranacionalista, defendido por Benito Mussolini, chefe do governo italiano, que encontrou sintonia com o nazismo, na Alemanha, onde Adolf Hitler pregava a supremacia da raça ariana, que deveria lutar para reconquistar as perdas da Primeira Guerra Mundial.

Mesmo que as circunstâncias não fossem as ideais, uma vez que o exército italiano necessitava de modernização em seu aparato e também estava enfraquecido em virtude das ofensivas que promovera no continente africano, foi esse contexto que levou a Itália a aderir à Segunda Guerra Mundial. Mussolini passou a fazer parte das Potências do Eixo – juntando-se à Alemanha e ao Japão – e atacou a França, a

Grécia e a Inglaterra. Apesar de ter uma relação comercial próxima com os ingleses, a Itália estava particularmente incomodada com a presença inglesa no Estreito de Gibraltar, no Mar Mediterrâneo, sua única ligação com os oceanos Atlântico e Índico.

As ofensivas italianas não foram tão bem-sucedidas como se esperava. Crescia a desaprovação ao fascismo, até por parte do próprio rei Vittorio Emanuele III, que, em 1943, fez um pacto com o bloco dos aliados - França, Inglaterra, Estados Unidos e União Soviética -, numa tentativa de neutralizar o avanço do nazifascismo.

Foi desse período em diante que os italianos passaram a ver a guerra mais de perto, em seu cotidiano. Sua rotina passou a ser incrementada com bombas, vindas de cima, lançadas pelos aliados, e tiros, vindos de baixo, disparados pelos alemães, que tentavam impedir que a base aliada ocupasse o território da Itália e se aproximasse do território alemão. Nestore passou a conviver também com o patrulhamento dos soldados alemães em sua cidade. Eles invadiam as casas em busca de judeus e soldados da resistência, os *partigiani*.

Calcula-se que mais de 300 mil italianos tenham integrado essa resistência, que foi um forte movimento contra a ocupação nazista. O povo italiano ocultava e protegia os *partigiani*, porque não estava feliz com a guerra. Dona Anna era uma. Em sua casa, alguns *partigiani* realizavam discretas reuniões. Os encontros eram arriscados; neles o grupo planejava suas estratégias de ação.

Pela cidade, os alemães anunciavam a regra do jogo: para cada alemão morto pela resistência, dez italianos seriam mortos, os primeiros que fossem vistos pela frente, não importando se fossem velhos, crianças ou mulheres. Nestore, que havia presenciado diversas dessas execuções, convivia com o medo de ser descoberto, assim como temia que acontecesse um flagrante das reuniões secretas em sua casa.

Viu os alemães, por diversas vezes, invadir sua casa para roubar comida. No entanto, graças à esperteza de sua mãe, eles nunca encontravam muito que levar. É que dona Anna mandou construir uma parede falsa em sua casa. Lá dentro armazenava queijo, vinho, salame e outros mantimentos. Havia também muitas garrafas de vinho guardadas, o que evitou que a fome se instaurasse na casa dos Scodro, pois com o passar do tempo o escambo passou a dominar a economia local. Dinheiro não valia nada, mas alimentos sim. O vinho, por ser muito apreciado pelos italianos, era uma valiosa moeda. Em troca da bebida, dona Anna recebia porcos, galinhas, ovos e toda variedade de alimentos. Todos os meses, um pequeno buraco era feito na parede para que se retirasse o suficiente para a família passar o mês.

– Nestore, entre lá pra pegar o que precisamos – solicitava dona Anna.

Ele, o menor e mais magrinho da casa, ficava com a incumbência de entrar no esconderijo, que evitou a pilhagem dos alemães em sua casa. A tarefa virou um privilégio, já que Nestore aproveitava para dar umas boas mordidas nos queijos e salames enquanto estava lá dentro. Quando ele saía, o buraco era imediatamente fechado com tijolos e massa.

Na medida do possível, Nestore buscava ter uma rotina comum. Ia para a escola, para as aulas de música e até aprendeu a fazer negócios em um contexto de guerra. Contudo, quando havia perigo de bombardeio, os Scodro tinham de ir para o abrigo subterrâneo, o que acontecia quase todos os dias.

Em Treviso, a apenas 19 quilômetros de sua cidade, houve um bombardeio. Os aliados queriam eliminar um comando alemão que estava instalado no hotel central e lançaram bombas em uma área de um quilômetro quadrado que o circundava, o que incluiu parte da estação de trem em que Nestore tanto já tinha desembarcado para as aulas de música nos anos anteriores. Foi uma Sexta-Feira Santa regada a sangue e tristeza. Durante quatro horas, 10 mil pessoas morreram.

Felizmente, nunca morreu ninguém próximo a Nestore. Porém, a essa altura, corpos nas ruas já não o abalavam tanto. Quando os aviões lançavam bombas, ele escondia sua cabeça e, depois de passado o perigo, continuava o que estava fazendo, sem maiores abalos. Já havia até aprendido a usar granada, em defesa própria. Ninguém sabia se estaria vivo ou morto no dia seguinte. O futuro já era algo que ele não pensava com tanta frequência.

O coração endurecido era, talvez, seu ópio para conseguir conviver com tanta miséria e essas atrocidades. Por outro lado, encontrava na música o prazer e a alegria para seguir adiante sem perder totalmente a esperança de que aqueles horrores acabassem de vez. Nessa época, só a música importava a Nestore. Tornar-se um grande violinista era seu grande sonho de vida, e a obstinação fez com que ele, em 1943, no auge do conflito bélico, fosse aprovado em primeiro lugar para o conservatório de música, em Veneza, colocação que manteve ao longo dos cinco anos de curso.

Sua dedicação irrepreensível o levara a ocupar lugar de destaque nos recitais da universidade. O mais importante deles aconteceria em 1948, ano de sua formatura, no Dia de Santa Cecília, protetora dos músicos. A apresentação nessa data era uma tradição. Acontecia sempre no Conservatório de Música Benedetto Marcello, sediado no Palazzo Pisani. O salão de concerto só era aberto ao público em eventos especiais.

A apresentação grandiosa contaria com a participação da orquestra do conservatório. Na plateia, além das famílias, estariam também especialistas, jornalistas e críticos de música clássica. Um erro na execução poderia comprometer seriamente a carreira de quem se empenhava tanto para se tornar um grande concertista.

Tão importante era essa apresentação que o professor orientador de Nestore o levara para sua casa para um treino intensivo. Lá, ele se hospedou por uma semana para não perder tempo em viagens nem distrair-se com qualquer outra atividade. Dedicava oito horas por dia aos estudos e ensaios.

Nestore estava ansioso, pois seria solista no concerto em ré maior, para violino e orquestra, de Tartini. No grande dia, ao chegar à sala de concertos do conservatório, a decoração do espaço tornou-se mais intimidadora para Nestore. As paredes escuras e os carpetes e cortinas vermelhos deram um ar suntuoso ao local, porém deixaram Nestore acuado.

As luzes se apagaram, e um feixe de luz foi jogado sobre Nestore, deixando-o com uma sensação de isolamento. A plateia se silenciou. A barriga esfriou. A mão e o arco do violino tremiam. A orquestra iniciou o concerto e, depois dos primeiros acordes, chegou o momento de ele entrar com sua execução. Sem saber muito bem como, conseguiu abstrair tudo aquilo e driblou o nervosismo. As arcadas ficaram firmes, e ele, cada vez mais seguro, a ponto de se esquecer da plateia, de onde estava, de tudo. Fitou seu instrumento e o dominou.

No final, executou com maestria a *cadenza*, um solo em que o concertista, mantendo o motivo do concerto, pode mostrar toda sua técnica e habilidade. Na sequência, a orquestra uniu-se a ele para o acorde final. Nesse momento, acordou repentinamente com a salva de palmas do público. Tinha conseguido se ausentar do palco e tocar somente para si próprio, esquecendo-se do público, do palco, das críticas. Sentiu-se glorioso.

Ao final do espetáculo, encontrou-se com sua mãe.

– Nestore, eu me realizo através de você, filho meu – disse a mãe, tão orgulhosa.

Em sua juventude, ela alimentara o sonho de também estudar música, e naquele momento via o filho desenvolver-se tão extraordinariamente. Presente nesta e em outras muitas apresentações do filho, alimentava com aplausos o entusiasmo de Nestore em se tornar um grande concertista.

Além da música, Nestore também dedicava parte de seu tempo ao comércio. Por sugestão de sua mãe, ele já vinha acompanhando, há algum tempo, o senhor Alberto Bianchin, um antigo fornecedor de seu pai, em sua atividade de comercializar cereais. Três ou quatro vezes por semana, viajava com ele pelas cidades da província de Treviso para conhecer de perto a rotina das negociações na bolsa de cereais.

A bolsa se instalava na praça central de cada cidade, em um dia da semana predefinido. Produtores, compradores e intermediadores tomavam conta do local, formando uma grande feira. Sacos de feijão, trigo, arroz e outros cereais se esparramavam pelo chão e atraíam grande movimentação. Nesse ambiente, Alberto atuava como intermediador entre vendedores e compradores.

– Tenho seis sacos de feijão e oito de trigo – anunciava um vendedor.

– Eu me interesso, mas, *mamma mia*, esse preço precisa baixar! – dizia o comprador.

Eis que entrava em cena o Alberto para estimular um consenso entre as partes, visando ao fechamento do negócio, é claro:

– Ora, ora, mas a mercadoria é boa. Ou você quer comprar um feijão barato e cheio de pedras no meio? – dizia.

Fazia com que as partes se dessem as mãos. Naquela época, o gesto significava muito, um fechamento definitivo do negócio. Quanto mais intensa era a negociação, mais ele se entusiasmava com esse momento. Comemorava.

Como aprendiz, Nestore observava cada detalhe das negociações e passou a admirar a capacidade de persuasão daquele que lhe servia como mestre. Mais do que isso, sua companhia lhe fazia bem. Era um homem mais velho, que descortinava a seus olhos o modo como os negócios aconteciam, o caminho para ganhar a vida. Sua referência, de certa forma, preenchia um pouco a lacuna deixada pela ausência do pai.

No negócio de sua mãe, a distribuição de vinhos, ele também começou a ganhar responsabilidades. Verificar a graduação alcoólica da bebida passou a ser função sua. Antes de comprar qualquer barril, dona Anna solicitava ao filho que fizesse os testes. Quanto maior a graduação, maior era o valor do produto.

Apesar disso, a música continuava a ser seu sonho. Depois da formatura, começou a tocar em uma companhia de opereta que se apresentava em diferentes cidades da região. Divertia-se. Nessa época, começou a fazer planos para se tornar um grande músico fora da Itália, mais especificamente no Canadá.

Nelinho, professor de violino de Nestore, havia recebido a proposta de formar um grupo para tocar naquele país e o convidara para participar. Naquela época, com o fim da Segunda Guerra, os jovens estavam arrebatados com o sonho de fazer a vida na América. Os relatos otimistas dos italianos que haviam atravessado o Atlântico a partir do final do século XIX em busca de oportunidades faziam reluzir os olhos da nova geração, que convivia com as ruínas da Segunda Guerra.

Udelio, seu irmão mais velho, já havia partido para o Brasil em 1948, depois de concluir o curso técnico de perito industrial e conseguir uma "carta de chamada" para trabalhar em uma indústria italiana de fabricação de fornos industriais em São Paulo, chamada Útil. Para ser aceito no Brasil, o imigrante deveria exibir essa carta, que funcionava como um convite oficial. Poderia ser feita por empresas estabelecidas no país.

A iniciativa do irmão o encorajou a alimentar o sonho de se tornar um grande concertista no Canadá.

– Nelinho, pode contar comigo – deu a resposta.

Iniciaram-se os ensaios. O grupo contava com quase dez integrantes: dois músicos no violino, um no piano, um na bateria, um no contrabaixo, um no saxofone, um no clarinete, um no pistão, além do maestro, é claro. Em casa, Nestore deu a notícia:

– Mãe, também vou deixar a Itália.

– Ah, é? Não diga!

Dona Anna deu de ombros. Não o levou a sério, até como uma estratégia para não incentivar a partida de mais um filho para tão longe. Mesmo assim, o jovem músico continuou firme em seus intentos. Dedicava-se aos ensaios enquanto o mentor do grupo, o professor Nelinho, conduzia as negociações.

Em paralelo, recebia as cartas de Udelio, que narrava a rotina em São Paulo à família. Nessa época, o Brasil estava em processo de industrialização e os imigrantes qualificados eram bem-vindos. Udelio dizia que o irmão poderia trabalhar no Brasil também, se quisesse, e enviou-lhe a carta de chamada da Útil.

As boas notícias do irmão motivaram ainda mais Nestore, o qual, durante um ano e meio, permaneceu dedicado aos ensaios do grupo. Contudo, no decorrer do tempo, seu ânimo foi se esmorecendo com o lento andamento das negociações, que nunca se desenrolavam.

– Caros, ainda não tenho definições de nossos salários nem de nossas condições no Canadá – informou Nelinho depois de um ensaio.

Nestore já havia cativado o desejo de construir sua vida fora da Itália. Em casa, relia as cartas do irmão, que não demonstrava arrependimento em relação a sua decisão de deixar sua pátria. Parava no trecho em que Udelio lhe estendia o convite para ir trabalhar na Útil e começava a pensar, "por que não?". Afinal, tudo estava tão incerto em relação a sua partida para o Canadá...

Resolveu mudar os planos. Por carta, avisou Udelio que partiria. Contou também para a mãe, que a essa altura já havia entendido que Nestore estava levando muito a sério seus intentos.

– Você tem certeza, filho meu?

– Sim, mãe, tenho.

Apesar de ser uma mulher de temperamento forte e decidido, que não deixava sentimentos de fragilidade transparecerem, a decisão do filho soava-lhe como um duro golpe. Primeiro, Udelio fora para o Brasil. Agora, Nestore. Duelava dentro dela a sensação de perda, o sentimento de posse, com seu abnegado amor de mãe, que tudo fazia para apoiar o crescimento dos filhos. No fundo, era difícil encarar o fato de que ficaria privada da companhia de seus dois filhos. No passado, a vida lhe obrigara a aprender a viver sem a companhia do marido e, agora, era desafiada novamente. Nessa realidade da imigração, havia apenas um consolo para dona Anna: os dois irmãos estariam juntos. Como mãe, já tinha se preocupado muito com Udelio sozinho em uma terra distante. Agora, ao menos, um seria companheiro do outro. Nestore comprou a passagem com o financiamento da mãe, porém já sabia que, para ter sucesso na nova vida, seria fundamental começar do zero, ou seja, devolver o dinheiro para dona Anna, mesmo sem ela precisar dele. Ele não sabia aonde chegaria, mas já alimentava uma certeza: queria contar a seus netos que, seja lá o que conquistasse, seria uma vitória a partir do nada, fruto unicamente de seu esforço.

Escolheu viajar em um navio grego chamado Canberra; era o que partiria mais brevemente para o Brasil. Fez um passeio de despedida por Montebelluna para apreciar uma paisagem que demoraria a ver novamente. Saía de seu país sem cumprir o serviço militar e teria de ficar no Brasil por, no mínimo, dezessete anos, tempo necessário para não ser considerado pelo governo italiano um desertor. Colocou todos os seus pertences na bagagem.

No dia da partida, antes de tomar o trem para o porto de Gênova, sua mãe o abraçou e colocou em seu pescoço uma corrente com uma medalha de Nossa Senhora.

– Você não sabe quanto sofro neste momento, Nestore – disse dona Anna.

Nestore fitou seus olhos, que naquele momento teimavam em marejar. Ela continuou:

– Eu só deixo você partir para que, amanhã, não me acuse de ter impedido de realizar seus sonhos. Você só vai saber o que sinto no dia em que tiver um filho.

Nestore guardou essas palavras como uma expressão de amor. Palavras de renúncia e de encorajamento das quais ele jamais se esqueceria. Seguiu para a estação de trem acompanhado por um velho amigo, o último rosto familiar que recebeu seu aceno de despedida. Aos 19 anos, ele daria curso a um novo capítulo de sua história.

CAPÍTULO 2

UM NOVO MUNDO

NESTORE CHEGOU AO MOVIMENTADO PORTO DE GÊNOVA logo depois do almoço, com tempo suficiente para despachar suas malas e embarcar com tranquilidade. Observou a quantidade de navios ancorados, muitos deles com destino à América, trajeto que enchia de expectativa e esperança tantos italianos que formaram um expressivo movimento de imigração pós-guerra, em meados dos anos 1950. Olhou para seu bilhete para ter certeza do nome do navio, que no fundo já havia decorado: Canberra.

Localizou-o e seguiu em sua direção. Entregou suas malas ao tripulante, mas preferiu carregar à mão o bem mais precioso: o violino que fora artesanalmente fabricado para suas atividades como concertista. Acomodou-se na cabine e aguardou o momento de partida. À mão, tinha também um chapéu branco de explorador, fabricado com fibra, com uma ventilação especial para rebater o calor. O objeto fazia parte da mala de viajantes e exploradores de florestas tropicais dessa época. Talvez lhe fosse útil quando chegasse ao Brasil - fantasiava.

O apito do navio soou. Era chegada a hora da partida. Da janela, Nestore avistava familiares e amigos dos viajantes posicionando-se à margem do porto, para o último aceno. Ele, porém, estava sozinho. Havia deixado tudo para trás em busca de seus ideais.

No convés, o silêncio tomava conta dos passageiros à medida que o navio se movimentava. A atmosfera não era de alegria. Talvez estivessem sentindo o mesmo que Nestore: um melancólico vazio. Apesar da euforia em relação aos planos para o futuro, de conquistas e de sucesso, do reencontro com o irmão no Brasil, ele se via distanciando-se da terra onde nascera e vivera até o momento. Valeria a pena deixar para trás a história que ele começara a escrever ali?

Preferiu então voltar os olhos para o outro extremo e olhar o azul do céu e do mar, que começava a tomar conta de toda a paisagem e tomaria conta de seu cenário pelas três semanas seguintes. Nestore fechava os olhos e imaginava-se em grandes orquestras e concertos, executando impecáveis solos com seu violino. Abria os olhos e enxergava o infinito. Este era o tamanho de seus sonhos.

Durante as refeições, observava as feições das pessoas que viajavam com ele. Imaginava que elas tinham sonhos parecidos com os seus e por isso estavam ali. Cerca de quatrocentos passageiros estavam a bordo do navio que tinha como destino o porto de Santos, no Brasil. A maioria era muito jovem e partilhava das mesmas aspirações. Cada um a seu modo, eles queriam "fazer a América". Estavam em busca de oportunidades para conquistar seu espaço em uma nova terra.

Em um desses momentos, no restaurante do navio, um jovem magricela aproximou-se de Nestore.

- Ei, amigo! Posso me sentar a seu lado? - puxou conversa.

- Claro, fique à vontade - respondeu Nestore.

- A comida aqui não é das melhores, mas até que está saborosa – disse, já mandando uma garfada para dentro.

- É, se continuar assim, poderemos até ganhar uma gordurinha! – brincou Nestore. Afinal, ambos eram magros.

Passaram a ser companheiros de viagem e de traquinagens. Todos os dias, passavam horas papeando. Tomavam sol, faziam alguns exercícios, degustavam algum aperitivo no restaurante. Sempre sobrava tempo para um cochilo e, na falta do que fazer, para armar peripécias que incluíam brincar na proa durante a tempestade.

– Nestore, eu fico numa ponta e você, na outra! – gritou o amigo em meio ao barulho da ventania. – Vamos brincar de gangorra em alto-mar!

Nestore assim o fez, participando da brincadeira do colega aventureiro. As ondas balançavam fortemente o navio, levantando ora um extremo, ora outro. E os dois se desmanchavam em gargalhadas, acenando um para o outro, divertindo-se, com aquele frio na barriga por causa do perigo, a chuva no peito e o sabor de aventura. Dois inconsequentes. Nem por um minuto se preocuparam com o risco de cair no mar.

Durante o trajeto, houve três tempestades. O céu se fechara, os ventos ficaram fortes e o mar, agitado. O comandante ordenara que todos se recolhessem em suas cabines. O navio balançava muito e o barulho das ondas gigantes batendo na proa era ensurdecedor. A cena era impressionante e feia, mas, aos 19 anos, Nestore, não tinha medo de nada. Por mais que o momento fosse de apreensão, não era motivo para abrir mão da diversão.

Nestore abandonou sua cabine de primeira classe, exclusiva. Preferiu ficar junto dos companheiros de viagem em vez de sozinho em seu pequeno quarto. Estava sempre nas cabines deles, rindo, conversando e planejando alguma travessura. Durante a viagem, tornou-se um verdadeiro moleque, como nunca antes o fora.

Um dia fizeram uma travessura: simularam um mau tempo. A vítima foi um vizinho que sofria de "mal de mar", expressão utilizada pelos passageiros do navio para quem costumava enjoar quando o mar se agitava. Nestore arquitetou o plano:

– Eu vou ficar em cima do beliche, deslizar o violão de um lado para o outro na prateleira, como acontece quando o mar fica revolto. E você – dirigiu-se a outro colega – fica embaixo para fazer o mesmo movimento com os pés e dar a sensação de que o navio está balançando.

Quando o viram, perceberam que o plano fora bem-sucedido. O camarada saíra correndo rumo ao convés com o estômago embrulhado. Já estava com mal-estar quando deu de cara com a lua cheia iluminando a noite; o mar reluzindo como um espelho. Percebera a brincadeira e foi bater na porta da cabine dos arteiros para reclamar.

– Mas que brincadeira de mau gosto, seus moleques!

A irritação de nada adiantou, nem as reclamações os envergonharam. A traquinagem garantiu o riso a noite toda.

Depois de alguns dias de viagem, fez-se um intervalo para um breve pouso. O navio atracou na ilha de São Vicente, a cerca de 250 quilômetros da costa africana. O local era ponto de abastecimento de navios.

Naquele momento, Nestore começou a perceber os contrastes de mundos tão diferentes do seu, especialmente com relação àquelas regiões que foram, nos séculos passados, colônias de exploração. Conforme o navio ia em direção à margem, pequenas canoas se aproximavam. Em cada uma delas havia três ou quatro meninos negros que gesticulavam com os braços e gritavam por comida. Compadecidos, muitos viajantes arremessavam biscoito, pão ou qualquer alimento que tivessem à mão. Rapidamente, os garotos saltavam no mar para pegar a comida, disputando entre si quem chegaria primeiro, como se fossem peixes. Espremiam o que conseguiam pegar para tirar o excesso de água e comiam. Todo alimento era bem-vindo. Até casca de banana, que os tripulantes jogavam no chão durante o tempo que ficaram na ilha. Nestore ficou impressionado. Nem durante a guerra havia visto tanta miséria. "Que mundo é este?"

Ali permaneceram por um dia, antes de seguirem para a segunda etapa da viagem. Eles já haviam percorrido 4 mil quilômetros até a ilha de São Vicente, quase a metade do trajeto. Restavam outros 5 mil quilômetros para chegarem ao Brasil.

Os passageiros já começavam a fazer contagem regressiva quando um incidente atrasou a viagem em mais uma semana. Durante uma tempestade, o navio perdera uma hélice e começara a deslizar na água em zigue-zague ao sabor do vento. Foi preciso começar a racionar água e comida.

– Senhores passageiros, de agora em diante o banho não pode ultrapassar dez minutos – anunciou o comandante.

Foi quando outro companheiro de viagem, um paraquedista grisalho que também tinha o Brasil como destino, deu-lhe a informação de que o navio seguiria para a Argentina, depois do desembarque em Santos, e lá seria desmanchado.

– Deus meu! Quer dizer que este navio é uma fraude. Que presente de grego! – indignou-se Nestore.

– Calma, meu rapaz, sobreviveremos – acalmou-o o companheiro paraquedista, um jovem de 28 anos que, apesar da pouca idade, transmitia um pouco mais de segurança ao grupo ainda mais jovem do qual fazia parte Nestore.

Trinta dias depois de seu embarque, Nestore acordou e vislumbrou algo diferente no horizonte. Era terra à vista. O Brasil, enfim. Arrumou seus pertences e deixou tudo pronto. Estava louco para desembarcar e encontrar-se com seu irmão. E o avistou assim que o navio ancorou no porto de Santos, em 15 de dezembro de 1950.

Udelio aguardava-o no cais. De longe se avistaram e se reconheceram. Sorriram e acenaram um para o outro. Nestore apressou o passo para descer, mas ainda precisava passar pela alfândega e pela imigração. Filas, impaciência. Queria logo ver o irmão.

Quando enfim se encontraram, a emoção tomou conta de ambos. Depois de dois anos de separação, Nestore trazia um pouco de familiaridade e vínculo à solitária vida de Udelio em terra estranha. Para Nestore, além de aplacar a saudade, encontrava na presença física do irmão a segurança e a referência de que tanto precisava para prosseguir em seus intentos. Abraçaram-se longamente, com os olhos marejados.

– Você cresceu, meu irmão. Tá quase um homem! – disse Udelio.

– Que bom encontrar você, eu estava com saudade – respondeu Nestore.

– Eu também. Sinto falta de todos de casa.

– Estou aqui, agora. Vim para ficar! – falou o caçula, tentando consolar o irmão mais velho.

Depois de se recomporem, dispararam a conversar. Udelio queria ter notícias de todos.

– E como está a mãe?

– Ah, ela não ficou muito feliz de eu vir para o Brasil, demorou para acreditar que eu viria de verdade. Mas, no final, achou bom que eu lhe fizesse companhia.

– E Domizia?

– Está bem. Ficou um pouco entristecida e com receio de ficar só com a mãe, mas com certeza elas vão ficar bem.

Nestore, por sua vez, disparou as perguntas sobre o Brasil.

– Udelio, você já foi a um concerto aqui? O que achou? Quero tocar na orquestra...

– Ainda não fui. Passo a maior parte do tempo na fábrica. Mas ouvi dizer que a do Theatro Municipal de São Paulo é a melhor.

– Trouxe meu violino, que foi fabricado especialmente para mim. Quero uma oportunidade – disse, mostrando-o.

– Estou vendo!

– Como será o processo de admissão para a orquestra? Você conhece alguém ligado a esse meio?

– Calma, irmão. Você acabou de chegar! Vamos acomodar você primeiro – respondeu Udelio, na tentativa de conter a ansiedade de Nestore.

– Para onde vamos agora?

– Vamos para São Paulo. José Temperini nos aguarda para almoçar. Vamos pegar o bonde para a estação rodoviária – disse, apontando para a rua.

Os bondes dominavam a paisagem urbana das principais cidades brasileiras, como Santos. Por ter o porto mais importante e movimentado do país, Santos foi uma das primeiras cidades a investir no transporte público sobre trilhos. O sistema funcionava desde 1871 na cidade e durou um século. A frota chegou a ser de 139 bondes para passageiros. Esse tipo de transporte significava a modernidade para os brasileiros, mas para Nestore era um evidente sinal de atraso. Seu sentimento era de perplexidade. Ele arregalava os olhos ao observar os bondes abertos, todos lotados, carregando, além dos passageiros sentados, pessoas em pé nos estribos laterais, que lá se dependuravam para fazer a viagem. Um português fazia o papel de cobrador durante a viagem. Ele se pendurava nos estribos, quase subindo em cima das pessoas para cobrar passagem. Um tumulto. Era tudo muito bagunçado a seu ver.

- O que é isso, Udelio?

- O bonde, oras!

- Que bonde feio! Eu, hein!

Subiram em um e, por sorte, conseguiram se sentar. Nestore acomodou as malas no assoalho. O violino foi no colo, por segurança. As comparações com os bondes da Itália foram inevitáveis. Eles eram fechados, até em razão do clima, e só carregavam passageiros sentados, respeitando a capacidade de ocupação do veículo. Tudo muito organizado, sem confusão na hora de cobrar a passagem.

No caminho, os hábitos do povo brasileiro roubaram-lhe a atenção. Enquanto Udelio conversava, Nestore notava as combinações das roupas dos homens brasileiros: parecia ser moda usar meias brancas com sapatos escuros, enquanto seu costume era usar a meia da cor do sapato. "Será que é para combinar com a camisa?", pensava. Tudo muito estranho. O tom da conversa entre as pessoas era alto, parecia que estavam na feira o tempo todo. E o calor estava de matar.

Na estação rodoviária, compraram as passagens para São Paulo, a 70 quilômetros de distância. Lá, Udelio morava e trabalhava. Ele alugara um quarto na casa de José Temperini, descendente de italiano que também se mudara para o Brasil, tinha uma loja de móveis na avenida Celso Garcia e havia transformado sua casa em pensão. Nestore passaria a dividir o quarto com o irmão e também começaria a trabalhar no mesmo local que ele, a fábrica de fornos Útil.

Ao chegar a São Paulo, tomaram um táxi e foram para a casa de Temperini. Já estavam na avenida Celso Garcia quando o trânsito parou. Logo ele percebeu que a parada era motivada pelo trem, cuja linha cruzava a avenida: uma cancela interrompia o trânsito. O tempo foi avançando e eles chegaram a ficar quase vinte minutos parados.

Uma longa fila de carros aguardava as manobras do trem para continuar seu percurso.

– Está demorando, Udelio. Será que aconteceu algum problema?

– Não, este tempo de parada é normal.

Nestore descobrira, então, que aquela parada era conhecida como "porteira do Brás" e que a avenida Celso Garcia era uma das mais movimentadas de São Paulo. "É muita desordem", pensava Nestore. Na Itália, as paradas eram de cinco minutos no máximo.

Finalmente chegaram à casa de José para o almoço.

– José, boa tarde. Este é Nestore, meu irmão.

– Então este é o italiano que acaba de chegar? – respondeu José, estendendo a mão para Nestore.

– Sim, ele mesmo. Parece comigo? – descontraiu Udelio.

– Ah, só um pouquinho! Você é muito feio, Udelio! – resolveu brincar o anfitrião.

– Muito prazer, Nestore – cumprimentou-o.

– Muito prazer, José.

– Entrem. Udelio vai levá-lo até o quarto de vocês para que guarde sua bagagem, Nestore. Espere só mais um pouco que a comida já está ficando pronta.

Entraram. O agradável aroma que exalava da cozinha imediatamente despertou o estômago de Nestore. Lá estava a esposa de José, preparando o almoço. Os pratos, talheres e copos já estavam na mesa. Mentalmente, contou o número deles, que eram nove no total. Ao retornarem do quarto, todos da casa já estavam se sentando e, então, ele conheceu as pessoas da casa: José, a esposa, os três filhos, sua mãe e sua irmã Dora. Com Nestore e Udelio, a soma dos pratos era exata.

Todos se sentaram, com exceção da esposa de José, que permaneceu transitando entre a cozinha e a sala de jantar para trazer as travessas à mesa. Primeiro, trouxe a de arroz e a de feijão. Depois, a de bife e a de frango assado. Voltou mais uma vez com travessas de salada de tomate com alface, e outra com pepino em rodelas. Na sequência, voltou com um prato de abobrinha refogada, outro com batatas fritas e mais um com macarrão com molho, carne moída e ovos cozidos.

– Italianos gostam de macarrão, não é mesmo, Nestore? – disse, durante seu vaivém, na tentativa de descontrair o novo hóspede da casa.

– Sim, sim – respondeu Nestore.

Por fim, ela trouxe uma penca de bananas e sentou-se. No fundo, ela deve ter percebido o espanto de Nestore que teimava em aparecer em seu rosto, por mais que ele tentasse disfarçar suas expressões. Tentava não arregalar os olhos, mas não conseguia controlá-los. Mais uma vez, ele estava intrigado com as diferenças. O que era sinal de fartura para o brasileiro era considerado exagero pelo italiano. "Pra que tanta comida?", perguntava-se. Em sua terra, comia-se separadamente a entrada com sopa, risoto ou macarrão, em seguida, o prato principal composto de uma carne com verdura e, por fim, servia-se fruta com queijo como sobremesa.

Serviu-se de macarrão, tentando ser fiel a seus hábitos. De rabo de olho, observava a irmã de José, Dora, servindo-se. Nestore tentava conter seu olhar, mas não conseguia. Arroz, feijão, frango, salada, batatas, macarrão... um pouco de tudo. O prato virou uma montanha. Quando, por fim, ela colocou uma banana no prato, ele quase bateu na mesa de indignação. Se pudesse, ele o faria. "*Mamma mia...*", espantava-se em seus secretos pensamentos. A situação ficou crítica quando ele a acompanhou misturando os alimentos no prato antes de comê-los, hábito que certamente ainda veria muitas vezes no Brasil. Seu estômago começou a embrulhar e lhe fez uma seríssima solicitação: arroz e feijão misturados, jamais!

CAPÍTULO 3

ENTRE DESENHOS E NOTAS

NESTORE APROVEITOU O FIM DE SEMANA para descansar e já começou a inquirir o irmão sobre os conservatórios e as orquestras que existiam na cidade. Não queria perder um só minuto e, assim, partir logo em busca de um espaço como músico no Brasil. Aproveitou que teria até a virada do ano para se apresentar à Útil – onde tinha o compromisso de trabalhar, uma vez que sua entrada no país só foi possível por causa da carta de emprego ofertada pela fábrica – para ir atrás de seu sonho.

Na segunda-feira, 18 de dezembro de 1950, seu primeiro dia útil no Brasil, acordou cedo, tomou banho e arrumou-se com todo capricho. Camisa branca, gravata-borboleta, paletó. Os sapatos brilhavam. Os cabelos estavam impecavelmente penteados. Cutucou Udelio, que ficara de levar-lhe ao Theatro Municipal para que não se embaraçasse nos endereços e na comunicação.

– Mano, chegou a hora. Vamos?

Tomaram o bonde e foram parar no Theatro Municipal, na praça Ramos de Azevedo, onde aconteciam os ensaios da Orquestra Sinfônica do Estado de São Paulo. Ao avistar o prédio de arquitetura imponente, inaugurado em 1911, com estilo eclético e referências predominantes do neobarroco, Nestore recordou-se, por alguns instantes, de sua terra natal, do Teatro de Veneza, por onde circulou com tanta familiaridade. Os dois teatros tinham algumas semelhanças.

Adentraram o prédio. Seduzido pelo ambiente, Nestore percorria os corredores do prédio, observando os registros, as fotos e um pouco da história tanto do teatro quanto da orquestra. Descobriu que ela funcionava regularmente havia quinze anos, daí o resultado de o trabalho do grupo ser bastante consistente. Diferentemente das experiências e sensações que tivera ao desembarcar no Brasil, via, pela primeira vez, algo com o qual se identificava. Percorria seus corredores e olhava para as paredes: parecia que delas ressoavam as melodias. Era ali que desejava ficar.

Udelio observava e admirava a paixão do irmão, que estava totalmente absorvido por aquela atmosfera e até havia se esquecido de sua companhia.

- Ei, Nestore, vamos buscar mais informações na secretaria - sugeriu, apontando a sala. Lá, falaram com a secretária. Nestore sacou suas anotações com algumas palavras em português e cumprimentou, cheio de entusiasmo:

- Bom dia!

- Bom dia! - respondeu a secretária.

- Como eu posso participar da orquestra? - perguntou Nestore.

A atendente simulou um riso irônico, de canto de boca.

- Você tem de estudar música.

- *Lei ha detto che devi studiare prima musica*, Nestore - traduziu o irmão.

Nestore não entendeu o pouco caso e emendou:

- *Ma io sono un musicista*. Fiz Conservatório de Música em Veneza - disse, misturando os idiomas. Sacou o diploma e colocou sobre a mesa. - Trouxe também meu histórico de notas - continuou. - Eu toco violino. Acabei de chegar ao Brasil e gostaria de me candidatar para fazer parte desta orquestra. Tenho muito a contribuir.

- Meu irmão graduou-se na mais conceituada escola de música italiana, senhorita - resumiu Udelio, em claro português.

Desta vez, ela o levou a sério.

– A orquestra já está completa, não há vagas – respondeu ceticamente.

– Como assim? Não há seleção nem para cadeiras reservas? – perguntou a Udelio, que intermediava o diálogo nos dois idiomas.

– Até as reservas já estão preenchidas.

– Mas como assim? – insistiu Nestore.

– Escute, deixe eu explicar, para que você compreenda de uma vez e traduza para seu irmão: para surgir uma vaga, alguém tem de sair, o que não é algo muito provável, pelo menos por ora.

– Por ora?

– É, italiano, são todos jovens, ninguém está doente... Não temos ninguém à beira da morte para surgir uma vaga. Entende? – perguntou, em tom de impaciência.

Udelio explicou ao irmão em tom mais delicado. Porém, Nestore já havia percebido o pouco caso da atendente. Estava indignado com o desrespeito com o qual estava sendo tratado e, mesmo sem dominar bem o português, falou diretamente com ela:

– Morte... Para surgir uma vaga alguém tem de morrer?

– Sim. A não ser que você tenha uma indicação de alguém muito influente. Você tem?

Não precisou de tradução. Nestore entendeu a resposta e baixou a cabeça.

– Não, não tenho.

– Então, sinto muito, não há como você entrar aqui.

– *Dio mio!* Então adeus – disse, desapontado.

Nestore emudecera. Caminhou sem palavras na boca, mas todas elas corriam em sua mente, formando ideias, conclusões, desilusões. "De nada adiantou ter me formado com louvor em Veneza", pensava. Sentia-se desprezado, diminuído. Ali não havia lugar para pessoas sem apadrinhamento, mesmo que fossem competentes. "Mas por quê? Que país é este?", indagava-se.

Udelio olhou-o compadecido. Não precisava de palavras para compreendê-lo. Tentou consolá-lo:

– Mano, o Brasil é muito diferente da Itália. São outros costumes. As oportunidades aqui também são diferentes.

– Mas, Udelio, eu teria tanto a contribuir para a música clássica daqui...

– Eu tenho certeza disso, mas acho que você não deve criar muitas expectativas em relação à música clássica no Brasil. A cultura aqui não tem o mesmo desenvolvimento que na Europa. As opções culturais equiparadas a nosso país são poucas e são disputadas quase a tapa. Nessas horas, a influência e o poder econômico são os critérios de seleção mais fortes – aconselhou. E emendou:

– O importante é que entenda esse contexto e não duvide de seu talento. O problema não é com você.

Nestore sorriu, e Udelio ficou contente por ter conseguido animar o irmão. Estava com saudade de ter alguém tão próximo para zelar, para amparar, para compartilhar uma caminhada. Gostou tanto da sensação que se empolgou nos conselhos.

– Irmão, aproveitando esta nossa conversa, preciso também dar outra orientação para você.

– Sim, Udelio. Diga.

– Você, por certo, conhecerá muitas moças, algumas se tornarão namoradas, mas pelo amor de Deus não as leve para o cinema, eu te proíbo.

– Mas por quê?

– Se você levá-las ao cinema, é bem provável que fique noivo no dia seguinte.

– *Dio mio!* Por acaso um filme é motivo para eu resolver me casar?

– Não, mano... É que as famílias brasileiras são bem conservadoras. Entendem que os rapazes que levam as moças ao cinema abusam da pureza delas no escuro. Então, os pais rugem como leões e não abrem mão do matrimônio. Já vi alguns rapazes por aí serem sentenciados.

– Eu, hein...

Conversaram e riram no percurso até a parada do bonde.

– Udelio, você me disse que iríamos também às rádios...

– Hoje já não posso mais, tenho de voltar para a fábrica. Eu lhe ensino o caminho.

Deu as coordenadas ao irmão, que agora tentaria uma oportunidade para tocar nas rádios, que viviam seus anos de ouro. Era o tempo dos programas de auditório, que contavam com orquestras. Elas faziam apresentações musicais, verdadeiros espetáculos nos mais diversos estilos, inclusive o clássico. Grande era a audiência.

Chegou à avenida Cásper Líbero, no Centro, e olhou a fachada imponente do edifício que abrigava a Rádio Gazeta. Era considerada a emissora mais chique de São Paulo. Sua programação era voltada exclusivamente à elite cultural, enfatizando a música erudita. Os espetáculos eram transmitidos ao vivo pela emissora e a alta sociedade disputava acirradamente os ingressos para as cadeiras do auditório.

Assim Udelio havia dito a Nestore, que chegou otimista à recepção. Procurou a secretária para se apresentar como músico e obter informações sobre uma possível vaga para tocar na orquestra.

– Deixe um telefone de contato para ligarmos caso surja uma vaga. Às vezes acontece de precisarmos – disse.

Desta vez, ele sentiu maior receptividade e animou-se. Resolveu dar uma volta pelos corredores da rádio e espichar os olhos até o auditório. À medida que se aproximava, percebeu que os instrumentos estavam sendo afinados. Era sinal de que haveria ensaio. Resolveu esperar para ouvir ali no corredor mesmo. Colou os olhos no visor de vidro da porta. Quem olhasse de dentro, veria um par de olhos bem abertos; as sobrancelhas arqueadas denunciavam a curiosidade e atenção com que Nestore observava as coisas.

Em poucos minutos, os músicos começaram a tocar. Na primeira peça, Nestore notara alguns descompassos. Isso era normal, ele pensava, pois eles estavam se sintonizando ainda. Tocaram a segunda música. Os erros de execução continuaram. "Certamente na terceira eles deslancham, afinal são tão bem conceituados", pensou o italiano.

Mas esse acerto de compassos não aconteceu nem na terceira, nem na quarta, nem na quinta música, e a desafinação continuava. Por mais que tentasse ser condescendente, os ouvidos afinados de

Nestore não o deixaram se enganar: os músicos deram trombadas nas notas. Leigos podiam não se dar conta, mas ele percebeu cada erro. Eram muito ruins. "Como podem ser tão bem conceituados na cidade?", pensou.

Os olhos no visor da porta foram murchando. Não, ele não havia se dedicado tanto ao violino para acabar naquela anarquia. "Eu não estudei música para isso." Saíra de lá desapontado. Arrependeu-se até de ter deixado seu número de telefone.

Resolveu encerrar sua pesquisa e ir para casa. Definitivamente, aquele não fora um bom dia.

No dia 2 de janeiro de 1951, depois de passar o primeiro aniversário, em 21 de dezembro, o primeiro Natal e o primeiro Ano-Novo na nova terra, era hora de começar a vida. Logo cedo, apresentou-se ao departamento pessoal da fábrica Útil. Foram caminhando para a sede, na avenida Celso Garcia, no Brás, a três quadras da casa onde morava. A empresa era próspera e suas atividades já contavam muitos anos no Brasil; fabricava diversos produtos, inclusive fornos para padarias e fábricas de biscoito, a carvão ou a lenha. Era a única indústria que os fazia no país.

Os diretores da empresa contratavam profissionais na Itália, preferencialmente de Verona, cidade onde existiam duas indústrias mundiais no mesmo segmento, uma delas a Antonello & Orlandi, que exportava fornos para o mundo inteiro. Apesar de não ser de Verona, Udelio havia conseguido a vaga na empresa por ser perito industrial. Nestore conseguiu a vaga graças à indicação do irmão, que informara à fábrica que ele era eletricista.

Os profissionais da Itália tinham o papel de coordenar a fabricação dos fornos, assim como a montagem, que necessitava de conhecimento mais aprofundado. Na linha de produção, a maior parte era de trabalhadores brasileiros. No total, a unidade de fabricação de fornos industriais empregava quarenta pessoas e, quando Nestore chegou, estavam prestes a se mudar para uma nova unidade, mais ampla, na rua Coimbra, no mesmo bairro.

Acompanhado do irmão, que tinha a função de subgerente do setor de fabricação de fornos, e por Nicrosini, chefe de Udelio, entrou na fábrica. O ambiente não chegava a ser elegante, mas era arrumado. Na recepção, de longe, avistou a telefonista, totalmente absorvida em suas ligações. Era uma moça mignon, de cabelos castanhos em corte chanel, de pele clara, magrinha. Usava uma camisa quadriculada de estilo escocês. Por alguns instantes, o olhar de Nestore se fixou nela. "Que bonita. Este é o tipo de mulher com a qual gostaria de me casar", ele viajava em pensamentos.

Entraram direto, sem precisar se identificar para a secretária, e foram imediatamente ao departamento pessoal. Lá, Nestore foi apresentado ao senhor Garrido, chefe da seção.

– Bom dia! – cumprimentou Udelio, tomando a frente.

– Bom dia! – respondeu o chefe do setor de recursos humanos.

– Quero lhe apresentar meu irmão, Nestore, que chegou ao Brasil a convite da Útil.

Garrido olhou para Nestore e procurou a ficha com suas informações. Ao encontrá-la, disse:

– Você já era aguardado. Destinaremos a você o cargo de desenhista-projetista. Nessa função, você fará os desenhos de todas as peças do forno, que servem como modelo para a equipe da produção. Você está familiarizado com esse trabalho?

– Perfeitamente – mentiu.

– Seu horário de trabalho será de segunda a sexta-feira, das 7 da manhã às cinco e meia da tarde, aqui mesmo nesta sede. São quarenta e oito horas semanais. Terá uma hora de almoço. Seu salário será de 1800, pagos até o dia 10 de cada mês. Você pode começar hoje mesmo, neste instante. Trouxe seus documentos pessoais?

– Sim, aqui estão – respondeu Nestore, entregando-lhe tudo dentro de um envelope.

Saíram os três da sala de recursos humanos. Nestore trabalharia na mesma sala que Nicrosini e Udelio.

Assim se estabeleceu a rotina na vida de Nestore. A fábrica passou a ser, além de um espaço de trabalho, um lugar de novas amizades, especialmente com seus conterrâneos italianos, todos com histórias e sonhos bem parecidos. Todos em uma terra nova, diferente de sua pátria, o que por vezes os fazia sentir solidão e nostalgia. Impossível não surgir a necessidade de se congregar para aplacar um pouco da saudade. Logo, passou a conviver mais de perto com seus irmãos pátrios.

Um de seus primeiros amigos foi Micheletti, rapaz alto e magricela que fazia parte da equipe de montagem. Quando não estava trabalhando em montagens externas, ficava sapeando pela unidade administrativa. Ele namorava Rina, italiana que viera com toda a família para o Brasil. Ela era amiga da moça de cabelos chanel que tanto chamou a atenção de Nestore.

Não demorou muito para que ele soubesse quem era a tal moça: Maria Luiza, brasileira, paulistana, começara a trabalhar desde moça para ter sua independência. Apesar do interesse de Nestore, eles eram apenas amigos. Namorar não estava nos planos de Luiza, que havia rompido um noivado há pouco.

Este também não era o foco de Nestore. O trabalho era sua principal preocupação. Em relação aos relacionamentos, estava sendo conduzido pelo vento: iria para onde fosse levado, sem pensar muito sobre o assunto. Teve um namorico com uma enfermeira, Bertilla, que era amiga de Rina. Nada muito sério.

Nicrosini, pai de Rina, era o mais velho da turma de italianos na Útil – e também o chefe de todos. Não falava português de modo algum, porém tinha de explicar os procedimentos aos funcionários.

Certo dia, um operário chamado Artur se esforçava para entendê-lo. Na ânsia de se fazer claro, Nicrosini tentou usar seu parco repertório da língua portuguesa e acabou fazendo uma verdadeira miscelânea de idiomas.

– Senhor Nicrosini, não estou entendendo nada. Acho melhor o senhor falar em italiano mesmo, fica mais fácil – disse Artur.

Todos caíram na risada. Ele, boa gente, levou na esportiva.

Nicrosini acabou "adotando" os colegas, todos jovens. Percebeu que eles não gostavam da comida brasileira e passou a oferecer o almoço para Udelio, Nestore e Micheletti. Com isso, os laços entre todos eles se estreitaram. Dona Gina, que cozinhava maravilhosamente bem, fazia o almoço. Viraram uma grande família.

Com o tempo, o número de amigos de Nestore cresceu: conheceu Giulio Mistruzzi, que chegara após alguns meses de Verona para trabalhar na fábrica; Signorini, outro colega de trabalho, viera de Verona já casado, com toda a família, para tentar a vida no Brasil.

Nestore também fez amigos italianos fora da fábrica: conheceu Gaiofatto, que não trabalhava na fábrica, um sujeito troncudo que, quando bebia nas horas de folga, ficava enervado e queria resolver qualquer discussão na porrada; Willian Bassi era o boa-pinta do grupo, galanteador de primeira. Juntos, divertiam-se aos domingos, afinal, eram todos jovens e livres. No entanto, na segunda-feira, estavam todos às 7 horas da manhã batendo o ponto na fábrica.

Com o tempo, a amizade com Maria Luiza foi aumentando. Vez por outra, ela, Nestore e os amigos Micheletti e Rina costumavam ir ao Autódromo de Interlagos para correr na pista. Outro passeio era ir para São Roque, cidade próxima produtora de vinhos, com bons restaurantes, alguns de comida italiana.

Na área da música, Nestore havia visitado outras rádios da cidade que também tinham programas de auditórios com orquestra: a Record, a Bandeirantes e a Tupi. Em todas deixara seu telefone para contato.

Para sua alegria, o aparelho não demorou a tocar. A princípio, ele era convidado para substituir músicos que ficavam doentes ou com qualquer outro impedimento para participar do programa. Como seu desempenho era bom, os convites começaram a ser mais frequentes. A essa altura, Nestore já estava consciente de que uma carreira como concertista seria improvável, e aceitava os convites para ganhar um dinheiro a mais, tocar e se divertir. Assim, viveu a época de ouro do rádio no Brasil.

Uma das participações de Nestore foi no programa *Hora da Saudade*, da Rádio Tupi. O diretor era Fêgo Camargo, violinista autodidata vindo de Taubaté. O conjunto era composto por flauta, violinos e violão. Quem aparecia lá para cantar de vez em quando era a filha dele, Hebe Camargo, a qual se tornou uma das mais notáveis apresentadoras da televisão brasileira nas décadas seguintes.

Nestore também começou a fazer gravações publicitárias. Tocava na orquestra da Vera Cruz, produtora de filmes de longa-metragem. Lá, gravou trilhas sonoras que eram utilizadas nos filmes. Passou a ser tão disputado, que logo começou a selecionar onde tocaria. Fez até sua carteira no Sindicato dos Músicos de São Paulo. Era sua segunda atividade profissional no Brasil.

Mas foi na Orquestra Sylvio Mazzucca que Nestore permaneceu por mais tempo: quase três anos. Começou substituindo os violinistas na Rádio Bandeirantes, onde a orquestra se apresentava de segunda a sexta-feira. Acabou sendo convidado a permanecer e a fazer parte do grupo dos quatro violinistas que lá tocavam.

Mais do que um simples regente, Mazzucca era pianista e compositor. Havia recebido, no ano anterior, o Disco de Ouro. Seu grupo receberia naquele mesmo ano, em 1951, o Prêmio Tupiniquim, como Melhor Orquestra do Brasil, prêmio que voltaria a receber em outros anos. Sua orquestra também se apresentava nos bailes mais chiques de São Paulo e outras cidades.

Com seus 25 músicos, produzia um jazz ritmado, irreverente e contagiante. No programa da Rádio Bandeirantes, a orquestra acompanhava cantores famosos da época, como Francisco Alves, Carlos Galhardo, Silvio Caldas, os estrangeiros Amália Rodrigues e Lucho Gatica, o conjunto argentino Trio de Ouro, entre outros. O programa era exibido de segunda a sexta-feira, das 8 às 10 da noite.

Para permanecer no grupo, Nestore precisava participar dos ensaios diários, que aconteciam entre 3 e 5 horas da tarde. Com autorização de Nicrosini, que era mais um pai do que um chefe, adaptou seus horários na fábrica para conseguir conciliar os ensaios.

Entrava às 7 horas da manhã e passou a não fazer mais horário de almoço. Saía às duas e meia da tarde para o ensaio. Às cinco e meia, voltava para completar sua carga horária até as 7 horas da noite. Às 8 horas já estava no ar e, quando terminava o programa, às 10 da noite, não ia para casa, mas para a boate Taxi Ball, onde conseguiu uma vaga na orquestra, que tocava até as 2 horas da manhã.

Nos fins de semana, também tocava no Restaurante Capela. Ele e um pianista acompanhavam dois cantores da casa: o italiano Tonho Tonini e a espanhola Rosita del Campo. Filha de espanhóis, ela era uma moça alta, de beleza exótica, pele clara, cabelos longos e negros. Nestore não sabia se olhava para o violino ou para ela. Rolava até um clima, mas a mãe e o pai da moça eram tão bravos que ele acabou olhando só para o instrumento mesmo.

Trabalhava, ganhava dinheiro e tocava. Em pouco tempo, comprou um carro. Convivia com o inebriante mundo da música e da rádio. A vida no Brasil era bem acelerada, mas estava ficando mais divertida.

CAPÍTULO 4

ADEUS, VIOLINO!

DOIS ANOS HAVIAM SE PASSADO DESDE QUE CHEGARA AO BRASIL. Nestore continuava em sua acelerada rotina na fábrica e com a música. Como era costume dos jovens, gostava dos bailes, dos programas de rádio, do assédio e dos flertes que o rondavam. A posição de músico lhe garantia certo status e era sedutora aos olhos do público, especialmente das moças, que sempre se aproximavam dele depois das apresentações.

Financeiramente, ele não tinha do que reclamar. No fim do mês, contava com uma polpuda remuneração composta pelos salários da fábrica e da Orquestra Sylvio Mazzucca, além dos pagamentos das gravações de spots publicitários, de suas apresentações no Taxi Ball e do Restaurante Capela; ganhava pelos menos quinze vezes mais do que suas despesas fixas.

Tinha amigos, flertes, namoricos e até paixões. Deixava algumas paqueras na rádio e encontrava-se com outras na boate Taxi Ball. Ainda tinha Bertilla, que balançava as estruturas de Nestore com sua beleza. Contudo, sua rotina era muito sacrificada. Para prestar todos esses serviços, dormia de três a quatro horas por noite. Enquanto tivesse energia para isso, tudo bem. A questão era: até quando conseguiria viver neste ritmo?

– Já te falei: vai embora daqui, isso não dá futuro pra ninguém – disse Chaim, seu companheiro, de origem judaica, na Orquestra Sylvio Mazzucca.

Chaim era violinista, como Nestore. Já tinha seus 50 anos. Tocava com maestria. Como um bom judeu, era econômico em seus gastos – um pão-duro mesmo. Chegava a quebrar o cigarro no meio e fumá-lo em duas etapas para não correr o risco de não ter tempo suficiente para fumá-lo de uma vez só e ter de desperdiçar um pedaço.

Todos os dias, eles se encontravam para os ensaios. Depois de algum tempo convivendo juntos, Chaim passou a alertar o colega com frequência cada vez maior:

– Você não está me vendo? Eu sou seu futuro. Faz vinte anos que toco violino e o que eu tenho? Nada. Sou um duro.

O conselho de Chaim parecia ser bem intencionado. Entre os dois não havia competição, inveja nem qualquer outro sentimento parecido. Nestore ouvia-o como uma pessoa mais experiente que lhe desejava bem.

As palavras do amigo judeu o estimulavam a avaliar suas conquistas até aquele momento e as possibilidades de crescimento. Na verdade, em relação à música, considerava que havia atingido o ápice.

A música era seu sonho, porém, apesar de toda a capacidade e a habilidade, as portas de um conservatório no Brasil não se abriram para ele. Portanto, restava a ele tocar violino nas orquestras de baile, nos auditórios de rádio, nos restaurantes, o que ele já fazia. Não havia mais o que conquistar, não havia novas perspectivas.

Chegou a pensar que teria sido melhor não ter deixado a Itália, onde poderia construir uma sólida carreira como concertista. Lá, sim, ele teria todas as condições de realizar esse sonho. Inclusive, em virtude de ter sido aluno número um no conservatório em Veneza, ele já tinha vaga garantida na Accademia Chigiana. Era de lá que saíam os maiores concertistas de seu país, justamente porque só eram admitidos os melhores formandos. Não se comprava o direito de entrar, muito menos uma indicação de um "padrinho importante" alteraria o rigoroso critério de admissão. E ele havia virado as costas para essa oportunidade.

Nestore chateava-se quando tinha esses pensamentos. Assim, não gostava de ficar parado, sem fazer nada, para não dar espaço a eles.

– Estou achando você tão cabisbaixo hoje, Nestore. O que houve? – perguntou Luiza. A amizade entre os dois era cada vez maior, e eles se tornaram confidentes.

Era domingo, dia em que costumavam passear com Rina e Micheletti no autódromo.

– Às vezes penso que tomei a decisão errada de vir para o Brasil. Seria melhor que eu tivesse ficado na Itália – respondeu.

Não era a primeira vez que Nestore dizia isso. Ele a via como uma amiga confiável, ela era uma das poucas pessoas a quem revelava suas incertezas e frustrações.

– Nestore, já falei. Ainda está em tempo de voltar. Se não está feliz, deve ir embora. O que você não deve é permanecer aqui se lamentando tanto – aconselhou.

Luiza tinha o temperamento forte e decidido. Não era de permanecer em uma situação ruim, que lhe trouxesse sofrimento, em qualquer contexto. Quando conheceu Nestore, havia acabado de romper um noivado. Já estava tudo pronto para o casamento: enxoval, vestido, casa mobiliada e tudo mais. Dias antes do casamento, uma moça a procurou para contar que estava grávida de seu noivo. Sem pestanejar, Luiza desmanchou tudo.

– Mas é você quem eu amo, não ela – argumentou o noivo diante da decisão irrevogável de Luiza.

Ela não queria ficar como sua irmã, anos chorando pelo noivo, o qual, por sua vez, havia engravidado a própria sobrinha. Luiza apagou instantaneamente toda a sua história de amor. O ex-noivo insistira em procurá-la, mas a decisão já estava tomada. Luiza chegou a mudar seu percurso de casa para o trabalho ao perceber que ele começou a esperá-la na estação de trem. Passou a tomar ônibus e fazer um caminho mais longo para não encontrá-lo.

Meses se passaram. Era dia de folga. Nestore acordou mais tarde, arrumou-se e foi à sala dos Temperini tomar seu café da manhã. Ao olhar pela janela, viu o irmão conversando na porta com Signorini e Giulio Mistruzzi. Comeu rapidamente e tratou de juntar-se ao grupo.

– Bom dia, pessoal! O que se passa? – cumprimentou já perguntando em tom de curiosidade.

– Ora, ora, meu rapaz, a gente veio te dar bom-dia – respondeu Signorini em tom de brincadeira.

Nestore riu um pouco encabulado.

– Fale sério, Signorini. Vocês nunca vêm aqui em casa aos domingos tão cedo, e agora estão em pleno dia de folga confabulando...

Udelio riu.

– Não se preocupe tanto, mano! Assim, você vai ficar com os cabelos brancos mais cedo.

– Tudo bem, mas vocês podem me dizer o que estão fazendo aqui, sem brincadeiras?

Udelio passou-lhe o braço nas costas e o puxou para a roda.

– Estamos conversando sobre possibilidades – respondeu o irmão. – Você se lembra de eu comentar que um vendedor lá da Útil nos tem feito uma proposta de montar uma fábrica de fornos?

– Sim – respondeu.

– Estamos conversando sobre ela – concluiu Udelio.

Signorini assumiu o discurso:

– Ao longo deste tempo todo que estamos trabalhando na Útil, temos visto quanto a fábrica tem crescido e quanto somos importantes nesse processo. Você já parou para pensar o que seria da Útil sem a gente?

Mistruzzi continuou:

– Somos nós que sabemos fazer fornos. Eles foram atrás de nós, na Itália, porque tínhamos experiência no ramo. É certo que eles têm dinheiro para comprar máquinas, mas sem a gente eles não conseguem manter a linha de produção.

O vendedor, chamado Carlos, que há anos trabalhava na comercialização dos fornos, propôs uma união de forças com o grupo de italianos. Ele tinha bons contatos com comerciantes que adquiriam os fornos industriais; sabia onde procurar por interessados; tinha boas habilidades como negociador; conhecia a margem de lucro. Já os italianos sabiam como fazer os fornos industriais, que até o momento era um monopólio da Útil.

Carlos, de forma discreta, vinha mantendo contato amiúde com Udelio, Mistruzzi e Signorini, conversando ao pé de ouvido, sobre a possibilidade de se unirem em sociedade. Tentava convencê-los de que trabalhavam como loucos e ficavam com a menor parte do bolo. Porém, juntos, poderiam mudar essa situação.

Nestore ouvira o irmão e seus companheiros e questionou:

– Mas será que isso vai dar certo? Concorrer com a Útil? – ponderou, um pouco perplexo.

– Tudo ainda é muito primário, mas o vendedor anda nos rondando incisivamente, parece estar bem convencido de que a ideia é viável – respondeu Udelio.

Udelio então se dirigiu aos amigos:

– Vamos considerar a possibilidade de que a ideia vá para a frente. Teríamos economias suficientes para adquirir o maquinário?

Os amigos permaneceram ali conversando por mais algum tempo sobre o assunto, que passou a ser o tema recorrente das conversas entre o grupo a partir daquele momento. Conforme se reuniam para discutir o assunto, ficavam mais convencidos de que o plano era exequível e que poderia ser esta a chance para um futuro promissor.

Cerca de seis meses se passaram até que Udelio, Signorini e Mistruzzi avaliassem todos os riscos e benefícios do negócio e chegassem a uma decisão final. A proposta era que a fábrica fosse aberta em Juiz de Fora, Minas Gerais, onde esse vendedor tinha bons relacionamentos. Lá, eles atenderiam com maior agilidade uma região mais distante geograficamente da Útil. Seria uma vantagem competitiva.

Pediriam demissão juntos e para lá partiriam.

A essa altura, Udelio já havia proposto ao irmão:

– Quer vir conosco?

– Irmão, eu nem faço parte da sociedade, não estou colocando dinheiro no empreendimento. Por que o grupo haveria de me querer no negócio?

- Precisamos de uma pessoa de confiança, Nestore, para cuidar das questões administrativas, e você pode nos ajudar nessa parte. Você não é sócio, mas pode ser um diretor e ganhar bem à medida que o negócio prosperar.

Nestore ponderava a proposta do irmão, levando em consideração as perspectivas para o futuro. Havia três anos que estava no Brasil e tinha uma rotina pesada. Ganhava relativamente bem, mas jamais passaria de um empregado na fábrica, com dura carga horária e ganhos limitados.

Na área da música, não enxergava possibilidades reais de ir além daquilo que já havia conquistado. Via todos os seus companheiros na mesma, levando uma vida regrada, sem muita perspectiva. De vez em quando, parecia ouvir a voz de Chaim em seus pensamentos. "Isso não dá futuro para ninguém, vá embora daqui!"

Na verdade, ele observava que a maioria dos músicos permanecia no meio artístico em razão do poder de sedução que ele proporcionava. Quanto a ele, divertia-se - é verdade - nos programas de rádio, nos bailes, nas gravações. Gostava desse ambiente envolvente. Aliás, que jovem não apreciaria ser o centro das atenções e, com isso, receber cantadas e flertes?

Contudo, isso não era o mais importante para Nestore. Definitivamente, não tinha vindo para o Brasil para levar uma vida boêmia, alimentada principalmente de paixões e vaidades. "Fazer a América" era seu grande objetivo. Primeiramente, como concertista - este, sim, era seu sonho. Diante da impossibilidade, por que não alçar voos mais altos em outros cenários?

Respondeu ao irmão:

- Eu vou, Udelio. Aceito seu convite.

Pedir demissão na fábrica era algo simples para Nestore. Bastaria comunicar sua saída, cumprir o aviso prévio e receber o acerto final. Na área da música, porém, a decisão de Nestore era bem mais complexa. Envolvia muito mais do que simplesmente desligar-se da Orquestra

Sylvio Mazzucca e de seus trabalhos como freelancer. Por tudo que a música significava para ele, tratava-se, a seu ver, de um momento determinante, que exigia uma postura mais radical.

"Não há mais razão para me dedicar a um instrumento cujas perspectivas de crescimento são limitadas", pensou. Também não lhe agradava tocar violino fora dos padrões que a música clássica impunha, em que a perfeição na execução é exigida. Nas orquestras, nas apresentações e nos spots não existia esse rigor, o que decerto frustrava quem aprendeu a tocar com perfeição. Quanto mais se afastasse dos grandes centros - como era o caso com sua mudança para Juiz de Fora -, menor seria o nível de exigência dos grupos de música locais. E, ainda, não teria mais tempo nem razão para permanecer ensaiando e continuar tocando com maestria. O foco agora deveria ser a fábrica de fornos.

O lamento não fazia parte do perfil de Nestore, por mais que a frustração existisse. Por isso, diante de todas as conjecturas e conclusões acerca de sua trajetória com a música, ele exigia de si mesmo uma atitude definitiva. Permanecer tocando, ainda que ocasionalmente, só alimentaria a lembrança de seu desapontamento em não ter se tornado um grande concertista.

Ou dava por encerrada sua trajetória com a música no Brasil ou voltava para a Itália para dedicar-se a ela.

Decidiu, então, vender seu instrumento.

Negociou seu belo violino artesanal, feito especialmente para ele, por um forno de pizza e alguns trocados. O coração sangrou.

- Nem adiantava mantê-lo comigo - confidenciou a Luiza -, pois o violino se deteriora, o arco empena. Melhor passá-lo para alguém que faça bom uso dele.

- Sei que é uma decisão difícil para você, mas acho que foi melhor assim - solidarizou-se a amiga.

Estavam na praça da Sé, no Centro, onde os dois andavam se encontrando nos últimos tempos aos domingos; conversavam por horas como bons amigos. Naquele dia, porém, o encontro foi diferente. No fundo, Nestore estava fragilizado com sua decisão. Por mais que não admitisse, estava triste. Olhava para Luiza e se sentia confortável, seguro. Seus conselhos, sua conversa e seu temperamento decidido lhe agradavam.

Pôs-se a admirá-la enquanto ela falava. Contava sobre uma ligação engraçada que atendera no trabalho. De repente, ele parou de prestar atenção. Apenas olhava seus cabelos, seu nariz arrebitado, sua pele branquinha, seus olhos amendoados e escuros, sua delicadeza. Ela concluiu a história rindo do sujeito que estava do outro lado da linha e esperava o comentário de Nestore, que não veio. Ele a admirava em silêncio.

Só, então, Luiza se deu conta de que algo diferente estava acontecendo. Seus olhos se encontraram de um jeito diferente. Tímida, baixou lentamente os olhos e, quando levantou o olhar novamente, foi surpreendida com um beijo.

– Não quero te perder também – disse Nestore.

Luiza sorriu e o abraçou, sinalizando ser este também seu desejo. Deram-se as mãos e seguiram para o cinema. Desta vez, assistiram ao filme como um casal. Terminaram o dia em um salão de chá, chamado Ferrari, o qual tocava agradáveis músicas clássicas e servia doces. O ar aconchegante e a tranquilidade do local combinavam com a atmosfera do namoro que começava naquele momento. Por isso, este passou a ser o local de encontro predileto do casal. Semanalmente, até a partida de Nestore, eles estavam lá.

CAPÍTULO 5

OH, MINAS GERAIS!

O ANO ERA 1953. A cidade mineira da Zona da Mata, Juiz de Fora, comemorava seu centenário quando Nestore, Udelio, Signorini e Mistruzzi chegaram para instalar a Sociedade Industrial de Máquinas Alimentícias Ltda (Sima). Não se tratava de uma cidade interiorana qualquer, mas um lugar que havia conquistado respeito e importância para o país em razão de seu dinamismo e desenvolvimento econômico.

Apesar de sua origem estar vinculada à era do ouro do Brasil Colônia, uma vez que estava na rota de passagem dos exploradores do minério no século XVII, Juiz de Fora não tinha aquela arquitetura de estilo barroco, como outras cidades da região. O quarteto italiano deparava-se com um lugar que lembrava a Europa.

A casa que alugaram era de estilo alemão, já que a cidade, emancipada em 1853, teve influência alemã em sua ocupação. Também, por ficar mais próxima do Rio de Janeiro do que da capital da Província de Belo Horizonte, Juiz de Fora cresceu com influência da cultura modernista da capital imperial, tendo até recebido a ilustre visita do imperador Dom Pedro II – e, em momento posterior, de Getúlio Vargas.

Sua economia teve base no cultivo do café, mas consolidou-se como polo industrial ainda no século XIX. Foi a primeira cidade contemplada com a ligação do transporte ferroviário com o Rio de Janeiro, o que foi um marco de progresso em circulação de pessoas, mercadorias e ideias. Chegou a ser, nessa época, a quarta maior economia do país. Recebeu o apelido de "Manchester Mineira", em alusão à homônima cidade inglesa - conhecida mundialmente por suas indústrias.

Quando chegaram, a cidade possuía cerca de 300 mil habitantes e um parque industrial diversificado. Algumas fábricas eram grandes, mas a maioria era média.

- Acho que estamos no lugar certo para colocar em prática nossa ideia - comentou Signorini, ao tomar conhecimento dessas informações.

- O progresso faz parte da essência desta terra - concordou Carlos, sócio e vendedor, em tom de otimismo.

Encontraram um galpão para acomodar a fábrica na rua Benjamin Constant, na região central da cidade. As ferramentas e as máquinas já haviam sido compradas em São Paulo e chegariam em poucos dias. Nestore, que cuidava da parte administrativa, encarregava-se de acompanhar o transporte do material.

As máquinas necessárias para a produção de fornos eram simples: cortadeiras de chapa de ferro, dobradeiras, soldas, plaina e torno. A matéria-prima era o ferro em chapas e cantoneiras em "L" ou em "T". O importante era o que conseguiam fazer com essas máquinas: dois modelos de fornos, um para padaria e outro para biscoitos de várias medidas.

A linha de produção de biscoitos que fabricariam seria composta por um cilindro para modelar a massa na espessura desejada; uma estampadora, responsável por cortar o biscoito no formato certo; uma câmara de cozimento com isolamento térmico, onde a massa seria assada; e uma esteira de resfriamento. Em média, tudo isso atingia cerca de 25 metros de comprimento, mas poderia ser maior, se assim o cliente quisesse.

Já o forno para padaria era mais simples de fabricar, pois praticamente se resumia à câmara de cozimento com vaporizador, este responsável por ativar o crescimento do pão. Para ter uma noção do tamanho do forno montado, só a câmara tinha entre 5 e 10 metros quadrados.

Cerca de dois meses depois que chegaram, a fábrica começou a funcionar com vinte operários. Enquanto Nestore se encarregava de cuidar da parte administrativa e financeira, Udelio, Signorini e Mistruzzi se dividiam no treinamento e no monitoramento da linha de produção. Na hora das montagens, eles viajavam para fazer as instalações dos fornos, que, por serem industriais, eram de grande complexidade e dimensão.

Com o objetivo de ganhar o mercado, ofereciam preços menores que a principal concorrente, cerca de 20% a menos. Tudo estava dando certo: fabricavam cerca de um ou dois fornos industriais por mês. Quando fabricavam uma linha de produção de biscoitos, era dia de festa. Dependendo do tamanho, o valor recebido equiparava-se ao de uma boa residência.

– Estamos indo muito bem, temos mais uma encomenda – disse o vendedor.

Quando Carlos anunciava uma notícia assim, os italianos chegavam mais animados ao Hotel Imperial, um dos mais chiques da cidade. Lá, eles almoçavam todos os dias e já eram cortejados como empresários ousados, que acreditavam no progresso do Brasil e imprimiam seus esforços nesta terra.

O polido e requintado *maître* Antônio, que havia se tornado um fiel amigo da turma, já percebia de longe o entusiasmo do grupo.

– Antônio, traga sua melhor garrafa de vinho. Vamos fazer um brinde! – solicitou Udelio.

E lá veio o fiel servidor do grupo, que também se encarregava de informar sobre as moças atraentes que se hospedavam na cidade e por quanto tempo ficariam.

Trabalhavam, não raro, até as 10 da noite para dar conta das encomendas. Porém, sempre havia um tempo para se divertirem como jovens que eram. Chamavam a atenção das moças casadoiras da cidade, que geralmente sobravam em virtude de os filhos homens serem tradicionalmente enviados pelos pais para estudar fora. Para Nestore, esse cortejo era bem parecido com sua rotina nos bailes e nas apresentações no auditório da Rádio Bandeirantes. Só havia mudado mesmo o cenário, que agora era a saída do cinema na tradicional rua Halfed de Juiz de Fora.

Durante dois anos, os amigos viveram uma fase de muito esforço, mas também de muito entusiasmo. Apesar de terem desembolsado todas as economias no negócio e ainda sem o retorno do investimento, eles já viviam em situação mais confortável.

A produtividade, contudo, foi declinando após esse período. Mesmo praticando preços menores do que a concorrência, nem sempre era possível oferecer as mesmas condições de pagamento que uma fábrica consolidada como a Útil praticava. A concorrente da Sima também tinha mais tradição e robustez financeira e, naturalmente, inspirava maior confiança e credibilidade nos industriais que precisavam de fornos de grande porte.

No terceiro ano da fábrica, os pedidos começaram a diminuir, até o ponto de não haver mais novas encomendas. Um a um, os sócios foram desistindo da fábrica. O primeiro foi Signorini, depois Mistruzzi e, por fim, Carlos, que já não tinha o que vender. Ficou apenas Udelio, que ali tinha aplicado muito dinheiro e não se conformava em ver tudo ruir. O barulho das máquinas e dos imperativos altivos aos operários, sinalizando ordens uns para os outros, fora substituído pelo silêncio melancólico.

Udelio andava pela fábrica, olhava o maquinário parado e sofria. Ele amava aquelas máquinas que sabia manusear tão bem. Durante toda a vida, aprendera como poucos a dar forma e colocá-las em atividade. Conhecia cada defeito, cada mania, cada barulho. Aquele era o seu mundo.

– Estava indo tudo tão bem – lamentou-se.

Para Nestore, que não era sócio, a perda não era tão doída. Estava pesaroso, sim, mas não carregava a frustração de ver todo o investimento, conquistado com muito suor, ficar ali, inútil. Talvez, por isso, conseguiu serenidade para amparar e apoiar o irmão, ainda que fosse com sua companhia.

Nesse tempo de vacas magras, sobrava tempo para eles conversarem, trocarem ideias, levantarem hipóteses e probabilidades. As instalações da Sima não valiam muito, o mais importante era o capital intelectual e técnico para fazer as máquinas, ou seja, o conhecimento de Udelio. O que seria mais interessante? Voltar para a Útil, a fábrica mais renomada nessa área, era impossível - os proprietários jamais os aceitariam de volta. Ir embora para a Itália? De jeito nenhum. O sonho de fazer a América continuava falando mais alto.

Os irmãos, então, resolveram seguir outro caminho: abrir uma fábrica de biscoito. Pela última vez, colocariam as máquinas para trabalhar, mas dessa vez os clientes seriam eles mesmos. Com essa linha de produção, montariam a própria fábrica de biscoito.

Depois de traçarem planos para o futuro, Nestore foi a São Paulo dar início aos preparativos do novo negócio, e aproveitou para encontrar-se com a namorada, Luiza, que lá continuava a morar enquanto Nestore vivia em Juiz de Fora. Ele tinha a intenção de terminar o namoro - que vinha esfriando à distância -, mas quando a viu foi reconquistado por sua beleza e seu charme. Abandonou a ideia e pôs-se a contar as novidades.

- Luiza, estamos voltando para São Paulo. Vamos montar uma fábrica de biscoito!

Luiza já imaginava o namorado como um importante industrial do setor de alimentos.

- Não, Luiza - corrigiu Nestore -, nós não vamos ficar com a fábrica de biscoito. Vamos montá-la, fazê-la dar lucro, vendê-la e ganhar dinheiro.

- Ué... - estranhou Luiza.

- Nem biscoito eu sei fazer!

Ainda em Juiz de Fora, Udelio e Nestore começaram a tomar as providências para fundar o novo negócio. A primeira delas, antes mesmo de fabricar o último forno, aquele cujos clientes seriam eles próprios, era conseguir autorização na companhia de energia de São Paulo, a Light, para a fábrica que ensejavam abrir na cidade.

Isso porque, nos anos 1950, o racionamento de energia era uma rotina em São Paulo. No Brasil, ainda não havia se concretizado a interligação das redes de transmissão para que estas recebessem toda a energia produzida pelas hidrelétricas espalhadas pelo país e a distribuíssem conforme a demanda de cada região.

Cada município era abastecido por uma usina definida, geralmente a mais próxima, e ficava, então, à mercê de sua capacidade. A que abastecia a capital paulista tinha produção insuficiente para atender aquela que já era a maior cidade do Brasil, com suas fábricas, seu comércio e sua gente.

Uma fábrica de biscoito consumiria muita energia e não dava para contar com a sorte. Confirmar o fornecimento era imprescindível, uma questão de prudência, juízo para quem não tinha dinheiro para jogar fora. Semanas depois, chegou a resposta:

- A Light respondeu. Há disponibilidade, sim, para nossa fábrica - informou Nestore ao irmão.

Udelio comemorou acelerando ainda mais a produção do forno que originaria a fábrica de biscoito.

Assim, os irmãos, que agora seriam sócios, bateram em retirada deixando Juiz de Fora rumo a São Paulo, onde iniciariam um novo capítulo de sua jornada na América. Melhor que qualquer um, Nestore sabia o que era virar a página, abandonar sonhos e seguir adiante. Havia aprendido que o apego só levaria a mais sofrimento e, por isso, sabia que era melhor ter mais disposição para viver novas experiências do que ficar se lamentando sobre o que não acontecera como se esperava.

CAPÍTULO 6

UMA LADY INGLESA

NESTORE E UDELIO CHEGARAM A SÃO PAULO PAULO, em 1954, antes de seus pertences, que estavam a caminho em três caminhões: o forno de biscoito desmontado, a mobília do escritório e, ainda, os móveis da casa. O destino imediato foi a casa dos Temperini, onde moraram em seus primeiros anos no Brasil.

– Sejam bem-vindos de volta, amigos – acolheu José Temperini.

Tanto Udelio quanto Nestore pela postura honesta e pela disposição para o trabalho haviam conquistado o respeito e o apreço de José Temperini por sua postura honesta e sua disposição para o trabalho. Durante os dois anos em que permaneceram morando em sua casa, jamais causaram qualquer prejuízo ou incômodo.

– Obrigado, Temperini. Desta vez ficaremos por um período mais breve – respondeu Udelio.

– Mas por quê? Não precisam ter pressa...

– Vamos alugar um galpão para acomodar a fábrica de biscoito que vamos montar e moraremos lá mesmo – completou Nestore, entusiasmado.

– É... Pelo visto o fechamento da fábrica de fornos não os desanimou.

– A gente tem de olhar adiante, amigo, não dá para ficar preso ao que fica para trás – respondeu Udelio.

– Por certo que não, mas este ânimo não é característica de todos! – exclamou admirado, e mudou de assunto. – Mas, venham, vamos nos sentar e aproveitar a refeição. Dora! – chamou pela irmã –, coloque mais dois pratos na mesa, Udelio e Nestore estão de volta!

Durante a refeição, os irmãos, cheios de otimismo, atualizaram Temperini sobre os acontecimentos em Juiz de Fora e seus planos para a fábrica de biscoito. Sem pretensão, comentaram ainda que precisariam arrumar um sócio com capital para impulsionar o negócio. Mal sabiam eles que o parceiro estava em sua frente. A garra dos irmãos despertara o interesse de José, que tinha alguma economia guardada, fruto do lucro de sua loja de móveis.

Depois de se acomodarem, a primeira providência foi definir o imóvel que sediaria a fábrica. Escolheram um armazém na rua João Boemer, no Pari, junto a outros atacadistas e fabricantes que lá atuavam. O comércio era a alma daquele lugar; bairro que abastecia a capital e o interior. Os atacadistas forneciam balas, biscoito e doces em geral, para os pequenos varejistas. Naquele tempo, tradicionais fábricas, como Confiança, Bela Vista, Bandeirantes, distribuíam seus produtos através do Pari. O local escolhido para a fábrica de Udelio e Nestore era sem dúvida o ideal.

O espaço do imóvel era grande o suficiente para a fábrica e a residência. Definiram que separariam uma parte do imóvel para montar a sua "base": um quarto com banheiro no canto. Assim, seria possível poupar gastos com moradia.

Foram comprar os componentes da linha de produção de biscoito que não fabricavam: a amassadeira, o cilindro e a estampadora. Resolveram adquirir maquinários usados para conseguir pagar o investimento.

Nestore soube de uma linha de produção já obsoleta, desmontada por uma importante fábrica de biscoito, a São Luiz, e procurou o dono da empresa para comprá-la.

– Mas, se eu te vender este maquinário, estarei ajudando um concorrente – respondeu o proprietário da São Luiz em tom de ironia. – Mas leve, pelo menos eu desocupo meu galpão – desdenhou.

Fizeram a negociação e concluíram a transação, mas Nestore ficou indignado. Como ele fazia pouco caso de sua iniciativa dessa forma? "Ele ainda vai engolir o que está dizendo", pensou. Caminhou até o táxi com os punhos cerrados de raiva. "Ainda seremos grandes concorrentes, vamos te dar trabalho", pensou.

O próximo passo foi reunir-se com o advogado para elaborar o contrato social da fábrica. A esta altura, Temperini já havia manifestado interesse em participar do negócio e entraria na sociedade com 20% das cotas. O restante seria igualmente dividido entre Udelio e Nestore.

A fábrica se chamaria Sipa – Sociedade Industrial de Produtos Alimentares, e o biscoito, Palma. Nestore até já havia imaginado o roteiro do comercial que tocaria nas rádios.

O som de palmas anunciava o nome do biscoito, antes de ele ser pronunciado pelo locutor.

- É um nome que já chama o sucesso, o reconhecimento, o aplauso - defendeu sua ideia.

- Quem aprende a andar de bicicleta nunca se esquece mesmo - filosofou Udelio. - Ficou muito bom mesmo. E divertido! - aprovou.

O advogado, contudo, não trouxe boas notícias em relação ao nome:

- Sinto muito, senhores, mas Palma já foi patenteado, temos que pensar em outro nome para o biscoito.

- Que pena! - disse Udelio, desapontado.

- A gente já tinha incorporado a ideia. Até ensaiei as palmas. Olha só! - emendou Nestore, fazendo o som das palmas ritmadas.

Todos riram. Nestore conseguiu quebrar o gelo.

O advogado apresentou uma sugestão na sequência.

- Que tal Mabel?

- Maaabeeel!?!? - questionaram em coro. - O que tem a ver?

- Mabel é um nome próprio de mulher, de origem inglesa. É nome de livros e de lojas na Inglaterra. É charmoso, elegante e, por ser inglês, demonstra que vocês estão trazendo algo tão moderno e avançado como a Europa. Tem a ver com sua nacionalidade estrangeira – relacionou o advogado.

Em alguns minutos de reflexão e conversa, o trio concordou. Afinal, não havia muito tempo para pensar em algo melhor. Era preciso colocar as máquinas para produzir o mais rápido possível para o negócio acontecer.

– Vamos aceitar sua sugestão. O nome do biscoito será Mabel – disse Udelio.

O ano era 1954, já estava tudo pronto para a fábrica entrar em operação. Já fazia um mês que o imóvel havia sido alugado e a mudança chegara. Udelio já havia montado o forno dos biscoitos e, com o irmão, tinha se mudado para lá. O contrato social fora homologado na Junta Comercial, os impostos iniciais foram pagos. A estrutura já havia sido fiscalizada pelo poder público e liberada para funcionar. Funcionários já haviam sido selecionados para trabalhar.

Estava tudo pronto, porém um detalhe emperrava o andamento do negócio: a Light não ligava a energia.

– Bom dia! Estou ligando para solicitar, mais uma vez, a ligação da energia – solicitou Nestore.

– Bom dia, senhor – respondeu o atendente do outro lado da linha. – Qual é o endereço e o número do protocolo?

– Aqui é da Sipa, Sociedade Industrial de Produtos Alimentares. Estamos com toda a estrutura pronta para operar, aguardando somente vocês ligarem a energia.

O atendente pedira alguns minutos e veio com a resposta:

– Senhor, já fizemos a solicitação de carga extra para atender à fábrica Sipa, mas aguardamos que nossa fornecedora aumente a quantidade de energia para efetivar a solicitação.

– Mas vocês já me falaram isso no mês passado – retrucou Nestore.

– Precisamos aguardar, senhor, neste mês a usina já fez previsão de aumentar a carga.

– Neste mês quando? Vocês podem ser mais exatos? Hoje é dia 5. Que dia posso ligar?

- A partir do dia 25, senhor.

- Mas, mas... isso quer dizer que vamos ficar o mês inteiro sem energia...

- Sinto muito, senhor, não podemos fazer nada.

Os dias que se seguiram foram assim: na estaca zero. Era desanimador olhar toda aquela estrutura completamente inutilizada e também era desesperador lembrar que ela custava dinheiro. Nestore já estava irritado, especialmente quando fazia contas. E ficaria ainda mais nervoso nos meses que viriam. A cada ligação, as respostas eram as mesmas, assim como a frieza do atendente. Só a raiva de Nestore cresceria. Chegava a enrubescer de tanta raiva da Light.

- Malditos! Irresponsáveis! Palhaços! - xingou ao desligar o telefone.

- Esta situação já está ficando insustentável. Já se passaram quatro meses e nada - disse Udelio.

- A Light não pode fazer isto com a gente. Nós não viemos à revelia, pedimos autorização primeiro. Eles liberaram. Que falta de seriedade! - dizia Nestore inconformado.

Nos seis meses seguintes, só não tomaram banho de água fria porque energia monofásica, para uso doméstico, havia naquele endereço - apesar do racionamento. No entanto, levaram baldes e mais baldes de água fria no entusiasmo: a energia trifásica, voltada para o funcionamento industrial, jamais chegou àquele lugar.

A essa altura, começaram a buscar uma alternativa para o problema. Foi quando descobriram Mococa, cidadezinha paulista a 320 quilômetros de São Paulo, bem na divisa com o estado de Minas Gerais. Por meio dos jornais, souberam que o município era servido por uma usina regional cuja produção de energia sobrava para a pequena demanda da região.

- Pode ser a solução para este impasse - disse Nestore.

- Ah, não sei, não. Não temos dinheiro para fazer a mudança - comentou Udelio.

- Temos de tentar, vamos conferir isso de perto - insistiu o irmão mais novo.

Resolveram ir até Mococa, que ficava literalmente no fim da linha do trem, para se encontrar com o prefeito. Sabiam que lá havia apenas uma fábrica de doces. A cidade tinha apenas 30 mil habitantes, aproximadamente.

– Aqui é o fim do mundo – comentou Udelio ao chegarem.

– Fim do mundo com energia – lembrou Nestore.

– Vamos ver no que vai dar.

Foram para a prefeitura Nestore, Udelio e Temperini. Haviam marcado uma audiência com o prefeito. Apresentam-se à secretária e, em alguns instantes, ele autorizou que os três adentrassem seu gabinete.

– Ora, ora! Então vocês são os bandeirantes do progresso que desejam vir para nossa cidade? – cumprimentou-os com um caloroso aperto de mão e um sorriso largo. – Contem-me acerca de sua indústria de biscoito – solicitou.

A receptividade surpreendeu os três. No fundo, estavam tão preocupados em resolver o problema que ainda não tinham percebido que o negócio poderia trazer benefícios para uma cidade pequena como Mococa, que buscava alternativas para aumentar a oferta de empregos, de renda e de impostos.

A expressão entusiasmada do prefeito, contudo, os fez enxergar a indústria dessa maneira.

– Como o senhor sabe, os biscoitos industrializados são um alimento muito apreciado pelos brasileiros e temos uma receita especial que certamente conquistará os paladares – tomou a palavra Nestore.

– Pretendemos gerar 100 empregos com nossa fábrica de biscoito, caro prefeito – disse Udelio.

– E por que vocês querem vir para Mococa?

– Porque aqui tem energia, prefeito. Em São Paulo, vivemos o racionamento, o que está atrapalhando nosso negócio – respondeu Udelio.

– Então acho que a vinda de vocês para a cidade pode ser interessante para todas as partes. Energia é o que temos de sobra!

– Precisamos de garantias, prefeito. Não podemos passar novamente pelo mesmo problema: levamos nossa estrutura para São Paulo com garantias da Light, que não honrou seus compromissos, e por isso tivemos um grande prejuízo – complementou Nestore.

O prefeito deu sua palavra de que eles não teriam esse problema em Mococa. Udelio, então, ponderou ainda que a fábrica precisaria de um aporte de capital porque a mudança e a operacionalização gerariam despesas para as quais eles não estavam preparados.

Eis que o prefeito, então, apresentou nova solução: um financiamento com o Banco Barreto.

– Vou lhes apresentar o doutor Luiz Barreto, proprietário desse banco de nossa cidade. Acho que ele pode auxiliá-los.

Saíram animados da audiência com o prefeito. Apesar de todos os obstáculos enfrentados até o momento, haviam encontrado uma luz no fim do túnel. Ao mesmo tempo, estavam temerosos: já tinham caminhado um bocado e perdido as ilusões em coisas fáceis. Será que poderiam confiar no prefeito da cidade? Valeria a pena tomar dinheiro emprestado com o banco?

Os tombos tomados até o momento ensinaram a eles que para cada decisão haveria uma consequência, boa ou má. Não fantasiavam, não romantizavam. Tentavam manter a serenidade, o bom ânimo, mas sem inocência. Sabiam que precisavam tomar uma decisão. Ou permaneciam em São Paulo até se esgotarem todos os seus recursos à espera da Light, ou encaravam a mudança, ou desistiam.

Qualquer uma das alternativas tinha um preço – da espera infrutífera, de uma mudança malsucedida ou de amargar a frustração da derrota. Não havia certeza em nenhuma das opções. O futuro era incerto.

O medo era fazer a escolha errada. Se houvesse garantias, tudo seria mais simples, mas, no mundo dos negócios, não se podia contar com elas.

– Você quer desistir, Udelio?

– Desistir? Não! Já chegamos até aqui! – respondeu, altivo.

– Então precisamos escolher um caminho – disse Nestore.

– Vamos embora para Mococa – concluiu o irmão.

E, assim, a aventura dos irmãos empreendedores continuava. Frágil e incerta, mas alimentada pela esperança e pela garra.

CAPÍTULO 7

O PRIMEIRO BISCOITO

ENFIM, HAVIA CHEGADO O DIA DE UDELIO E NESTORE colocarem, literalmente, a mão na massa. Seriam eles quem tocaria o negócio e Temperini seria apenas um sócio financeiro. Depois de mais uma mudança, mais contratações de caminhões para transportar as máquinas e mobília da fábrica, mais dinheiro gasto, depois de tempo e energia consumidos com uma nova montagem da linha de produção, finalmente chegara o dia de fazer o primeiro biscoito Mabel.

Desta vez, tiveram de gastar menos com a estrutura: o locador, orgulhoso da fábrica que chegaria a sua cidade, mandara pintar o imóvel para os nobres locatários empreendedores. Além da energia elétrica de sobra, outra vantagem de levar a fábrica para a cidade do fim da linha do trem era o tratamento privilegiado.

Era Dia de Nossa Senhora Aparecida. Udelio folheava um livro de receita adquirido para o negócio. Na velocidade em que virava as páginas, descartava as receitas que ficavam para trás. Até que parou em uma que lhe agradou, e chamou o irmão.

– Vamos testar esta! É a do biscoito do tipo maria.

Nestore assentiu imediatamente. Primeiro porque era uma receita conhecida. E também porque quem nunca fizera um biscoito na vida não tinha elementos para contestar. Foram, então, às barraquinhas que estavam montadas na praça próximo à fabrica, em comemoração à data, e compraram uma bacia de alumínio e outros utensílios de que precisavam para a preparação dos ingredientes.

- Um saco de farinha, meio saco de açúcar, 4 quilos de gordura vegetal hidrogenada, 3 quilos de manteiga, essência, bicarbonato de sódio, bicarbonato de amônia...

Enquanto Nestore lia as instruções, o irmão as executava:

- Coloque a farinha, o açúcar e a gordura primeiro, Udelio!

- O que mais?

- E a manteiga também. A essência tem de ser o último. Está escrito aqui que não pode colocar antes.

- Por que será?

- Não faça pergunta difícil, Udelio. Eu sei lá...

Riram e divertiram-se com a experiência de cozinheiros.

Os ingredientes permaneceram por cerca de quarenta minutos na amassadeira. A massa ficou lisa e pronta para a segunda etapa: o cilindro, que a comprimia, fazendo dela um "lençol". Na sequência, a massa foi para a estampadora, onde outro cilindro colocava-a na espessura final. Em poucos minutos, ela estava pronta para ser cortada e ter a marca Mabel impressa sobre ela.

Por fim, foi para o forno. Atentamente, os irmãos olhavam o relógio para controlar o tempo de cozimento da receita - cerca de sete minutos.

- Olhe pelas espias, para verificar se não estão queimando, Nestore.

Udelio anotava o passo a passo e todas as observações da experiência para ter condições de replicá-las aos funcionários que executariam a receita depois.

- Acho que já está bom - disse Nestore, retirando as bandejas do forno.

Udelio foi logo pegando um para provar.

- Ai! Está quente!

- Espere esfriar, mano!

A ansiedade era tamanha para ver tudo acontecer que ele preferiu queimar a boca mesmo. Foi assoprando e experimentando para sentir o gosto daquele biscoito. Enquanto mastigava, já emitiu sua opinião:

- Hummm, ficou bom!

Engoliu rápido e comeu mais um para ter certeza.

- É... realmente bom. Comeria tudo isto aí sozinho. - E riu.

Nestore também fizera sua degustação e concordou com o irmão:

- Achamos a receita certa de primeira. Que sorte!

A experiência também serviu para os dois testarem as máquinas. Terminaram o dia contentes. Como bons italianos, chegaram em casa e abriram uma garrafa de vinho para comemorar.

Nos dias seguintes, começaram as contratações. Distribuíram os biscoitos já prontos para novos funcionários para que conhecessem e já se familiarizassem com a fábrica.

- Pessoal, é só para experimentar, não é para se acostumar porque não temos condições de oferecer biscoito todos os dias - avisou Nestore, pensando no custo que uma degustação contínua poderia ter.

No início, dez trabalhadores foram suficientes. Dias depois, eles produziram cerca de 1200 quilos de biscoito, suficientes para quinhentas latas. Aliás, esta era a capacidade de produção diária da primeira fábrica da Mabel, mas as primeiras produções não eram feitas nessa velocidade, pois todos estavam aprendendo o processo de produção, de padronização da pesagem das quantidades e de armazenamento dos biscoitos nas latas.

Nessa época, elas eram as embalagens utilizadas para armazenar e distribuir os biscoitos aos comerciantes. A cada entrega de uma lata cheia, este devolvia outra vazia para o fabricante. Nestore e Udelio compraram, inicialmente, algumas para iniciar as vendas. Na fábrica, alguns funcionários dedicavam-se apenas a higienização e rotulação das latas. O consumidor final só comprava o biscoito a granel em mercearias e armazéns.

Ficou combinado que Udelio cuidaria da fábrica, pois tinha mais conhecimento técnico de indústria, e Nestore ficaria responsável pelas vendas.

Com a primeira produção pronta para a distribuição, o passo seguinte foi definir o preço do biscoito, tarefa que Nestore resolveu com a simples comparação com o valor de produtos que já estavam no mercado: definiu que os seus custariam cerca de 20% a menos que os biscoitos mais tradicionais da praça, como Aymoré.

Nestore partiu para sua primeira incursão pelo universo das vendas. No furgão que haviam adquirido para essa finalidade, carregaram as latas e lá foi ele viajar pelas cidades mineiras e paulistas que cercavam Mococa.

Em cada lugar que chegava, apresentava-se com a melhor eloquência, falava da estrutura da fábrica em Mococa, exagerava. Dizia que a Mabel era uma companhia italiana que veio para o Brasil. "De certa forma, não é mentira", pensava justificando-se a si mesmo. Afinal, foi de lá que saíram os irmãos Scodro. Oferecia degustação, dizia que a receita era especial, com ingredientes secretos. E assim conseguia vender uma lata aqui, duas acolá. Seguia viagem para outra cidade, onde contava a mesma história. Quando encontrava um atacadista com potencial de distribuição, oferecia, como valiosa oportunidade, a chance de ser distribuidor exclusivo. Escutava:

– Como eu vou distribuir um produto desconhecido?

E Nestore já tinha a resposta na ponta da língua:

– E o senhor gostaria de ser distribuidor dos biscoitos Aymoré?

A marca de biscoito era uma referência na época.

– Sim, claro, quem não quer?

– Pois então, a Aymoré, antes de ser uma marca de biscoito tradicional, começou desconhecida também. Estou lhe dando a oportunidade de ser nosso distribuidor nesta fase inicial e colher bons resultados com nosso crescimento. O senhor já ouviu falar no ditado que diz: "Bebe água limpa quem chega à beira do córrego primeiro"? Quem tornar-se fornecedor da Mabel agora, certamente ganhará mais no futuro, quando nos tornarmos uma grande fábrica.

Dias depois, ainda em viagem, acordou com fome. Estava hospedado em uma pensão simples, para evitar gastos. E o lugar não era dos melhores. Não bastasse a cama dura e os lençóis encardidos, o desjejum da casa estava minguado. Para acompanhar o leite e o café, só pão amanhecido e duro. Então, resolveu comer alguns biscoitos que eram para ser vendidos. Alguns apenas não fariam falta na venda. "Posso até oferecer aos demais hóspedes e fazer uma propaganda", pensou.

Foi até o carro, pegou a lata aberta para degustação dos comerciantes e retornou em direção ao refeitório. No caminho mesmo, sacou alguns biscoitos para forrar o estômago, que já estava roncando. Foi quando percebeu algo estranho: o biscoito estava esquisito, rançoso. Deixou o céu da boca engordurado. "Não pode ser. Tinha ficado tão saboroso", pensou. "O que está havendo?"

Voltou imediatamente para o carro e guardou a lata. "Melhor desistir da estratégia de degustação." Comeu o pão duro e amanhecido mesmo, pagou a conta e voltou para Mococa. Horas depois, chegou à fábrica e logo tratou de conversar com o irmão.

- Udelio, algo deu errado com os biscoitos!

- Mas o quê? - perguntou, assustado.

Nestore narrou os últimos acontecimentos. Udelio provou o biscoito e concordou.

- Tá esquisito mesmo. O que será que aconteceu?

Não sabiam. Afinal, não entendiam nada de biscoitos.

- Udelio, eu vendi várias latas em um monte de cidade aqui da redondeza. Os biscoitos deles devem estar deste mesmo jeito...

Como é que voltaria para estas cidades e venderia novas remessas? "Se voltar, os comerciantes vão jogar as latas na minha cabeça", pensou Nestore.

Udelio correra para o pátio de produção e deu um grito:

- Atenção! Parem um minuto. Por favor, desliguem as máquinas.

Os funcionários obedeceram ao comando e se ajuntaram ao redor dele. Udelio disse em tom altivo:

- Teremos que rever a receita do biscoito, portanto, cancelem a produção.

Um zum-zum-zum começou a se formar. Nestore então tomou a palavra:

- O que tenho a dizer a vocês é que, em nossa primeira distribuição, fomos muito bem recebidos pelos comerciantes. Todos gostaram muito de saber que existe uma nova fábrica de biscoito no Brasil para oferecer variedade aos consumidores, uma vez que as atuais indústrias oferecem sempre a mesma receita. Por isso mesmo, eles nos deram algumas boas sugestões, que achamos por bem acatar. A Mabel já é um sucesso - disse, em tom vibrante.

Todos aplaudiram entusiasmadamente. A Mabel já era um sucesso pelo menos na imaginação daquele grupo.

Em particular, os irmãos conversaram em seguida.

- De onde você tirou esta ideia, Nestore?

- Não sei, surgiu do nada. A gente não pode desmotivar os funcionários. Já não basta a má fama que criamos na redondeza? - respondeu.

- O fato é que precisamos descobrir o que aconteceu. Vamos ter de contratar um técnico de biscoito.

O técnico de biscoito era o "cozinheiro industrial", ou seja, aquele que conhecia o processo de manuseio dos ingredientes para industrializar o alimento.

Perguntaram aqui e ali, entre os conhecidos. Até que chegaram ao senhor Laudelino, profissional experiente, que já havia trabalhado inclusive na fábrica São Luiz, a mesma da qual Nestore havia tomado birra quando fez a oferta de compra do maquinário e o dono fizera pouco caso.

- Acho que ele deve ser um bom profissional porque já trabalhou muitos anos nesta fábrica - disse Udelio.

- Também acho. Ele pode compartilhar sua experiência na São Luiz e nos ajudar.

O senhor Laudelino também tinha disponibilidade de mudar-se para o interior com a família, outro ponto positivo. A cidade, afinal, ficava a mais de 300 quilômetros de São Paulo e não tinha profissionais qualificados para o trabalho.

- Vamos contratá-lo! - Bateram o martelo.

Dias depois, já no expediente, sua primeira missão foi descobrir o motivo pelo qual os biscoitos estragaram. Tarefa que não foi difícil para quem entende de receita industrial.

– Quais foram os ingredientes? – perguntou, experimentando o biscoito.

– Farinha, açúcar, gordura, essência e manteiga – respondeu Udelio, lendo no livro de receitas.

– Manteiga? Não se coloca manteiga em biscoito industrial... Perde a durabilidade – revelou o mistério.

O senhor Laudelino viu que os irmãos haviam usado uma receita caseira, e não industrial. Resolvido o mistério, era hora de ajustar a receita e fazer uma nova apresentação ao mercado. Desta vez, sem erros.

CAPÍTULO 8

AS VIAGENS

EM SEIS MESES, certa rotina havia se estabelecido na fábrica Mabel. Ainda não era a rotina ideal porque as máquinas trabalhavam abaixo de sua capacidade: em média, 200 quilos de biscoitos produzidos por dia. E nem todos os dias se chegava a essa quantidade. As interrupções eram necessárias naquele momento. Os funcionários produziam dois dias, paravam um, depois continuavam. Engatinhavam à medida que Nestore conseguia cumprir a difícil missão de vender o que havia no estoque.

A semana, para ele, começava com o carregamento do furgão. Logo cedo, os funcionários já estavam a postos para empilhar cerca de seiscentas latas na carroceria e, depois, jogar a lona e passar a corda pela carga para que não caísse na estrada. Ele partia em busca de novos clientes pelo interior de São Paulo e de Minas Gerais. São João da Boa Vista, Mogi Mirim, Arceburgo e Guaranésia eram algumas das cidades visitadas.

Voltava somente no fim de semana. Quando tinha sorte, conseguia vender tudo até quinta-feira e voltava um pouco antes para Mococa.

Começara até a fidelizar alguns clientes, porém a maior dificuldade persistia: a marca ser desconhecida. Não existia tradição, lastro, credibilidade. Se pudesse, até se transformaria em um megafone para gritar, em cada cidade visitada, a existência da Mabel. Porém, não seria esta a melhor estratégia para ganhar o voto de confiança dos fornecedores. Dependia de muito argumento, persistência, simpatia, envolvimento, empatia...

Como era difícil! Especialmente se não fosse ele quem desempenhasse o papel de relações públicas de sua marca. Porém, não havia outro caminho se o desejo era crescer. Eram muitas as cidades que precisavam ser visitadas e ele sozinho não dava conta. Era preciso aumentar as vendas e, para isso, muito chão precisava ser percorrido. Sozinho seria impossível. Arrumara então um vendedor. Na primeira semana, colocou o sujeito dentro de seu carro e pediu para que ele apenas observasse e aprendesse como abordar os clientes e vender os biscoitos.

- Não tem segredo, é bem fácil - disse. - Observe a forma como eu me apresento, o que eu digo para os clientes.

O candidato assistia a Nestore falar sobre a fábrica de origem italiana, sobre o sabor inigualável dos biscoitos, sobre a oportunidade de se tornar um distribuidor de uma marca no início, antes de ela se tornar famosa. No caminho entre uma viagem e outra, Nestore fazia questão de retomar os principais detalhes da abordagem:

- Ressalte que nossa origem é italiana.

- Tá certo!

- O que achou? Dá conta do recado?

- Ah, sim, claro. Não tem segredo.

Assim, na semana seguinte, Nestore acordou com um otimismo que não sentia havia algum tempo. O dia estava claro, o clima, agradável. Mandou carregar o segundo furgão da fábrica, que havia sido adquirido especialmente para impulsionar as vendas com o ingresso de um segundo vendedor. Seu semblante estava alegre. Traçou a rota para o novo funcionário e o despachou.

- Boa sorte e boas vendas - desejou.

Respirava aliviado por poder dividir sua tarefa com outra pessoa. Seria a primeira vez que dividiria um verdadeiro fardo. Ansiava em ver o vendedor voltando com a carroceria repleta de latas vazias e os bolsos cheios de dinheiro no fim da semana. Assim, conseguiriam aumentar a produção e fazer o negócio deslanchar.

Seu alívio, porém, durou pouco. Dois dias depois, lá estava voltando o tal vendedor, o qual não teria dificuldade de esvaziar toda aquela carroceria de biscoitos. Nestore havia partido para suas viagens em outra região. Udelio, que estava na fábrica, recebeu o funcionário.

– Ora, ora! Já de volta? Pelo visto, você se saiu muito bem.

– Percorri toda a rota, doutor, conversei com cada cliente das cidades, mas, por ora, eles não querem aumentar seus estoques de biscoitos.

– Certo, meu rapaz. Mas quantas latas você conseguiu vender?

– Desta vez, nenhuma, chefe – respondeu, cabisbaixo. – Acho que não dou para este trabalho, não – reconheceu.

E, assim, Nestore voltou a enfrentar sozinho a penosa missão de vender os biscoitos. Para conseguir visitar o maior número de cidades possível, ele levantava antes de o sol nascer e só parava depois de o último cliente baixar suas portas. Bem que ele pensava em fazer um anúncio publicitário numa rádio, mas o investimento seria muito caro. Mesmo que fosse acessível, não era viável porque existiam poucos pontos de venda que justificassem ampla divulgação.

Pior era quando Nestore dava o azar de estar nestas pequenas cidades em dia de racionamento de água. Naquela época, era comum, em alguns dias da semana, o abastecimento ser interrompido. E, nesse caso, não havia água para o banho. A força da necessidade o levou a desenvolver uma técnica de se lavar com um litro de água mineral. Afinal, depois de um dia de viagem, de dirigir sob o sol quente visitando clientes, tudo o que ele desejava era um merecido banho.

– E como é que você consegue isso, Nestore? – perguntou Udelio, achando graça dos infortúnios que o irmão contava, em tom de comédia, ao chegar de suas viagens.

– Muito fácil: divido a garrafa em três partes. Com a primeira, molho a cabeça. A água que escorre pelo corpo já é suficiente para passar o sabão. Com a segunda parte, faço o enxágue.

E as partes íntimas?

– A terceira parte da garrafa é especialmente destinada a elas.

– Eu, hein... por isso que você anda fedorento, Nestore!

Os dois se divertiam com as histórias que contavam. Afinal, é melhor rir do que chorar em tempo de dificuldade. Se deixassem o desespero tomar conta da mente, seria pior.

Nestore passava apertos inimagináveis, como o do dia em que não tinha dinheiro para pagar a gasolina em plena estrada. As vendas não haviam sido tão boas quanto ele esperava e, no meio da viagem, o combustível estava chegando ao fim. Avistou o posto e só tinha uma proposta a fazer.

– Boa tarde, senhor!

– Boa tarde. Encho o tanque? – perguntou o funcionário do posto.

– Sim, mas eu vou pagar com uma moeda diferente.

– Como?

– Sou proprietário de uma indústria aqui da região, a Mabel. O senhor conhece?

O funcionário, que na verdade era o dono do posto, balançou negativamente a cabeça.

– É uma fábrica de biscoito de origem italiana. Oferecemos os melhores biscoitos do país, melhores do que os da Aymoré, da São Luiz... É só experimentar para constatar o que estou dizendo.

O dono do posto continuava parado, ouvindo...

– E?

– Bem... tive um pequeno imprevisto durante a viagem e fiquei sem dinheiro. Então gostaria de abastecer e pagar com os biscoitos que tenho na carroceria.

– Senhor, aqui nós não aceitamos esse tipo de pagamento.

– Mas o que é isso? Será que não existe camaradagem neste país?

– Sinto muito, senhor. – E virou as costas.

Nestore não tinha outra opção. Se não abastecesse, ficaria na estrada. Resolveu, então, ter uma atitude à revelia. Esperou o proprietário afastar-se, desceu do carro, pegou a mangueira, engatou-a no tanque de seu carro e liberou o combustível.

Ao terminar, contabilizou quanto o tanque custaria em biscoitos, separou a quantidade e foi até o escritório, onde o frentista estava. Ao entrar, colocou o pacote na mesa.

– Aqui está o pagamento pelo tanque.

– Como assim? Eu disse a você que não aceitamos esse tipo de pagamento!

– O senhor precisa ser mais complacente – disse, em tom firme. – Passo nesta estrada semanalmente, sou cliente de vocês... Estou com um problema e preciso chegar a minha cidade. Não estou me negando a pagar.

– Não nos interessa. Não aceitamos esse tipo de pagamento – respondeu.

– Então vocês tirem o combustível do carro...

O dono do posto bufou. Naquela época, não havia essa alternativa.

– Vai embora, seu, seu... – disse, indignado, cerrando os punhos sobre a mesa. – E não volte mais aqui!

Nestore obedeceu, sem titubear.

O fato era que vender seiscentas latas por semana era uma meta muito difícil naquele momento. Nestore rodava as cidades, esgotava todo o seu repertório, mas muitos biscoitos teimavam em continuar lá em sua carroceria.

– Vamos ter de pegar um novo empréstimo – comentou Udelio. – Neste mês, precisaremos de ajuda para pagar os funcionários.

– Nossa! Já não há mais espaço na nota promissória para um novo carimbo – respondeu Nestore.

Nessas horas, Nestore tinha vontade de morrer. Pela manhã, quando despertava, seu desejo era de não acordar. Queria continuar dormindo para não ter de se lembrar das dificuldades. Sumir, desaparecer do mapa. Tudo parecia um beco sem saída. Fábrica desconhecida, dívidas, cansaço. "Por que eu fui inventar isso? Por que eu não morro? Por quê?", desesperava-se.

De uma coisa os irmãos não abriam mão: pagar os funcionários em dia. Mesmo que eles continuassem comprando fiado no armazém da cidade, não se beneficiavam em detrimento de seus funcionários.

– Mano, também temos de acertar nossa caderneta porque já estou com vergonha de comprar no armazém do Zé – comentou Nestore.

Quando o pessimismo tomava conta de Nestore, era hora de Udelio emprestar-lhe entusiasmo. Não que programassem isso ou agissem assim artificialmente, mas uma forte sintonia entre ambos fazia com que um captasse o estado de espírito do outro, mesmo sem dizer uma só palavra sobre o assunto. Assim, amparavam-se e conseguiam tocar em frente os negócios.

– Não desanime, Nestore. Estamos tendo lucro – disse Udelio. – Concluí um balancete no escritório. Pagamos todas as contas e ainda sobrou dinheiro para trocar os pneus dos furgões.

– *Mamma mia!* Quanta vantagem! – ironizou e emendou – Para queimar tudo no asfalto de novo!

– Ânimo, Nestore, as coisas vão melhorar – insistiu o primogênito.

No fundo, o negócio durava pela teimosia e pela falta de opção. Os irmãos já haviam investido todo o seu dinheiro nas máquinas, haviam contraído dívidas, inclusive para comprar a parte de José Temperini, que resolvera sair da sociedade. E o caixa estava quase sempre negativo. Por repetidas vezes, Udelio precisava recorrer ao Banco Barreto.

– Doutor Barreto, muito boa tarde.

– Olá, meu caro industrial!

– Vim em busca daquele reforço para a Mabel.

– Ora, pois não. De quanto precisarão?

A grande sorte de Udelio e Nestore era o orgulho que haviam despertado no povo de Mococa. As pessoas acreditavam na fábrica, queriam que ela desse certo. Doutor Barreto era uma delas. Emprestava dinheiro sem nunca exigir fiador. Mas, como bom banqueiro, avaliava os riscos da operação. Se estava disponibilizando recursos é porque acreditava que a fábrica alavancaria e que as dificuldades iniciais eram parte do processo. Barreto também era dono da fábrica de doces SIM, que era a outra indústria instalada em Mococa. Compreendia as dificuldades do negócio e tinha interesse no progresso da cidade.

Em alguns momentos, ele acreditava mais na fábrica do que os próprios irmãos.

O gerente bate à porta da sala:

- Com licença, doutor Barreto. Estão aqui os valores solicitados.

- Pode entrar, meu caro. Entregue aqui ao próprio Udelio, diretor da Mabel.

- Este então é o diretor da fábrica? - perguntou o gerente.

- Sim, sou eu - respondeu Udelio.

- Muito prazer - estendeu a mão o gerente, em tom de entusiasmo. - Estão trazendo progresso para nossa cidade!

Udelio assentiu. Sorriu, agradecido, pela manifestação do gerente, enquanto dizia a si mesmo: "Pelo menos a população de Mococa tem essa fantasia". E que Barreto jamais escutasse este seu secreto pensamento.

CAPÍTULO 9

DIAS MELHORES

SE A DURA ROTINA DE INDUSTRIAL NÃO DAVA MUITA TRÉGUA, a vida se encarregou de trazer o bálsamo para aliviar a pesada carga de fazer um negócio dar certo. Chegou o tempo de o amor bater à porta dos irmãos Scodro.

– Nestore, tenho pensado muito no futuro... – disse Udelio, certa noite, quando os dois estavam no escritório da fábrica, fazendo alguns balancetes.

– Como assim, Udelio?

– A gente está aqui, lutando para conquistar uma vida promissora, mas qual é o real sentido de ser bem-sucedido? Só o dinheiro?

– Não, claro que não. Ele é importante também, mas não é só isso – respondeu Nestore.

O silêncio invadiu o ambiente. Udelio voltou os olhos aos balancetes, mas seu olhar estava longe dos números. Nestore já estava ficando encabulado com as divagações do irmão até que percebeu: entre os cadernos contábeis, havia cartas manuscritas com letra de mulher.

– Ih... Já entendi tudo, Udelio!

Distraído, o irmão deu um pulo.

– O quê? – perguntou assustado.

– É a Marlene...

Marlene era uma moça baiana que Udelio conhecera quando ainda trabalhava na Útil e fora a seu estado para montar um forno. Desde então, passaram a se corresponder e ela não saía de sua mente. Pensar nela era como ir ao nirvana, especialmente quando ele estava em meio às tempestades da Mabel. Reler suas cartas de amor, ao final de um dia cheio e difícil, renovava-lhe o otimismo que não podia faltar.

Udelio sorriu, concordando.

- Sim, irmão. Quero me casar com ela.

Os dois se abraçaram.

- Não me assuste, mano! Você faz essa volta toda para me dizer que quer se casar. Pensei que estava acontecendo um problema grave aqui na fábrica! - repreendeu Nestore.

Udelio abriu o armário onde costumava trancar alguns pertences e tirou de lá uma garrafa de vinho.

- Então vamos brindar!

- Uma pergunta... Você já pediu a mão dela?

- Não - respondeu Udelio.

- Então como você sabe que ela aceitará? - sacaneou Nestore.

- Se ela não aceitar, já vamos beber para afogar as mágoas - devolveu Udelio.

Caíram na risada. Esqueceram os balancetes e celebraram. Sem darem conta, brindavam, naquele momento, além do casamento, a irmandade. Sim, a amizade dos dois irmãos era também um poderoso elixir para persistir mesmo diante das dificuldades.

Comunicaram o fato, assim que o noivado se concretizou, àquela que não viam havia mais de cinco anos: dona Anna. Enviaram uma carta à mãe com a novidade e receberam, depois de algumas semanas, uma correspondência dela com a seguinte mensagem: "Esta importante notícia precisa ser testemunhada de perto. Enfim, é hora de eu também ir conhecer a América".

Sim. Enfim, Nestore e Udelio reveriam a mãe. Mais um motivo de grande alegria!

Com a experiência do dia a dia da fábrica, Nestore chegara a uma conclusão: seu trabalho de formiguinha, embora fosse importante, não era suficiente. Era preciso multiplicar as vendas para que o negócio se consolidasse. Mas somente a contratação de vendedores não resolveria o desafio. Mesmo que Nestore conseguisse pessoas que fossem exatamente como ele, ou seja, que se empenhassem ao máximo para fechar cada venda, que se dispusessem a usar seu senso de observação para captar detalhes do perfil e da realidade do cliente e, assim, desenvolver argumentos de venda, seria difícil espalhar os biscoitos Mabel pelo Brasil.

– Udelio, não dá para ser deste jeito.

– Tente mais alguns vendedores, Nestore.

– Eles não têm o mesmo interesse que nós, Udelio, o mesmo comprometimento. Até eu, que sei o quanto é crucial fazer vendas para que tenhamos dinheiro em caixa, estou tendo dificuldades... Imagine para eles, que não estão com a corda no pescoço. É mais fácil desistir – argumentou o irmão.

Nestore quebrou a cabeça mais alguns dias. Em suas viagens, aproveitava o silêncio das estradas para pensar até quase à exaustão. Mentalizava alternativas, traçava hipóteses, imaginava suas ideias acontecendo para perceber se seriam exequíveis. Se fosse um motor, certamente sua mente estaria prestes a fundir.

Um dia, enquanto viajava, decidiu parar e observar o fluxo do tráfego. Caminhões vinham carregados da capital paulista para as cidades do interior. Os que iam em direção a São Paulo estavam sem carga. Isso não era nenhuma descoberta nova, era até óbvio, mas como não havia parado para pensar nisso antes?

Chegou a Mococa e foi direto falar com o irmão.

– Udelio, temos de ir para o olho do furacão.

– Olho do furacão? Como assim? – questionou, sem entender nada. – Do que você está falando?

– As vendas, Udelio. As vendas! Não adianta ficar indo de cidade em cidade fazer a distribuição dos biscoitos. Vamos até o lugar onde as cidades buscam as mercadorias...

– As cidades?

– Sim... Através dos caminhoneiros! Vamos para São Paulo, Udelio, para o Pari novamente. Lá é o lugar onde eles compram as mercadorias para vendê-las no interior – apresentou, enfim, sua ideia, e continuou: – Quando nós saímos de lá, a motivação foi a falta de energia para o funcionamento da fábrica. Mas é lá que tínhamos de estar mesmo. Se não foi possível fabricar lá, podemos ter um ponto de distribuição. Assim, em vez de eu ficar viajando de cidade em cidade, venderemos lá nossos biscoitos.

Os irmãos refletiram mais alguns dias sobre o plano, ponderaram sobre os detalhes e concluíram que esta seria uma alternativa viável. Poderia até não dar certo, mas era preciso tentar uma solução. Se a incerteza era uma realidade, era preciso saber conviver com o risco.

Então, Nestore foi para São Paulo, em busca de um pequeno ponto de distribuição no Pari.

Era madrugada quando acordaram em Mococa. Chegou o dia de buscarem a mãe no porto de Santos. Acordaram cedo, pois o caminho era longo até lá: 400 quilômetros. Apesar de homens feitos, o sentimento era de meninos: alegria sincera e sem reservas. Dona Anna estava chegando. Já havia cinco anos que Nestore não a via; para Udelio, eram sete anos de ausência e saudade.

Arrumaram-se como no tempo de crianças, em que suas escolhas seriam supervisionadas por ela. Escolheram uma boa camisa, lustraram os sapatos, pentearam bem os cabelos, com o capricho de quem sairia para um passeio no domingo.

Já haviam providenciado a arrumação da casa. A faxineira deixara tudo impecavelmente limpo e um quarto foi especialmente preparado para abrigar dona Anna. Percorreram o trajeto de carro durante cinco horas. Quando chegaram ao porto, o navio estava atracado. Os procedimentos de imigração e desembarque já estavam acontecendo.

Demorou um pouco para que ela saísse no saguão de desembarque. Quando ela finalmente apareceu, não enxergou os filhos de imediato. Procurava os rostos familiares entre uma multidão de pessoas que aguardava os passageiros.

– *Mamma*! Aqui! Aqui! – gritou Nestore, acenando com as mãos, na tentativa de ser visto por dona Anna.

Dona Anna reconheceu as vozes. Olhava na direção dos filhos, mas ainda não conseguia distingui-los entre tantas pessoas.

– Aqui, *madre*! – gritaram em conjunto.

E ela os enxergou. Abriu um largo sorriso, acenou e caminhou em sua direção.

– Filhos meus, quanta saudade!

Abraçaram-se, emocionados e felizes. Estariam juntos por uma boa temporada.

– Acho que temos motivo suficiente para preparar um *panettone Marietta* – disse dona Anna, com os olhos marejados.

– Hummm... Boa pedida – responderam os irmãos em coro.

Panettone Marietta era uma tradicional sobremesa na casa dos Scodro em dias de festa.

Enquanto Udelio cuidava da fábrica e, à distância, acompanhava os preparativos para o casamento, que seria celebrado na Bahia, onde Marlene morava, Nestore colocou em prática seus planos de ir para São Paulo.

Dona Anna, a princípio, ficou na companhia do primogênito, em Mococa. Brevemente, seguiria com o filho para a Bahia. A família da noiva preparava uma grande festa para comemorar a união do casal e seria uma oportunidade para dona Anna conhecer um pouco mais do Brasil e conviver de perto com o país sobre o qual já tanto conhecia pelas cartas dos filhos.

Enquanto não chegava a hora de ir para a Bahia, observava, orgulhosa, a rotina dos filhos com a fábrica: o movimento dos furgões, e até de um caminhão, o qual eles conseguiram adquirir para fazer a distribuição dos biscoitos. Aos poucos, as vendas iam melhorando.

Não que tudo estivesse às mil maravilhas, mas isso Nestore e Udelio não contavam à mãe.

Em São Paulo, Nestore alugou um pequeno ponto no Pari. O endereço era um tradicional local de distribuição de produtos. Fabricantes de biscoitos, doces e outros gêneros ali mantinham seus depósitos para vender por atacado para caminhoneiros, que se abasteciam para vender nas cidades interioranas.

Ainda que simples, o depósito da Mabel foi cuidadosamente organizado, com latas de biscoito empilhadas em uma prateleira e uma pequena mesa para atendimento aos clientes. Nestore fez questão de levar muitas latas para deixar evidente a capacidade de produção da fábrica. Também destinou uma lata para a degustação pelos clientes.

No primeiro dia em que abriu o estabelecimento, estava entusiasmado. Imaginava os caminhoneiros entrando no depósito, interessados e curiosos pelo biscoito. Mas isso não aconteceu por seguidos dias.

De vez em quando, entrava um caminhoneiro bronco, perguntando em tom de desdém:

– Quanto vale esta porcaria aí?

Nestore respondia objetivamente qual era o preço, mas cerrava os punhos de raiva ao ouvir o desaforo.

Os dias mais movimentados eram sextas-feiras e sábados, quando os caminhoneiros chegavam de viagem depois de vender para a freguesia. Boa parte deles era constituída por portugueses, o que fez Nestore tomar birra deles. Na verdade, não era nada pessoal. Eles estavam fazendo o jogo do comércio; precisavam depreciar o produto para comprar barato, pois, na hora de vender, também sofreriam o mesmo tipo de pressão.

Demorava a entrar um cliente e, quando entrava, logo vinha o desaforo:

– E este biscoito presta? Aposto que é malfeito...

Nestore não se conformava e já não estava disposto a engolir tanto desaforo. Certo dia, cheio de raiva do pouco caso dos caminhoneiros, resolveu empinar o nariz. O depósito estava abarrotado de latas de biscoito, todas à venda, mas Nestore devolveu o desdém a um português que entrou no estabelecimento.

– Quanto vale esta porcaria aí?

– Sinto muito, senhor, não temos biscoitos hoje.

– E este tanto de latas que estou vendo aqui?

– Estas latas são de pedidos já feitos na semana anterior. Os fregueses estão vindo buscar – respondeu.

– Então me dê pelo menos cinco latas – pediu.

Nestore foi firme: – Eu não posso.

– Mas como não pode? Está cheio de latas aí…

– Como falei, são encomendas. Está tudo vendido. Não posso desinteirar a encomenda do cliente. Imagine se fosse o senhor que estivesse vindo buscar sua encomenda e eu tivesse entregado a outro…

Sentiu que sua resposta foi finalmente ouvida. Desta vez, não ouviu desaforo.

O português parou por um instante, franziu a testa, dirigiu-lhe o olhar com ar de surpresa:

– Então quero fazer um pedido de vinte latas sortidas…

Nestore pescou o jogo do comércio e encontrou uma maneira de atrair a atenção dos caminhoneiros para seu produto. Tirava ali uma lição elementar para a vida e para a sua fábrica. Algo que, no fundo, todos sabem, mas costumam se esquecer: o ser humano só valoriza aquilo que é difícil.

A vida seguia dando seus passos. Havia se passado um ano. Nestore, mais experiente, conduzia com maestria as negociações no depósito da Mabel. Agora, as sextas-feiras e os sábados, quando o movimento de caminhoneiros aumentava no Pari, eram dias de esvaziar o estoque.

Embora ainda fosse responsável por algumas viagens de entrega de mercadorias durante a semana, havia se mudado para São Paulo. Considerava importante, como dono de indústria, estar na capital onde o comércio era mais intenso. Assim, era possível ficar de olho na concorrência e adaptar a fábrica às mudanças que fossem necessárias.

Morava em um pequeno apartamento com a mãe. Dona Anna, que viera para ficar uma boa temporada, preferiu morar com o filho solteiro. Assim, não causaria incômodo ao matrimônio de seu primogênito. Jamais seria inconveniente.

Porém, como dona Anna previra, não demorou a um novo casal desejar ir para o próprio ninho: Nestore e Luiza. O namoro já vinha acontecendo há vários anos e, desde que dona Anna chegara ao Brasil, percebera que crescia entre eles amizade e cumplicidade, dois elementos que considerava importantes para um casamento harmonioso. Em sua concepção, já era hora de Nestore tomar uma atitude mais séria, porque homem honrado não fica enrolando moça de família. Mas nenhuma palavra sobre isso disse ao filho. Talvez porque sentia, com seu coração de mãe, que não seria necessário.

E foi exatamente isso o que aconteceu. Tudo se deu como dona Anna previra. Certa tarde, Nestore ligou para dona Anna e lhe perguntou se poderia preparar, para o jantar, macarrão à bolonhesa, um de seus pratos preferidos.

- Claro, filho meu.

- Posso levar a Luiza para jantar conosco?

- Sim, filho. Nem precisa pedir!

Desde pequena, dona Anna aprendera a cozinhar com sua mãe, uma tradição que passava de geração em geração. Aprendera também que esta era uma habilidade que toda mulher deveria ter para cuidar de sua casa e sua família. Mas, para ela, a cozinha não era uma obrigação. Para dona Anna, era um grande prazer, uma alegria. Mais que isso: uma forma de demonstrar amor. Realizava-se em conseguir satisfazer um gosto. Para ela, era prazeroso agradar o filho. Como uma alquimista, misturava os ingredientes para criar uma "fórmula" que se harmonizasse com o paladar de pessoas queridas. Vê-las saborear sua comida e se alegrar ao redor da mesa era o que dava sentido para sua dedicação à cozinha.

Mesmo no tempo em que perdeu o marido e precisou trabalhar fora - e, por isso, teve de delegar o trabalho doméstico a empregadas -, jamais deixara de cozinhar aos fins de semana. Depois de passar tanto tempo longe dos filhos, com a vinda deles para o Brasil, um pedido deste soava como um afago em sua alma.

Foi até a despensa para verificar se havia farinha suficiente para preparar a pasta. Colocou uma garrafa de vinho para gelar. Foi até o açougue comprar carne fresca para o molho. Passou na frutaria e separou vistosos tomates maduros para o molho.

Quando Nestore e Luiza chegaram em casa, a mesa já estava formalmente posta, como nos tempos da infância de Nestore. Era costume na casa dos Scodro. Taças, talheres, pratos e guardanapos de tecido estavam organizadamente distribuídos sobre uma impecável toalha de renda branca, que dona Anna trouxera da Bahia quando lá esteve para o casamento de Udelio.

A formalidade na mesa era seu hábito cotidiano, não era de maneira alguma, como poderia parecer à primeira vista, arrogância de uma senhora cheia de etiquetas vinda de uma soberana nação do Primeiro Mundo. Em vez disso, dona Anna era dotada de simplicidade e carisma. Como uma autêntica italiana do norte, não tinha o costume de demonstrar sentimentos por meio de afagos, abraços e beijos. Mas trazer esses elementos para a mesa era uma maneira de fazer das refeições um ritual de afeto.

– Que mesa linda, dona Anna! – foi a primeira coisa que Luiza disse ao entrar no apartamento, de tão caprichada que estava.

– Você, gostou? Obrigada!

– E boa noite, né? – cumprimentou, dando-lhe os tradicionais beijos brasileiros nos dois lados do rosto.

– E está cheirando bem! – emendou Nestore, dando um beijo na testa da mãe.

– Está tudo pronto, esperando vocês!

– Vou lavar as mãos para sentarmos à mesa – respondeu Nestore.

– Vou pegar o vinho para acompanhar a refeição – disse dona Anna.

Serviram-se, saborearam e conversaram amenidades.

– Nossa, mãe, a senhora se superou nesta pasta. Está melhor do que todas que já fez. Vou comer mais um pouco!

– Dona Anna, o Nestore está ficando com o rosto cada dia mais redondo depois que a senhora chegou. Daqui a alguns dias, o paletó não vai mais fechar – brincou Luiza.

– Pare com isso, Luiza. Não estou ficando gordo, não! – defendeu-se.

– Ah, filho meu, mas eu acho que a Luiza tem razão. Vou parar de fazer esta pasta – brincou.

– De jeito nenhum, dona Anna. O Nestore que se controle porque eu também adoro macarrão à bolonhesa e não quero ser prejudicada!

Riram todos. Dona Anna pegou a garrafa de vinho para servir a todos e Nestore aproveitou para fazer o anúncio.

– *Madre*, temos uma notícia para lhe dar.

– Sim, filho meu... O que é?

– Eu e a Luiza decidimos nos casar!

– Mesmo? Mas que alegria! Já era tempo mesmo, filho meu!

– Então, vamos fazer um brinde – convidou Nestore.

Brindaram, alegres.

– Mas por que vocês não trouxeram os pais de Luiza para jantar aqui?

– Não precisava, mãe. Eles já estão sabendo, já conversei com eles na noite passada.

Nestore era, acima de tudo, muito prático e direto. E nisso combinava muito com Luiza. Dias antes, pedira sua mão em casamento em um momento trivial em que se encontraram. Sem flores, sem aliança, sem rodeios.

– Luiza, já estamos namorando há tanto tempo e estou com um apartamento montado. Podemos nos casar, se quiser.

Já conhecia Luiza a ponto de perceber que ela possuía atributos que, para ele, eram essenciais em uma esposa: fidelidade, responsabilidade, simplicidade e tranquilidade. Também já tinha condições de sustentar uma esposa.

Por outro lado, Luiza já havia visto na cordialidade, na responsabilidade, no empreendedorismo e na seriedade de Nestore as características de um bom marido. E o namoro já era longo.

– Eu aceito, Nestore.

– E você vê algum problema em minha mãe morar conosco enquanto ela estiver aqui?

– De jeito nenhum, Nestore. E ela?

– Acho que não. Vocês se entendem bem.

A mãe de Luiza torceu o nariz para essa ideia. Mas Luiza a achou ótima. Como sempre trabalhara, não sabia cozinhar. Enquanto isso, dona Anna era mestre na cozinha. Ravióli, capelete, sopa, risoto, almôndega, pasta à bolonhesa, bife à parmegiana... Tudo que preparava ficava muito bom. Não havia nada que não ficasse delicioso.

Sogra e nora combinaram de dividir o serviço doméstico. Dona Anna cuidaria das refeições da família e ela, a esposa, da limpeza da casa. Uma não daria palpite no serviço da outra. Assim acordaram em nome de uma boa e harmoniosa convivência.

Luiza e Nestore marcaram a cerimônia para poucos meses depois do pedido. Diferentemente de Marlene, a família de Luiza não tinha dinheiro para fazer uma grande celebração. Luiza usaria o mesmo vestido de sua irmã. Nada disso, porém, era importante para o casal nem diminuía a felicidade por estarem se unindo em matrimônio.

– A única coisa que faço questão é de nos casarmos em Aparecida do Norte – pediu Luiza.

A cidade religiosa ficava a 170 quilômetros de São Paulo e sua escolha acabou sendo uma estratégia para não gastar o que não tinham com uma cerimônia. Distribuíram o convite a toda a parentela, mas era inviável para a maioria comparecer a um casamento marcado para uma segunda-feira durante o dia.

Foi assim que eles se casaram no dia 16 de abril de 1955 na presença de poucos: os pais de Luiza e dona Anna. Como padrinhos, estavam a irmã e o irmão de Luiza e o cunhado, Maria Aparecida e Oscar. Do lado de Nestore, José Temperini e a esposa. Após o casamento, o vestido, a grinalda, o buquê e os sapatos foram entregues para uma congregação que ajudava noivas que não tinham condições de adquirir a vestimenta. Depois da cerimônia, viajaram ao Rio de Janeiro para a lua de mel.

Ali o casal viveu seu momento de romantismo. Hospedaram-se no charmoso Hotel Lancaster, na avenida Copacabana, onde iniciaram, tendo o mar como testemunha, uma sólida e duradoura união.

Capítulo 10

Choro novo

Udelio e Nestore estavam corretos quando resolveram investir no depósito do Pari. Apesar das dificuldades iniciais, a presença da Mabel no tradicional bairro atacadista encurtou distâncias entre a fábrica e os consumidores. Depois de um ano, os caminhoneiros já incluíam os biscoitos em sua lista de compras e assim a mercadoria dos Scodro invadiu as prateleiras dos atacadistas estabelecidos nas redondezas. Dessa forma, os distribuidores podiam tanto comprar o biscoito em seu depósito "direto da fábrica" quanto dos estabelecimentos que vendiam várias marcas.

A produção de biscoito já havia aumentado significativamente e, agora, a velha "Catarina", nome dado ao furgãozinho que usavam para levar os biscoitos, já não estava dando conta do recado. Os irmãos investiram em um caminhão para acomodar toda a carga de biscoitos encomendada pelos caminhoneiros e atacadistas.

Para uma pessoa empreendedora como Nestore, a situação mais confortável não o convidava ao descanso, mas o empurrava para novos desafios. Já havia conquistado o Pari e ali sua presença não era mais essencial para a sobrevivência da Mabel. Então, era hora de buscar novos mercados.

Fechou o depósito e voltou para Mococa, de onde partiria para explorar Minas Gerais, o estado com o qual a cidade fazia divisa.

Nesta nova etapa, em que o biscoito Mabel não era mais um ilustre desconhecido, Nestore resolveu investir em um novo sistema de vendas, mais simples e mais eficiente.

Nestore aprendera com a experiência do Pari, em que os caminhoneiros encomendavam previamente seus pedidos à fábrica, e quis padronizar essa prática. Assim, em vez de viajar com a carga de biscoitos prontos e disponíveis para entrega, contratou um vendedor para visitar o comércio das cidades mineiras a fim de tirar os pedidos. Somente depois da solicitação, a fábrica faria a entrega.

Nestore ficaria, inicialmente, com essa tarefa para que pudesse fiscalizar o trabalho dos vendedores. Além de levar as cargas aos fornecedores de São Paulo, que já fazia parte de sua rotina, passaria também a levar as encomendas aos comerciantes mineiros. Voltaria então à sua dura rotina de viajante.

Em alguns dias da semana, seu destino era São Paulo. Saía de noite de Mococa para chegar de madrugada em Sorocaba, cidade vizinha da capital paulista, onde ficava um de seus clientes. Horas depois, chegava à capital, onde deixava o resto da carga. Aproveitava a viagem para fazer o carregamento de farinha e voltar abastecido para a fábrica.

Toda essa operação envolvia não apenas disposição para dirigir, como também energia para fazer o carregamento. Os biscoitos eram acondicionados em latas retornáveis. Assim, a cada entrega, era necessário organizar a carga para guardar as latas vazias. Quando, enfim, terminava as entregas, precisava descarregar todas as latas vazias para acomodar os sacos de farinha no caminhão. Quinhentas delas, que precisariam ser retiradas uma a uma. Haja paciência! E, depois, recolocadas em pilhas e amarradas em cordas. Somente depois disso era possível cobrir a carga com a lona.

Nestore chamou o cunhado Pedro para ajudá-lo nessa sina, mas ainda assim não era nada fácil. Certa vez, estavam com o caminhão parado próximo ao trilho do bonde, arrumando a carga, quando a pilha de latas vazias desmoronou e caiu em cima dos passageiros do bonde.

– Mas que desgraça é essa? – gritaram lá de dentro.

Em outros dias, seu destino era o interior de Minas Gerais. Viajava por cidades como Guaxupé, Guaranésia, São Sebastião do Paraíso, Poços de Caldas, entre outras. Ocupava-se tanto que Luiza teve que dar um ultimato ao marido para arrumar logo uma casa para a família em Mococa. Desde que se mudaram, Nestore havia alojado a mãe e a esposa na casa do irmão.

– Nestore, a Marlene está com criança pequena, passando por um momento difícil... Eles precisam da privacidade deles e nós da nossa – pedia Luiza. De fato, era um tempo difícil na casa de Udelio.

Marlene tinha dado à luz gêmeos. A cada consulta durante a gestação, o casal saía em êxtase após ouvir os dois corações batendo. Prepararam o duplo enxoval com capricho e expectativa. Não sabiam o sexo dos bebês, mas, fosse o que fosse, era dupla a alegria.

Certa tarde, Marlene iniciou trabalho de parto precocemente, com sete meses de gravidez. A família correu para o hospital e os bebês nasceram. Eram dois meninos. Um deles, contudo, nasceu sem vida.

Os sentimentos eram ambivalentes. Sorriam pela dádiva da vida e choravam o luto da perda ao mesmo tempo. Era difícil olhar para dois berços, duas banheiras, dois carrinhos, e lembrar que um deles estaria vazio. E ainda temiam por Vitorino, bebê tão frágil e pequeno que permanecera internado pesando menos de um quilo.

Dona Anna tentava ser útil naquilo que podia, da mesma forma que Luiza. Mas, no fundo, a nova família precisava viver seu luto privado e se ajustar em sua dinâmica própria, dentro da realidade. Acomodar visitas, ainda que fossem parentes queridos, era inadequado naquele momento.

Enquanto isso, Nestore se desdobrava em suas viagens. Muitas vezes, precisava chegar cedo com a farinha a Mococa, por isso, após o carregamento, viajava durante toda a noite. Não havia espaço para descanso.

Enfrentava estradas sinuosas, estreitas, esburacadas... Boa parte não era asfaltada, mas todas eram bastante movimentadas. Apesar do crescimento das cidades interioranas e da expansão da indústria brasileira, a infraestrutura do país não acompanhava o desenvolvimento. Havia um verdadeiro hiato entre as condições das estradas e a necessidade da população que estava longe do principal centro comercial e industrial do país - São Paulo -, fazendo do trânsito de pessoas e de cargas uma perigosa aventura.

Nestore já estava muito cansado e, numa dessas viagens noturnas, quando estava entre Campinas e Mogi Mirim, a estrada asfaltada, reta, comprida e monótona contribuiu para aumentar seu torpor. O sono tomava conta de seu corpo, mas não havia a mínima possibilidade de parar. Quando o sol nascesse, as máquinas estariam aguardando a farinha para começar a produzir os biscoitos.

Seus olhos teimavam em se fechar. Por sorte, os faróis dos veículos que viajavam no sentido contrário foram seu alerta e o ajudaram a ficar acordado. Às vezes, ouvia algumas buzinas e despertava repentinamente. De longe, ele avistou as luzes do posto de pedágio que ficava próximo à entrada de Mogi Mirim. Imediatamente, despertou e conseguiu colocar o caminhão, que estava ziguezagueando, na faixa correta e parou meio assustado na cabine do posto para pagar o pedágio, mas estranhamente estava tudo vazio. Não havia ninguém na cabine. Olhou ao redor, e nada!

Até que, após alguns minutos, surgiu um policial rodoviário, vindo do meio do mato.

Ele aproximou-se do caminhão e o cumprimentou.

- Bom dia!

- Bom dia! - respondeu Nestore.

- O senhor está bem?

- Sim, graças a Deus.

- Pode encostar seu caminhão um pouco mais adiante?

Assim o fez. Pegou os documentos e a carteira de motorista do porta-luvas para apresentá-los ao guarda. Ao fazer menção de entregá-los, surpreendeu-se com a resposta do policial.

- Não é necessário mostrá-los. O senhor não quer lavar o rosto ali na cabine?

Aceitara o convite, embora estivesse encabulado. Passou a água no rosto e pensou consigo: "Será um assalto ou coisa parecida?". Quando retornou, o guarda lhe ofereceu um cigarro. Neste ponto, Nestore não aguentou mais.

– Senhor policial, eu não estou entendendo suas atitudes. O que está acontecendo? Onde estão as pessoas que trabalham neste posto?

Mal terminou a pergunta e começou a ouvir vozes de pessoas conversando entre si. Era um grupo que saía do mato em direção ao posto. O policial rodoviário apontou para elas e respondeu:

– Ali estão os empregados do posto... Tivemos todos que correr para o mato porque seu caminhão ziguezagueava pela estrada. Achamos que o senhor ia passar por cima de tudo isto aqui... Agora, eu é que lhe pergunto: o que está acontecendo?

Nestore respirou aliviado, antes de responder.

– Desculpe-me, senhor guarda, é que o tempo não espera. Preciso chegar a Mococa com a farinha para a produção dos biscoitos da minha fábrica. O senhor já conhece a Mabel?

Aceitou o cigarro e o café que lhe foi oferecido em seguida. Pôs-se a conversar com o grupo. Como um bom vendedor, não deixou escapar a oportunidade de apresentar sua fábrica. Entusiasmou-se com suas palavras, fez desaparecer o sono e, na despedida, distribuiu a todos alguns biscoitos como cortesia. Fez amigos de passagem.

Nestore finalmente ouviu a esposa. Absteve-se de viajar por alguns dias para ajeitar a mudança da família. Além do mais, Luiza também estava grávida, prestes a dar à luz. E logo seriam eles que necessitariam de privacidade para ajustar sua rotina ao choro novo que invadiria a casa.

Sua chegada aconteceria bem perto da festa de aniversário do tio Udelio. Ele gostava de comemoração e queria celebrar seus 28 anos. Vitorino já estava fora de perigo, com 11 meses, e aquele era, definitivamente, um momento feliz. Marlene preparou a casa para receber os amigos e parentes à noite.

As famílias mais ilustres de Mococa certamente estariam presentes na festa do industrial admirado por todos na cidade. Sim, os Scodro contavam com grande prestígio entre os moradores, dos mais simples aos mais importantes.

Nestore terminou suas atividades para chegar a tempo na festa. Luiza, já com barriga grande, preferiu ficar em casa na companhia de seus pais, que vieram de São Paulo para auxiliá-la. Dona Anna, naquele momento, estava cuidando de Vitorino, o outro neto.

– Doutor De Lucca, boa noite!

Ele era o médico de Luiza e havia ido à festa de Udelio.

– Boa noite, Nestore. Como vai Luiza?

– Está bem, mas sentiu-se um pouco indisposta hoje e preferiu ficar em casa.

– Ah, nos últimos dias de gravidez é assim mesmo – concordou o médico.

– Então não beba muito, doutor, pode ser que precisemos de você a qualquer momento! – brincou Nestore.

Riram. Mas era, de fato, um presságio.

Em casa, Luiza começou a sentir dores. Elas se intensificaram e seus pais viram que era hora de ir para o hospital.

– Vou chamar o Nestore na festa – disse dona Flora, mãe de Luiza, apressando-se em direção ao telefone.

Em poucos minutos, Nestore buzinou na porta. Chegaram à Santa Casa de Mococa, o único hospital da cidade, e Luiza foi atendida pela parteira, como era de costume à época.

O tempo passou. A bolsa se arrebentou e as dores foram ficando cada vez mais intensas. O sofrimento só aumentava. A parteira orientava que Luiza fizesse mais força, tentava fazer algumas manobras. Mas o bebê não nascia.

– Chame o médico, por favor – pediu Luiza.

– Ora, mas você consegue – insistiu a parteira.

A parteira seguia sua experiência de encorajar as mães. Muitas eram manhosas e, nas primeiras dores, já solicitavam o médico, sem necessidade. Por isso, na maior parte das vezes, ignorava o pedido. O protocolo era chamar o doutor apenas em caso de extrema emergência.

Entretanto Luiza ficava cada vez mais enfraquecida, beirando perder os sentidos. Já era alta madrugada e a situação não evoluía. Do lado de fora, Nestore ouvia os gemidos incessantes da esposa. De tempos em tempos, uma enfermeira ia até a família dar informações.

- Será que já não é hora de acionar o doutor De Lucca? - questionava o apreensivo Nestore.

Depois de algumas horas, o doutor De Lucca foi finalmente acionado e, quando chegou, identificou logo a gravidade da situação. Muito tempo já se havia passado desde o rompimento da bolsa. Os lentos batimentos cardíacos do bebê comprovavam que ele já estava com falta de oxigenação, ou seja, em sofrimento fetal. Seria necessário realizar uma cesariana de emergência.

Nasceu então a criança, uma menina. Mas não chorou...

A equipe médica executou os procedimentos básicos de assistência à bebezinha e, diante de sua falta de reação, passou a criança para a enfermeira, que a deixou na sala de assepsia, localizada em um cômodo entre o berçário e a sala de cirurgia. Agora estavam todos preocupados em dar atenção a Luiza, salvar ao menos a mãe, que também não estava bem.

Do lado de fora, sem ouvir o choro do bebê, ninguém percebeu se a criança nascera ou não. Nestore, muito nervoso com a situação, andava de um lado para o outro; foi para a porta do hospital fumar um cigarro para acalmar os nervos.

Os pais de Luiza, aflitos e tentando entender o que se passava, foram atrás de alguma informação, e acabaram por enxergar pelo canto do vidro que dava vista para o berçário uma menininha sozinha e sem reação sobre uma mesa. Não esconderam seu desespero. Flora tirou um terço da bolsa e seu marido, não se sabe nem como, arrumou uma vela. Improvisaram na sala de espera um pequeno altar e colocaram-se a rezar.

Quando Nestore retornou, deparou-se com a cena.

- *Mamma mia!* O que está acontecendo?

Dona Flora, com lágrimas descendo pelo rosto, apontou para o vidro.

– Ela nasceu, mas não chorou.

– Então é uma menina?

Nestore correu para dentro do berçário. Invadiu o espaço, mesmo sem autorização, e foi até a porta da sala de assepsia. Viu sobre a mesa de aço sua filha. Tinha uma pele escura e estava inerte. Provavelmente já tinham concluído que a menina estava morta. Enxergava também a porta fechada da sala de cirurgia. Embora não visse o que acontecia, dava para perceber certa agitação lá dentro. Permaneceu diante daquela cena com as reações paralisadas, inerte como a filha, e assustado. "Não foi dessa maneira tão triste que imaginei começar a paternidade", pensou.

Naquele momento, o médico anestesista saíra da sala de cirurgia para atender a um telefonema de urgência quando passou pela sala de assepsia e viu a menina jogada. Voltou à sala de cirurgia e gritou com a equipe:

– Quem deixou a menina sobre a mesa daquele jeito!?!?

Não esperou resposta. Aproximou-se da menina e, enquanto a examinava, pediu às enfermeiras uma seringa com um medicamento cujo nome Nestore não conseguiu entender. Talvez fosse adrenalina. Aplicou duas doses, fez massagem em seu pequeno tórax e também respiração boca a boca. Até que ela chorou. Um choro baixinho e fraquinho, mas suficiente para arrancar muitas lágrimas de seu pai, que assistiu a tudo. Correu até o sogro e a sogra para dar a boa notícia.

– Dona Flora, seu Barros, ela está viva! – disse sem conter a alegria.

Os avós se levantaram e correram para vê-la. Assistiram juntos ao que consideraram ser um verdadeiro milagre. Quando a bebê começou a respirar, um pequeno ponto em sua pele, na altura do pulmão, começou a clarear e irradiou por todo o seu corpo. Era a vida que Deus lhe trazia de volta por meio das mãos daquele médico.

– Ela ressuscitou! Bendiga a Deus! – diziam os avós.

Quando acordou, no dia seguinte, no quarto do hospital, Luiza conheceu a filha. Estava tão fraca que ainda não conseguia segurá-la, mas isso não importava. Olhá-la com vida, depois daquela noite difícil, era o que importava.

Sônia Maria fora o nome escolhido para batizar a pequena guerreira. O segundo nome, em agradecimento à Virgem Maria, por ter intercedido a Jesus pela menina, nascida e ressurreta na madrugada de 4 de maio de 1956, às 5 horas da manhã.

Era um tempo de bonança para os irmãos Scodro. Em casa, desfrutavam da alegria que os primogênitos traziam para a rotina familiar. Tempo também em que as incertezas haviam diminuído na Mabel. As dívidas estavam controladas e a produção, em crescimento.

A venda pelo sistema de pedidos diretos à fábrica estava dando certo. Cresceram tanto que foi necessário comprar mais um veículo e arrumar um novo motorista para fazer as entregas. Nestore sozinho já não estava conseguindo atender a todos os clientes. Assim, chegaram à empresa o motorista Valter, que ficou conhecido como Valtinho, e o entregador José Soares.

Quando se chega a este momento, há sempre dois caminhos a se tomar. Um deles é o do contentamento, hora de desfrutar das conquistas e trabalhar para mantê-las. Outro é o da ambição de alcançar novas conquistas. Um não é melhor que outro, necessariamente. No final, ambos geram ganhos e perdas. Depende do ponto de vista de quem os percorre.

Para Udelio e Nestore, ainda não era hora de parar. As conquistas até o momento davam-lhes segurança para prosseguir com seus planos inicialmente traçados e a tranquilidade necessária para assumir os riscos de novos passos. Para isso, concluíram que era hora de mudar a cidade sede de seu negócio.

Mococa, embora contasse com o bem mais escasso no Brasil dos anos 1950 – a energia elétrica –, estava na extremidade do estado, longe das principais cidades paulistanas. A distância, naquele momento em que as rodovias ainda estavam sendo asfaltadas, era um complicador para a distribuição dos produtos.

Para eles, era hora de voltar os olhos para Ribeirão Preto - a desenvolvida cidade interiorana cuja posição centralizada dava acesso a todo o estado de São Paulo, seu principal centro consumidor -, pois estava para ser inaugurada uma usina hidrelétrica na cidade.

Dois anos antes, quando os irmãos se preparavam para se instalar em Mococa, ouviram o anúncio dessa obra, que começara e prosseguira em seu ritmo próprio. Mas, naquele momento, os noticiários anunciavam sua breve conclusão.

- Udelio, acho que chegou a hora de darmos mais um passo - disse Nestore, em um fim de expediente, depois de folhear o jornal e ler a notícia da inauguração.

- É, irmão, eu também acho.

Tudo conspirava a favor da mudança. Ribeirão Preto era uma cidade com cerca de 400 mil habitantes à época e uma expressiva economia do estado. Nestore já visitava constantemente a cidade para atender alguns clientes, e lá a Mabel já tinha certo espaço conquistado.

Não quiseram perder tempo. Estrategicamente, resolveram montar um depósito na cidade. Assim, se preparariam para a mudança. Divulgariam o produto entre os moradores e, ao mesmo tempo, estavam de olho na inauguração da usina.

Ficou a cargo de Nestore assumir esse novo depósito, e para lá ele seguiu. Em suas visitas à cidade, encontrou, na região central, na rua Floriano Peixoto com a rua Prudente de Morais, uma casa com um anexo comercial, perfeito para o depósito. Moraria ao lado do trabalho e, assim, poderia dar assistência à família, que iria junto.

Mudanças não assustavam Nestore, que havia se acostumado com elas. Este era também o sentimento de Luiza, sua fiel companheira. A pequena Sônia, ainda que não entendesse o que acontecia, captava o entusiasmo dos pais, e simplesmente sorria!

Assim, viajaram felizes durante a mudança de cidade, feita com a "Catarina", o furgão com o qual Nestore atravessara tantas intempéries, e sobreviveu a todas. Já nutria pelo velho veículo certa afeição. Junto a eles, Bobi, o cachorro da família, dona Anna e um caldeirão de sopa, preparado por ela para garantir que ninguém passasse fome durante a viagem, que nem era tão longa assim: pouco mais de 100 quilômetros.

– Mãe, não precisava se preocupar!

– Filho meu, você tem criança em casa! Sônia não pode ficar com fome... A gente não sabe quanto tempo vai levar para ajeitar a mobília na casa.

Desta vez, a viagem não fora solitária, mas cheia de risos, conversas e até latidos. Coisas simples, que faziam Nestore refletir, em seu íntimo, que a felicidade também estava no caminho das conquistas. Era ela que o sustentava e o impulsionava a ir além.

Chegou à cidade em meados de 1957. No dia a dia, ficava com um olho nas notícias e outro nos galpões disponíveis pela cidade. Pretendia se mudar assim que a energia fosse disponibilizada, o que aconteceu um ano depois.

Quando o governo anunciou a inauguração, Nestore imediatamente avisou Udelio, e eles entraram em contagem regressiva para a mudança da fábrica. Por sorte, de frente à sua casa, funcionava uma fábrica de macarrão. Havia feito amizade com o proprietário, Valter, que lhe acabou confidenciando que seu negócio não ia bem, e encerraria a produção e desocuparia o imóvel. Seu tamanho serviria perfeitamente para a Mabel. O prédio não era tão bem estruturado como o de Mococa, e era menor, mas seria suficiente para abrigar a fábrica. Já tinham, portanto, o endereço onde a Mabel funcionaria em Ribeirão Preto.

E assim chegou o dia da despedida de Mococa, cidade que os acolheu e acreditou em seu potencial, tarefa que ficou a cargo de Udelio. Ele via a tristeza e o desapontamento nos olhos de cada um que, além de perder o emprego, perdia também uma empresa que trazia progresso para a cidade e despertava o orgulho nos moradores.

Pelo mesmo motivo, doutor Barreto ficou aborrecido. Desde o início, acreditou no potencial e na garra dos irmãos Scodro, emprestou-lhes recursos e recebeu de volta cada centavo emprestado, devidamente corrigido e com juros. Isso confirmava sua intuição, e ficava alegre por isto. Mas sua fábrica de doces SIM voltaria a ser única na cidade. Seu sonho de ver um parque industrial crescer em Mococa evaporava-se...

- Udelio, por que vocês vão embora? Estão tão bem aqui! Todos gostam tanto de vocês...

- Sabemos disto, doutor Barreto, Mococa é uma cidade excelente, à qual devemos nossa gratidão, mas Ribeirão Preto está em uma posição geograficamente centralizada, e isso será importante para a expansão de nosso negócio.

O banqueiro resmungou mais um pouco, mas, no fundo, sabia que ele estava correto. Vendo que não tinha jeito, continuou sendo um bom parceiro de Nestore e Udelio e recomendou os irmãos ao gerente da filial do banco em Ribeirão Preto, aberta recentemente na cidade.

- Procurem pelo Narciso; ele vai recebê-los e atendê-los no que precisarem.

Udelio despachou todo o maquinário e a mobília para a nova fábrica em Ribeirão Preto. Muitos caminhões foram alugados para dar conta da mudança. Quando chegaram a Mococa, mal conseguiam produzir 500 quilos por dia. Agora saíam de lá com a produção diária de mil quilos por dia, aproximadamente 25 mil quilos por mês, e almejavam um novo salto.

CAPÍTULO II

RIBEIRÃO PRETO

OS CAMINHÕES ESTACIONARAM na rua Floriano Peixoto, em Ribeirão Preto, na madrugada de 31 dezembro de 1958. Cerca de dez funcionários já estavam a postos para receber a mudança da Mabel, mas Nestore não estava em casa. Naquele mesmo instante, ele havia ido acompanhar Luiza ao hospital. Ela estava grávida novamente e havia sentido as dores do parto justamente no momento da chegada dos caminhões.

Na sala de espera, foi chamado pela recepcionista:

- Senhor Nestore?

- Sim, sou eu.

- Tem uma pessoa querendo falar com o senhor ao telefone...

Era um dos camaradas que havia ficado encarregado de lhe avisar assim que a mudança chegasse. A vida agitada do industrial não lhe dava pausa nem mesmo para acompanhar o nascimento dos filhos... Duas coisas tão importantes acontecendo ao mesmo tempo, que ele precisava pensar e agir rapidamente.

Perguntou à enfermeira como estava o andamento do parto e foi informado de que, apesar de a bolsa ter se rompido, a criança era grande e demoraria a nascer.

Era importante que ele visse o estado da mudança e desse as instruções para a equipe descarregar o primeiro caminhão. As peças do forno eram grandes e era necessário até um guindaste para retirá-las do veículo. Além do descarregamento, as peças já tinham de ser colocadas no local onde permaneceriam na fábrica. Se fossem colocadas em outro lugar, o trabalho seria redobrado. Além do mais, não havia tempo a perder; em trinta dias a fábrica deveria estar em produção.

Nestore resolveu correr até a fábrica. Pediu aos anjos que cuidassem de Luiza e do bebê que estava chegando.

- As peças do forno, que estão neste caminhão, devem ir para o salão principal! Formem um grupo de quatro pessoas e cuidem deste descarregamento - ordenou. - Quero mais quatro homens para carregar as coisas do escritório, que devem ir para o anexo da fábrica - prosseguiu. - Os demais devem carregar as caixas com documentos, peças menores e ingredientes que estão no terceiro caminhão!

Saíra anunciando que retornaria mais tarde porque, naquele instante, tinha de voltar ao hospital. Chegou lá esbaforido. Com um lenço, limpou o suor do rosto antes de entrar.

Foi logo informado de que o trabalho de parto continuava. Estava tenso, pois a primeira experiência fora traumática.

- A criança é grande, teremos de usar o fórceps - informou a parteira.

- Mas ela está bem? - perguntou.

- Sim, ela está. Muito forte a sua senhora...

Aguardou mais alguns instantes na sala de espera. Estava sozinho.

Finalmente, ouviu o choro de um bebê.

- Graças a Deus! - exclamou aliviado.

Logo uma enfermeira entrou na sala e disse:

- Parabéns, papai! O senhor trouxe uma roupinha para ele?

Ficou parado, estupefato, por alguns instantes, enquanto um turbilhão de emoções lhe invadiu o peito. Balbuciou:

- Ele? Então é um menino?

- Sim, um belo rapaz! Um meninão bem grande, com quase 4 quilos.

Seus olhos brilharam. "Que notícia maravilhosa... Um homenzinho", pensou.

Não que não amasse ser pai de uma menina, mas agora havia uma identificação de gênero instintiva. Tinham a mesma essência; era como ver uma extensão de si mesmo. Reconhecia-se no pequeno menino, lembrando-se de sua infância, sem a presença do pai. Queria cuidar deste filho como desejou ser cuidado pelo pai ausente. Seria para ele a referência, o exemplo, a força.

Que madrugada duplamente feliz.

Era 1963. Cinco anos se passaram desde que chegaram a Ribeirão Preto. A fábrica havia se ajustado tão bem na nova cidade que a sensação era de que o tempo voara. Apesar de continuarem a trabalhar muito, a rotina era mais leve. As vendas continuaram em progressão. A mudança foi acertada. O negócio estava dando certo.

Paralelamente, na vida privada, a rotina familiar ia se consolidando com o nascimento dos filhos. Na casa de Nestore, o caçula Sérgio chegara em 1960 para completar o trio de irmãos. Seria a última gestação de Luiza, definira o casal, uma vez que os partos de Luiza foram muito complicados, com risco de morte.

Depois do trágico episódio com Sônia, e do uso de fórceps para o nascimento de Sandro, Sérgio também viera à luz depois de muito sofrimento. Luiza havia levado um tombo aos oito meses de gestação, o que levou a criança a inverter sua posição. Na hora do parto, o médico fazia o toque. Pensava que estava tocando na cabeça, mas era o bumbum. Com isso, a parteira achava que estava tudo certo, insistia no parto natural. Acabou sendo mais uma madrugada de muito sofrimento, que só terminou com uma cesariana.

Na casa de Udelio a família só aumentava. Marlene já tinha Vitorino, o primogênito, Cláudio, Ana e Silvana - a última tinha meses. Adriana chegaria anos depois.

Tanto Udelio quando Nestore se alegravam com a primeira infância dos filhos, tão pueril e cheia de doçura. Apesar de estarem, na maior parte do tempo, envolvidos com as preocupações diárias da fábrica, guardavam na memória as brincadeiras e as tiradas da meninada, o vocabulário em formação, tão divertido. Às segundas-feiras, quando chegavam ao trabalho, um sempre comentava com o outro as tiradas e as artes dos rebentos em crescimento.

– Udelio, você acredita que o Sandro escutou aquela nossa conversa de contratar um novo funcionário e veio me falar, no fim de semana, que ele podia ser nosso empregado? Eu disse "tá bom" e pensei que ele ia se esquecer disso, mas hoje ele acordou bem cedinho, trocou de roupa, colocou calça social e camisa, penteou o cabelo sozinho e foi para a sala. Quando Luiza levantou para fazer o café, levou um susto com o menino lá, todo arrumadinho, que lhe disse: "Mamãe, vô tabalá com o papai na fábica, ele me contatou".

Caíram na risada. Orgulhavam-se de ter uma prole cheia de vida e saúde. No fundo, queriam ser, para seus filhos, o pai de que tanto sentiram falta na infância. Se havia um pedido que faziam em suas orações era para que Deus lhes prolongasse a vida para, assim, não deixarem seus filhos sem sua companhia.

– Fala pra ele, irmão, que não vai demorar para ele vir trabalhar com a gente. Lá em casa, Vitorino e Cláudio também já estão em aquecimento – respondia, entre risos. – Aliás, falando em funcionários, teremos de contratar não apenas um, mas quatro, porque precisaremos de reforços na produção.

Os pedidos cresciam. A Mabel já era uma fábrica regionalmente forte, conhecida entre os paulistas. A produção chegava a 35 toneladas de biscoito por mês. Para dar conta dos pedidos, os irmãos contrataram mais funcionários.

Os caminhões saíam carregados de latas, cada um em uma direção. Um ia para São Paulo, outros iam para o interior de São Paulo e Minas Gerais, onde tinham clientela cativa. Fabricavam biscoitos dos tipos maria, maizena, água e sal, leite, cream cracker, *petit beurre*.

Estavam operando em capacidade máxima e percebiam que ainda havia espaço a conquistar no mercado. Queriam que não só os paulistas comessem os biscoitos Mabel, mas todos os brasileiros. Para isso, precisariam investir na melhoria das instalações.

Como perito industrial e ex-fabricante de instalações para fábricas de biscoito, Udelio permanecia atento às últimas tecnologias e almejava equipar a Mabel com equipamentos de última geração. As grandes indústrias de biscoito já usavam fornos industriais automáticos, que eram mais rápidos do que os de bandejas utilizados na fábrica, os quais não tinham comunicação entre a estampadora e a câmara de cozimento. Depois que os biscoitos eram cortados no formato correto pela estampadora, a ação de passar as bandejas cheias de biscoito para o forno era manual. Nos automáticos, uma esteira transportava os biscoitos a essas etapas do processo de fabricação, tornando-o muito mais ágil. Udelio tinha capacidade para construir um desses para a Mabel, contudo, ele ocuparia um espaço muito maior.

Durante semanas, ele tentou imaginar alternativas de reorganizar o espaço de 1200 metros quadrados da fábrica para abrigar um novo equipamento como o que desejava, mas definitivamente era impossível. Um forno automático, embora fosse mais estreito, era mais comprido. Exigiria um salão com, pelo menos, 60 metros de comprimento. Só tinham a metade desse espaço.

– Irmão, se quisermos continuar crescendo, temos de pensar em uma nova sede – propôs Udelio.

– Eu também já venho percebendo isso, Udelio, mas nós ainda não temos condições para tanto – ponderou Nestore.

– Então, eu estava fazendo algumas contas e acho que nossas reservas nos permitem adquirir o terreno e começar a obra. Vamos tomar um empréstimo para concluí-la. O que acha?

– Será que vale a pena entrar em um financiamento com essa inflação que vem se arrastando no país?

Nestore tinha razão. Era o conturbado tempo da ditadura militar. Apesar do crescimento do país com o governo de Juscelino Kubitschek, que havia incentivado o desenvolvimento industrial, atraído as multinacionais e também criado a emblemática capital federal no centro do Brasil, a economia estava na corda bamba. Nos noticiários econômicos, falava-se na dívida externa e na inflação em crescimento.

Tinham esse impasse a resolver, mas decidiram que deveriam seguir adiante com o projeto. Sim, chegara a hora de a Mabel ter sua primeira sede própria.

– Vamos procurar uma área. Quem sabe a gente não compra agora e deixa a construção para um momento posterior? – Udelio levantou a hipótese.

Assim, iniciaram a pesquisa. Olharam anúncios, percorreram a cidade em busca da localização ideal. Pensavam na vizinhança, nas vias de acesso, no tamanho. Queriam evitar uma região já adensada para escapar de situações como a que passavam com uma vizinha da atual sede. Grávida, ela reclamara à prefeitura do cheiro incessante dos biscoitos assados que tomavam conta de sua casa, aumentando ainda mais seus enjoos. Os irmãos precisaram fazer uma mudança no direcionamento da chaminé para mitigar o problema.

Também pensavam no trânsito de caminhões que a fábrica provocava. Precisavam de uma região com vias largas para comportar toda essa movimentação. Por isso, estavam inclinados por uma área na entrada da cidade, na via de acesso para a Rodovia Anhanguera. Por ela, os caminhões chegavam a São Paulo e, no outro extremo, a Brasília.

A área não estava à venda. Nestore e Udelio pesquisaram quem era o dono e chegaram ao senhor Baudílio Biagi, um usineiro muito rico e bem-sucedido da cidade. Esta era uma das muitas propriedades que ele tinha. Não estava disposto a vender, mas acabou simpatizando com os irmãos e aceitando o negócio.

– De quantos metros vocês precisam? – perguntou o empresário.

– Dez mil metros quadrados – respondeu Udelio.

– Isso hoje?

– Sim, hoje – disse Nestore.

– Então, vocês precisam fazer uma conta diferente. Vocês vão construir uma fábrica e precisam pensar que ela ainda vai crescer. O tamanho que vocês precisam hoje será insuficiente amanhã. Por isso vocês têm de fazer uma coisa: calculem a metragem de que necessitam hoje, depois dobrem essa medida e multipliquem por cinco. Esse é o tamanho do terreno que vocês precisam comprar.

Nestore e Udelio resolveram acatar sua sugestão. Afinal, um empresário como ele, para chegar aonde chegou, havia adquirido experiência e, certamente, daria um conselho sensato. Assim, compraram 100 mil metros quadrados.

Em uma tarde, dias depois de passarem a escritura para o nome de sua empresa, Nestore e Udelio escaparam do expediente da fábrica para ver a área que agora era deles. Foram desfrutar a conquista. Era o primeiro imóvel dos irmãos, fruto de muito trabalho. Só eles sabiam tudo o que haviam passado para chegar até ali. Discretos, porém, não precisavam de festas nem alarmes, queriam apenas avistar aquele terreno juntos e regozijar, cada um no seu íntimo, pois conseguiram dar mais um passo.

Improvisaram quatro paus e colocaram um toldo para se abrigarem do sol a pino. Sentaram-se no chão e se colocaram a planejar a futura fábrica, sem ter o capital necessário para construí-la.

Repentinamente, a chuva caiu. Os pingos foram ficando mais fortes, mas eles não se importaram. Não queriam ir embora. Pegaram um encerado e cobriram uma das fundações e lá permaneceram conversando sobre a futura fábrica. Era hora de sonharem acordados.

– Vamos colocar o forno automático aqui. O escritório será ao lado...

– O que você acha de colocar o almoxarifado do lado esquerdo?

Não importava a chuva nem o barro. Ali permaneceram horas levantando hipóteses. Desenhavam o projeto, apagavam e em seguida o desenhavam de novo. Divertiam-se como crianças. Acima de tudo, eram amigos e tinham uma grande sintonia nos negócios. Tinham a mesma visão e tomavam decisões em comum acordo. Os funcionários já haviam comprovado isso. Podiam fazer a mesma pergunta a ambos, separadamente; a resposta seria a mesma. Estavam simplesmente felizes.

Resolveram iniciar a construção. Mesmo que levasse tempo para concluí-la, não queriam adiar o projeto. Como o negócio prosperava, não era prudente parar.

Levariam ainda muitos meses para concluir a obra e, no final, contaram com o empréstimo do senhor Palomo, pai de Marlene. Quando o prédio ficou pronto, Udelio deu início à construção do forno, que fora montado dentro da nova estrutura.

Nada estava vindo fácil, tinham dívidas e responsabilidades, mas todo esforço estava valendo a pena. Como uma menina em desenvolvimento, a Mabel crescia em formosura e graça.

Depois de construírem a própria fábrica, produziam cerca de 850 quilos de biscoito por dia.

CAPÍTULO 12

O PRESENTE DO PAI

ERA 1967. DEZESSETE ANOS SE PASSARAM desde a chegada de Nestore ao Brasil. Havia vencido o prazo em que não poderia visitar seu país natal. Como saíra da Itália sem cumprir o serviço militar, seria preso por crime de deserção se lá voltasse antes desse tempo. Agora se animava para visitar a Itália. Queria rever suas origens, encontrar-se com a irmã Domizia, que não via desde sua vinda para o Brasil. Apresentaria para Luiza as belezas de seu país, especialmente a região de Treviso, onde crescera, recontaria suas histórias com o cenário para ilustrar. Quem sabe até toparia com velhos amigos por lá.

Chegava a hora de viajar, desta vez por motivo de lazer. Desde que fundara a Mabel, toda viagem de Nestore estava ligada a trabalho. No máximo, fazia rápidos passeios com a família. Férias era uma palavra que não fazia parte de seu vocabulário.

"Bem que mereço este presente", pensou.

- O que você acha de fazermos um passeio? - perguntou a Luiza, certa noite, no jantar.

- Passeio? Como assim?

- Uma viagem... Só nós dois!

Luiza riu. No entanto, não o levou a sério:

- E você vai conseguir deixar a Mabel para viajarmos, Nestore?

- Sim, e por tempo suficiente para conhecermos a Itália.

Ela franziu a sobrancelha e o fitou. Não estava acreditando no que estava ouvindo.

- Nestore, você está falando sério?

- Sim, *dio mio*, mas é claro!

- Mas você nunca tem tempo!

- Desta vez, terei. Você não quer?

Resolveu acreditar no marido. Sorriu de alegria.

- Claro que quero, *amore*!

- Então, comece a arrumar as malas. Vamos viajar!

O dia terminou feliz na casa. Fazia tempo que Luiza desejava fazer uma viagem com o marido, só os dois. Mudar a rotina, respirar outros ares, espairecer. Alimentava o desejo de conhecer outro país, em especial o de Nestore, que lhe contava tantas histórias de sua infância e adolescência. Berço da Igreja Católica Apostólica Romana, sua religião. Terra de tradicionais vinhedos. Dona Anna, que já estava novamente no Brasil, ficaria com as crianças. Tudo pela alegria da família.

Desembarcaram em Roma, a cidade do Vaticano. De lá, partiram de carro até Pàdova, província onde sua irmã morava, a pouco mais que 500 quilômetros de distância. Não tinham pressa. Parariam nas cidades para que Luiza, em especial, apreciasse a paisagem, a vegetação, a arquitetura das casas. Uma beleza diferente de tudo a que estava acostumada.

Pararam em Florença, na região da Toscana, a chamada cidade das artes, *cittá dell'arte*, repleta de museus. Nas entradas dos prédios, era comum se deparar com obras de arte. O próximo destino foi Bologna La Dotta - cidade com a universidade de Medicina mais antiga da Europa, datada do século XI. Visitaram Ferrara, cidade com fortes traços medievais, formada quando a Itália era composta de principados e ducados - uma possessão de terras governadas por nobres estrangeiros. Nestore não podia deixar também de passar em Pisa, cidade famosa pela torre pendente.

Ao adentrarem e subirem pela rampa que dava acesso ao topo, Luiza fez questão de colocar o braço para fora com a bolsa pendurada nele. Queria vê-la suspensa e conferir o quanto ela penderia.

Riram.

Era outubro, estação de outono. A vegetação era dominada por árvores altas, em sua maioria, que ficam com as folhas avermelhadas. Luiza ficou encantada com todo aquele cenário. Ficaria ainda mais encantada com a neve, que veria bem de perto em um passeio nos Alpes. Brincou como uma criança.

– Neve, neve! – dizia, jogando os flocos para cima.

Ao chegarem a Pádova, procuraram cuidadosamente o endereço da casa de Domizia, desconhecido para Nestore. Quando ele saiu da Itália, a família morava em Montebelluna, na província de Treviso. Com o casamento, a irmã mudou-se para a província vizinha. Dona Anna se mudara para lá também.

Chegaram à noite. Estacionaram na rua Buonarroti, número 20. Avistaram o pequeno edifício de três andares, onde ficava o apartamento da irmã. Era um prédio de arquitetura contemporânea. Ao lado da porta de entrada, havia um interfone com as plaquetas que indicavam os nomes dos moradores de cada apartamento.

Nestore leu "Luigi Da Giau", o nome do cunhado.

– É este! – E apertou.

Quando chegaram ao andar, Domizia, ansiosa por sua visita, imediatamente abriu a porta.

– Não acredito! Meu irmão! Que saudade! – disse, dando-lhe um caloroso abraço.

– Domizia! Quanto tempo! Que bom ver você novamente – respondeu Nestore.

A irmã estava com 43 anos. Pele clara, cabelos castanhos, que destacavam seus olhos azuis. Havia mudado muito pouco. O corte de cabelo permanecia o mesmo. A pele lisa, como quando era mais jovem. Talvez ela estivesse um pouco mais roliça desde a última vez que o irmão a vira, mas estava bonita.

– Esta é a Luiza? Olá, muito prazer! Seja bem-vinda – disse à cunhada, segurando-lhe as duas mãos. – Vamos, entrem, quero apresentar o Luigi a vocês.

Luigi era um tipo convencional: estatura média, cabelos finos e escuros, pele clara. Era originário da cidade de Tai di Cadore, uma das muitas que se desenvolveram na região dos Alpes, nos "pés das montanhas". Geralmente quem vinha de lá tinha um perfil mais fechado, e isso tinha relação com o clima frio. Era calado, metódico, de pouca conversa. Por outro lado, tinha os atributos da bondade e da honra. Naquilo que empenhasse sua palavra, certamente cumpriria.

– Sejam bem-vindos! Estávamos aguardando vocês para o jantar! – disse, cumprimentando Nestore e Luiza.

Toda a conversa se dera em italiano, deixando Luiza às vezes confusa. Ela sorria e entrava no clima. O semblante alegre de todos indicava que a conversa só girava em torno de bons sentimentos e emoções. Sentaram-se à mesa, harmoniosamente posta, com o mesmo capricho de dona Anna. Domizia, como uma boa filha, tinha herdado os costumes da mãe, inclusive na cozinha.

Nos dias seguintes, o passeio continuou. Era impossível para Nestore, estando na Itália, não se lembrar da música, sua grande paixão. Por isso, levou Luiza para conhecer o lugar onde estudara violino em Veneza. Foram ao Palazzo Pisani, onde ficava o Conservatório de Música Benedetto Marcello, lugar onde Nestore fez sua apresentação de formatura como solista.

– Então foi aqui que você fez a louvável, porém tensa, apresentação, que fez até você se esquecer do público? – perguntava ao marido, lembrando-se da história que ele repetidas vezes lhe contara.

– Sim, é aqui!

O lugar não havia mudado muito. A decoração continuava como há vinte anos. Suntuosa com suas paredes escuras, cortinas e carpetes vermelhos, e ao mesmo tempo intimidadora.

– Uma pena que não tenha nenhum espetáculo hoje – lamentou.

O passeio continuou. Refizeram juntos o trajeto de trem de Veneza para Montebelluna, o qual costumava fazer três vezes por semana, durante a Segunda Guerra Mundial. Luiza conheceu a cidade onde Nestore crescera, e até passaram na porta de sua antiga residência. Estava do mesmo jeito. *Déjà-vu!* Parecia que o tempo havia congelado.

Ele também levou Luiza para conhecer o Mediterrâneo, mar interno entre a África setentrional, a Europa meridional e a Ásia ocidental, chamado de *mare nostrum* pelos antigos romanos, famoso nos livros de história e alvo de tantas disputas políticas. Para Nestore, no entanto, sua lembrança estava ligada a um problema respiratório que tivera na infância - uma mancha no pulmão. Como naquele tempo ainda não existia antibiótico, o médico recomendara que dona Anna o levasse para respirar o iodo do Mar Mediterrâneo, onde não havia praia. As ondas do mar batiam nas pedras e respingavam para o alto, formando uma nuvem de água cheia de iodo. Dona Anna o levava todos os dias à Riviera Ligure, que ficava em Nervi, perto de Gênova. Nestore tinha aproximadamente 8 anos, e ficava próximo às pedras, aspirando as partículas de iodo que eram lançadas quando as ondas rebentavam.

Luiza estranhou o local.

- Cadê a praia? - perguntou ao marido.

- Neste mar não tem areia, só rocha - respondeu o marido.

- Ah, não gostei! Prefiro as praias do Brasil.

No retorno, aproveitaram para passear em Gênova, que ficava a poucos quilômetros dali. Nestore queria mostrar à esposa o porto de onde embarcou para o Brasil, havia dezessete anos. Na cidade, acabaram passando na porta da casa da família Mentasti, amigos de dona Anna que sempre visitavam sua residência. Embora ainda menino, percebia a boa receptividade que a família dispensava a eles e jamais se esqueceu dela. Será que a família ainda vivia lá? Nestore resolveu parar e bater na porta.

- Um momento - ouviu uma voz lá do fundo da casa.

Ao abrir a porta, a senhora imediatamente disse:

- Nestore!

Ficou surpreso com a lembrança. Que boa fisionomista. "Será que não mudei muito?", perguntou-se. Era Iucci, a filha do casal, que tinha seus 20 anos quando Nestore era menino e frequentava sua casa. Tinha deficiência auditiva total, desde o nascimento. Não ouvia nada, mas fazia leitura labial e sabia falar com habilidade, apesar da falta de expressividade na entonação. Tocava piano com maestria.

– Estava passando por aqui e resolvi bater na porta para saber como vocês estão.

– Vamos entrar! – convidou.

– Não estamos atrapalhando? Viemos sem avisar...

– De jeito nenhum, vamos conversar.

Ambos se atualizaram sobre os acontecimentos desde que as famílias deixaram de ter contato. Nestore contou sobre sua ida ao Brasil, sobre o abandono da carreira de músico, sobre a Mabel, sobre os filhos. Os pais de Iucci haviam partido, infelizmente.

A moça era bastante receptiva, não tanto quanto os brasileiros, com quem Nestore convivia nos últimos dezessete anos, mas um pouco mais calorosa do que a maioria dos italianos do norte.

Aliás, tanto estava acostumado com o perfil mais intimista do brasileiro que chegara a estranhar o comportamento dos italianos do norte, mais pragmático. Certa noite, Domizia e Luigi convidaram Nestore e Luiza para um jantar na casa de amigos, o casal Zucchello. Eles aceitaram.

Os pratos servidos estavam apetitosos. A noite, apesar de fria, estava agradável; a conversa continuava animadíssima, após a sobremesa. Nestore olhou no relógio e espantou-se com o horário e comentou discretamente com Luiza.

– Acho que já está ficando tarde! Vamos embora?

Imediatamente, os anfitriões se levantaram, dirigindo-se aos cabideiros. Entregaram os casacos para os dois, despediram-se, agradeceram sua presença e abriram a porta para saírem.

– Tchau! – disseram, e fecharam a porta assim que os convidados saíram.

– Eu, hein! Que falta de delicadeza – disse Nestore, meio atordoado. – Domizia, acho que esses seus amigos não gostaram muito de nós!

– Mas por quê? – questionou, assustada.

– Foi só eu levantar a hipótese de ir embora que nós fomos praticamente expulsos da casa deles.

– Ué, mas você não falou que queria ir embora? Não entendi... – respondeu a irmã.

Tão acostumado estava com os brasileiros, que são mais amáveis e geralmente insistem para o convidado ficar quando este acena estar de saída, que estranhou.

Esqueceu-se da própria cultura de origem. O italiano do norte, semelhantemente ao alemão, é mais objetivo. Muitas vezes, até em razão do clima frio, não tem como ir até a porta e esticar a conversa até o carro... Seria uma aventura, no mínimo, congelante.

Domizia estava alegre com a presença do irmão na Itália. Naqueles dias, com quem se encontrasse, entre amigos e parentes, comentava a respeito de sua visita, sobre a simpatia de Luiza, sobre os momentos que estavam passando juntos.

Nestore aproveitou sua estada na Itália para visitar também alguns parentes mais próximos, como a tia Gemma, que havia morado em sua casa durante sua infância, época em que ajudava a cuidar dele e de seus irmãos. Ainda morava com sua família em Crespano del Grappa, cidade em que Nestore nascera. Também foi até a casa do primo Nagher, que vivia em Treviso.

O casal ainda fez um passeio em Conegliano Veneto, comuna conhecida por sua produção de vinhos. A principal estrada de acesso à cidade era cercada de plantações de uvas brancas, das quais se fabrica o famoso *spumante prosecco*. Nestore resolveu então visitar as duas tias por parte de mãe que lá moravam, tia Linda e tia Emília.

– Mas que alegria rever você! Domizia me avisou que viriam... Entrem – era tia Linda, a irmã mais velha de sua mãe.

Chegaram por volta das 10 horas da manhã. Fazia frio, por isso a anfitriã ofereceu conhaque para esquentar. Nestore aceitou. Luiza recusou. Conversaram amistosamente e, depois de dez minutos, a tia ofereceu novamente a bebida.

Nestore aceitou e Luiza recusou.

Tia Linda não resistiu. Chegou perto de Nestore e cochichou, em tom de preocupação:

- Que doença ela tem?

Nestore segurou o riso, e guardou o comentário para dividi-lo depois com Luiza e rirem juntos. Na Itália, a partir dos 12 anos, todos tomam vinho para aquecer o corpo no inverno.

- Ela achou que você não é normal - dizia à esposa, rindo!

Depois, foram à casa da tia Emília. Era a caçula dos sete irmãos de sua mãe. Ainda era solteira e, mesmo com o passar dos anos, continuava muito bonita.

- O tempo não passa para a senhora, tia!

- Como você é generoso, meu filho!

Tia Emília era muito querida e muito próxima.

- Fale-me como é a vida no Brasil! Anna voltou de lá contando tantas coisas boas sobre vocês e também sobre o país...

Nestore atualizou a tia sobre as belezas e as mazelas do Brasil, sobre os filhos, sobre a fábrica.

- Não foi fácil, tia, mas a Mabel hoje é uma fábrica promissora!

- Nestore, seria bom para você visitar a fábrica de biscoito do Hugo, você se lembra dele?

- Quem é Hugo?

- Talvez você não se lembre mais dele, ele entregava pão na sua casa quando você era criança. Hoje tem uma fábrica, a Doria, bem famosa por aqui.

- Lógico que eu quero conhecer!

Tia Emília, então, telefonou e marcou diretamente a visita com Hugo.

Dias depois, Nestore foi até a fábrica, que ficava em Conegliano. Na portaria, identificou-se. Minutos depois, um senhor, vindo da produção, montado em uma bicicleta, apareceu e perguntou:

– Quem é Scodro?

– Sou eu – respondeu Nestore.

– Olá, Nestore! Eu sou o Hugo. Sua tia falou que você queria conhecer a fábrica.

– Sim, também tenho uma fábrica no Brasil, é bom conhecer experiências semelhantes.

– Você pode me acompanhar.

Era uma fábrica grande e muito bem montada, bem maior que a Mabel. Tinha umas cinco ou seis linhas de produção. Provavelmente, mais de mil funcionários. Fabricava cerca de trinta tipos de biscoito.

Nestore achou Hugo engraçado, meio emblemático. Muito simples, percorria as unidades de bicicleta e tinha um apito na boca. Enquanto conversava com ele e lhe apresentava as instalações, observava o trabalho dos funcionários. Quando percebia algo errado, apitava e indicava o erro para o chefe de produção.

A visita durou cerca de três horas. Nestore conheceu o automatismo dessa moderna fábrica e ficou muito impressionado. O empacotamento, por exemplo, já era automático, enquanto na Mabel o processo ainda era manual. O sistema de dosagem dos ingredientes também era automático.

Quando finalizaram a última unidade de produção, Nestore se despediu, agradecendo.

– Sou muito grato por sua receptividade. Tudo o que vi aqui é inspirador para mim porque ainda estamos começando.

– Por nada, meu rapaz, mas não vá ainda. Quero lhe dar algo.

Seguiram para o laboratório, onde se analisava a qualidade de toda a matéria-prima que chegava, se pesavam todos os aromas e ingredientes voltados à fermentação do biscoito e se faziam testes de receitas e provas. Um espaço grande, no qual trabalhavam dois jovens engenheiros de alimentos e um senhor contemporâneo de Hugo.

Ao entrar, pediu licença aos dois rapazes.

– Por favor, preciso conversar em particular com meu amigo aqui – disse referindo-se ao senhor.

Assim que os rapazes saíram, apresentou Nestore ao companheiro.

- Este rapaz é Nestore, filho do falecido Antônio...

- Muito prazer! Hugo tinha muita estima por seu pai.

Conversaram brevemente sobre algumas amenidades, até que Hugo pediu ao companheiro, em tom imperativo:

- Vamos, dê-me a receita da rosquinha!

O senhor fez uma cara de espanto e ficou sem ação.

- Ande logo! - insistiu.

- Tem certeza?

- Claro que tenho, não está vendo?

Abriu então uma gaveta trancada. Tirou de lá a receita manuscrita e a entregou a Hugo. Este, por sua vez, repassou-a a Nestore.

- Olha, não fale nem para meus filhos que estou te dando essa receita. Ela é muito antiga, um de nossos maiores tesouros. Vou lhe dizer por que estou dando a receita a você: até hoje sou grato a seu pai por ter me ajudado a subir na vida quando eu ainda era um simples padeiro. Quero então compensá-lo; estou dando a você a melhor receita que tenho aqui dentro da fábrica.

A receita levava o básico: farinha, açúcar, gordura vegetal e alguns ingredientes que custavam caro no Brasil - como uvas-passas e frutas cristalizadas. Nestore agradeceu. Achou bonita a consideração a seu pai depois de tantos anos, mas ao chegar ao Brasil, semanas depois, limitou-se a guardar o papel em sua gaveta e esquecê-lo por lá.

Tempo de retornar ao batente. Depois de 30 dias de viagem, com as energias renovadas, viu o quanto tirar férias era benéfico, especialmente para quem trabalhava dezesseis horas por dia, em média. No começo, tinha a sensação de culpa. Parecia que estava fazendo algo errado por tirar férias. No final, porém, viu que foi muito bom desligar-se um pouco do trabalho.

Nestore estava revigorado, mais disposto do que nunca e com saudade do ofício. Aproveitara a viagem também para adquirir equipamentos de última geração para a fábrica, como a máquina de empacotamento. Já estava chegando ao fim a era das latas retornáveis no

Brasil. A indústria estava importando o modelo praticado pelo mercado internacional de acondicionar biscoitos em embalagens plásticas. A máquina desempenhava três funções: fabricava o saco, pesava-o depois de cheio e o selava.

Na Mabel, isso significava desativar todo o setor responsável pela manutenção das latas, que ocupava um grande espaço da fábrica e empregava 25 funcionários. Eles as recebiam, faziam assepsia, retoques e colavam um novo rótulo.

– Seu Nestore, como vai ficar o emprego da gente? – questionou Boaratti, funcionário antigo, contratado ainda nos tempos de Mococa, para trabalhar neste setor. Ele fazia os engradados de ripa que acondicionavam as latas durante seu transporte.

– Vamos realocar o pessoal no novo setor de empacotamento, e isso inclui você. Mas você aceita uma sugestão? – perguntou Nestore.

– Claro, doutor.

– Você é uma pessoa de grande potencial. Deveria investir em seus estudos para crescer profissionalmente. Se fizer isso, certamente lhe daremos oportunidades aqui na empresa – sugeriu.

Boaratti saiu motivado da sala de Nestore. Estimular seus funcionários era algo que ele e Udelio procuravam fazer. Obviamente, cobravam de cada um as obrigações devidas, mas estavam alertas para enxergar e reconhecer os talentos.

O fim das latas abria novas perspectivas para os bons funcionários e novos negócios para a Mabel. Com o empacotamento automatizado, Nestore e Udelio criaram o "pacotão da Mabel", com um quilo de biscoitos sortidos da marca. A aceitação estava sendo positiva pelo público, mas nada que impactasse intensamente as vendas. Havia um crescimento ascendente e estável da indústria, apesar da crise inflacionária pela qual o Brasil passava, mas em um ritmo comedido. A grande revolução da Mabel ainda estava por vir...

Seis meses se passaram até que, certo dia, procurando um documento, Nestore se deparou novamente com a receita do senhor Hugo no fundo da gaveta de sua escrivaninha. Releu os ingredientes. A rosquinha levava na massa frutas cristalizadas e uvas-passas. Era uma típica receita italiana, que ele tanto conhecia e apreciava. Para fazer seus pães e biscoitos, os italianos costumavam misturar elementos na massa como castanhas, sementes, amêndoas, gergelim, cascas de frutas e outros.

Mas esse tipo de ingrediente era muito caro no Brasil, impossível de ser utilizado, pensava. Enquanto refletia sobre a receita, Udelio entrou. Mesmo com uma sede maior, os dois continuavam a despachar da mesma sala, tinham as mesas lado a lado.

- Que papel é este em sua mão, Nestore?

- Então, lembra-se daquela receita que contei para você que ganhei do senhor Hugo?

- Quem?

- Aquele padeiro que entregava pão em casa quando a gente era criança... Não lembra que te contei que me encontrei com ele lá na Itália?

- Ah, tá! Lembrei! Ele deu um salto, hein? De padeiro a industrial, dono de uma das maiores fábricas de biscoito da Itália...

- Então, ele me deu essa receita aqui, disse que era uma retribuição à ajuda do nosso pai no passado... Eu te contei isso.

Udelio pegou o papel das mãos de Nestore:

- Deixe-me olhar...

- Ele fez o maior mistério sobre esta receita, você precisava ver: ela estava trancada em uma gaveta, como se fosse um tesouro mesmo - continuou a narrar Nestore.

- Para testá-la, precisamos de um equipamento diferente, porque nossas máquinas não são compatíveis com esta receita - disse o irmão mais velho. - Os ingredientes, quando misturados, não darão a mesma consistência da massa tradicional, que tem liga para ser amassada no cilindro convencional. E para fazer este furo no meio precisaremos de uma cortadeira.

- Mas o que você achou da receita? - questionou Nestore.

- Eu gostei - respondeu Udelio.

- Eu penso que as uvas-passas e as frutas cristalizadas, apesar de serem saborosas, inviabilizam o custo. A não ser que adaptemos a receita... - Nestore deu sua opinião.

– E por que não? – desafiou Udelio. – Não temos nada a perder em tentar. Posso montar essas máquinas para fazermos uma produção de teste.

Assim o fizeram, e semanas depois saiu a primeira fornada das rosquinhas Mabel. A degustação começou dentro da fábrica mesmo, com os próprios funcionários. Os irmãos gostaram do sabor, mas, antes de emitirem qualquer opinião, andaram pelo pátio de produção para ouvir os funcionários.

– Doutor, esse biscoito é muito bom! – disse logo um deles.

– E diferente, né? Nunca tinha visto um biscoito industrializado com um furo no meio – comentou outro.

Em casa, também promoveram a degustação com suas famílias. Ali o melhor termômetro eram os filhos, que, como toda criança, só comiam com vontade aquilo de que realmente gostavam.

– Papai, me dá mais um? – pediu Sérgio.

– Também quero – emendou Sônia.

No dia seguinte, Udelio chegou à indústria comentando que isso também acontecera em sua casa.

– Não deu pra quem quis mais! Quase tive que mandar buscar mais aqui na fábrica – comentava em tom descontraído com Nestore.

Não havia dúvida de que a rosquinha era boa. Decidiram então incluí-la no pacotão da Mabel, recém-criado, como o principal produto. Ela dividiria espaço com os biscoitos *petit beurre* e maria, mas corresponderia a 70% do pacote. A sorte estava lançada.

CAPÍTULO 13

A EXPLOSÃO DAS ROSQUINHAS

DESDE QUE CHEGARA AO BRASIL, Nestore precisou aprender a conviver com um elemento que não existia em seu país de origem: a inflação. Mesmo tendo convivido com a guerra e a contenção na Itália, era uma realidade, no mínimo, diferente. Ver os preços das mercadorias subirem tão rapidamente e a moeda ser corroída causava-lhe estranheza.

Em sua primeira década no país, percebia que, mesmo com o desenvolvimento da economia, em parte pelo favorecimento à industrialização, a inflação continuava presente em sua rotina. No final dos anos 1950, chegou a quase 40% ao ano. Isso o obrigava a fazer uma remarcação constante dos preços dos produtos da Mabel, deixando-o, como empresário, com um sentimento de incerteza constante. Será que o aumento seria absorvido pelo consumidor? Será que a receita abateria os custos? Qual seria, afinal, o lucro real da indústria em um cenário de desvalorização constante da moeda?

Nestore acompanhava, pelos noticiários, as explicações dos economistas: a política cambial favorável à importação gerava um efeito colateral na desvalorização da moeda brasileira. A emissão de dinheiro sem lastro também era outra prática do Tesouro Nacional condenada pelos especialistas. Anos depois, já na década de 1960, os críticos atribuíam à construção da nova capital federal no Planalto Central o motivo para a inflação, que chegara a 92,1% em 1964, ano do Golpe Militar. Em 1968, estava um pouco mais controlada, por volta de 25%. Ainda assim, continuava atormentando o dia a dia dos brasileiros, e atrapalhava especificamente a atividade dos empresários que movimentavam a economia.

Naqueles anos, Nestore aprendera a usar a inflação a seu favor nas operações bancárias para resolver emergencialmente a necessidade de cobrir déficits quando os pagamentos dos clientes atrasavam. Ainda mais nos últimos anos, quando haviam investido recursos na construção da fábrica e ficado sem grandes reservas. Praticava o que os bancários chamavam de "borboleta". A Mabel tinha várias contas em bancos diferentes. Quando estavam sem saldo, ele depositava o cheque de uma para outra. Na época, a compensação só acontecia no dia seguinte à reunião noturna, realizada diariamente entre os bancos, para fechar o balanço das movimentações. Então, antes de o suposto cheque ser recusado por falta de saldo, Nestore fazia um depósito nessa conta com um cheque de uma terceira conta, também sem saldo. E, assim, ganhava tempo para providenciar a cobertura.

Certo dia, durante o jogo de tênis que praticava religiosamente no Clube Recreativa, encontrou-se com o gerente do banco Bandeirantes do Comércio, seu companheiro na prática esportiva. Jogaram, conversaram amenidades e, no final, o bancário não o poupou da franqueza...

– Nestore, os bancos já perceberam que você está fazendo borboleta. E isso não se pode fazer, meu camarada. Vamos devolver seu cheque...

– Não façam isso. Vocês precisam respeitar o prazo da compensação.

– Para você cobrir o saldo com outro cheque sem fundos? – ironizou.

– Não é bem assim – tentou argumentar –, uma hora ele terá cobertura. É que a gente tem muitos clientes que atrasam o pagamento...

– Você está tentando driblar o sistema bancário, Nestore. Se precisar de capital para saldar seus compromissos, faça vendas à vista – sugeriu o gerente, despedindo-se, deixando Nestore com o alerta.

Vendas à vista? "Impossível", pensou Nestore, ruminando as palavras do gerente, cheio de raiva... Se o cliente comprando com prazo não estava honrando os pagamentos, imagine se a Mabel exigisse pagamento à vista... Ia ficar sem cliente, sem venda, sem dinheiro, sem nada. Para resolver o problema emergencial, recorreu ao gerente do Banco Barreto, onde continuava a ter tratamento privilegiado, como nos tempos de Mococa. Assim que se mudou para Ribeirão Preto, o próprio doutor Luiz Barreto se encarregou de recomendar a seu gerente da filial que atendesse Nestore e Udelio prontamente em quaisquer necessidades.

– Mas que filho da mãe esse gerente, senhor Nestore! Fazer isso com um cliente tão distinto quanto a Mabel...

– Pois é, foi categórico com a gente. É uma incompreensão com questões conjunturais. Os clientes estão atrasando o pagamento, por isso, somos obrigados a recorrer a esse tipo de operação.

– Olhe, tome aqui – disse, entregando-lhe um cheque administrativo preenchido com o valor de que precisava. – Esfregue isso na cara deles!

Nestore agradeceu e saiu do banco aliviado. Agora teria condições de resolver a situação. Contudo, permaneceu dias pensando sobre a venda à vista. Como fazê-lo?

Durante dias, ficou com esse assunto em mente. Compartilhou a problemática com Udelio e os dois puseram-se a pensar em soluções. Até que resolveram fazer uma tentativa: realizar a venda direta para o consumidor. Era uma chance de tentar promover uma entrada de dinheiro à vista na fábrica.

– As compras em pequenas quantidades terão de acontecer em grande volume para ser significativas – ponderou Udelio.

Até então, vendiam apenas em grandes quantidades para comerciantes, que, por sua vez, faziam os biscoitos chegarem às gôndolas dos supermercados e armazéns. A fábrica já tinha uma logística montada para esse modelo de comercialização, baseada na venda antecipada, além de manter, a essa altura, três depósitos de distribuição instalados em Campinas, São José do Rio Preto e na capital paulista. O estado de São Paulo era seu principal mercado.

Nestore chamou um vendedor, chamado Cisto, que tinha uma perua e lhe fez a oferta:

– Temos um projeto experimental a desenvolver e nos lembramos de você.

– Quanta honra, senhor Nestore... Mas em que posso ajudar?

– Você tem uma Kombi, certo?

– Sim.

– Então, gostaríamos que a carregasse com o pacotão da Mabel e fosse às ruas para fazer venda direta ao consumidor. Nós instalaremos um aparelho de alto-falante para fazer o anúncio. O que acha?

Cisto costumava vender para pequenos comerciantes e criar um montante interessante a partir de pequenas quantidades. Tinha, portanto, perfil para a venda direta.

– Será que vai dar certo? – questionou a Nestore.

– Só saberemos depois de tentar. Você aceita o desafio?

– Podemos tentar, sim!

O pacotão de um quilo era a grande novidade da Mabel à época. Ele inaugurava a era das embalagens na fábrica, dos biscoitos sortidos, entre os quais estava, em maior proporção, a rosquinha originada da secreta receita do italiano Hugo.

Após o primeiro dia de circulação das kombis, Cisto retornou com o resultado.

– Vendemos cinquenta e cinco pacotes de um quilo, senhor Nestore.

Nestore foi surpreendido.

– Nada mau – avaliou. – Vamos prosseguir!

Nos dias seguintes, as vendas continuaram nesse mesmo ritmo. Depois de um mês, os irmãos Scodro avaliaram que a experiência estava sendo bem-sucedida. Decidiram então contratar mais vendedores com kombi ou outro veículo utilitário. Em poucos dias, tinham cerca de dez veículos circulando pela cidade. Juntos, vendiam cerca de 500 quilos por dia e elevaram em 50% a produção diária da fábrica - que era de 1,2 tonelada.

- Eureca! Descobrimos um meio de aumentar nossa produção e ainda receber à vista! - comemorou Nestore.

- É, irmão, bem que dizem por aí que nos momentos de crise é que acontecem as melhores descobertas - comentou Udelio com um largo sorriso no rosto.

Nestore prometeu a si mesmo jamais reclamar novamente da dureza de seu amigo bancário e até lhe agradeceria em momento oportuno, pois foi com a ajuda dele que conseguiram dar esse importante salto.

O sucesso da venda do pacotão não estava acontecendo apenas em razão do acesso rápido do consumidor ao produto por meio das peruas. O público estava voltando às peruas para fazer novas compras especialmente em razão do que encontravam dentro do pacotão: as rosquinhas. Enquanto os demais biscoitos eram similares aos de outras marcas - *petit beurre* e maria -, as rosquinhas eram diferentes de tudo o que o consumidor conhecia. As pessoas compravam, provavam, gostavam e tornavam a comprar.

Outro benefício da venda direta era essa resposta rápida do público. Nestore fazia questão de perguntar aos perueiros quais eram os comentários dos consumidores em relação às rosquinhas.

- Os melhores possíveis, senhor Nestore.

Nas filiais de venda, os pedidos também aumentaram e Nestore já deduzia que o incremento não acontecia apenas em razão do formato oferecido, o pacotão com um quilo. A notícia da rosquinha foi se espalhando e dando confiança a Nestore e Udelio de que podiam apostar em novos mercados com seu novo produto de sabor único. Foram atrás então de um distribuidor experiente no Rio de Janeiro, chamado José Boa, que viabilizou a entrada da Mabel na Cidade Maravilhosa. Para os cariocas, a Mabel despachava duas ou três carretas de biscoito por mês.

Em Goiás, também arrumaram um distribuidor chamado Ézio Paranhos, que foi o responsável pela apresentação das rosquinhas e demais biscoitos Mabel aos goianos. Ao tomar conhecimento do sucesso das peruas em Ribeirão Preto, ele resolveu também colocar peruas nas ruas de Goiânia. Em pouco tempo, mais de dez veículos estavam operando na capital goiana, com o mesmo êxito.

Não havia dúvida: as rosquinhas haviam se tornado a grande vedete da Mabel e foram responsáveis por uma grande virada na fábrica. No espaço de um ano, a produção diária multiplicou-se muitas vezes.

Nestore andava pela fábrica e enxergava um mar de rosquinhas sendo produzidas aceleradamente para atender à demanda. Impossível não se lembrar do senhor Hugo e de seu jeito caricato de comandar sua grande indústria em cima de duas rodas e com um apito nos lábios. Agora, Nestore entendia por que ele fazia tanto mistério sobre a receita que lhe dera. Impossível não se lembrar de seu pai, a quem Hugo creditou toda a sua motivação para entregar-lhe a fórmula mágica.

Olhou para o alto, com o coração agradecido. Pelo visto, ele e Udelio não ficaram tão distantes do pai como imaginavam. Mesmo ausente, o senhor Antônio conseguira dar aos filhos um grande presente.

O sucesso das rosquinhas dera início a uma fase áurea para a Mabel, que agora tinha recursos para dar atenção a questões como a propaganda. Chegara o tempo de produzir o primeiro comercial de seus produtos com o objetivo de anunciar e consolidar aquilo que já era conhecido no boca a boca da população: o pacotão.

Nestore, que ficava a cargo das questões de venda e marketing, chamou um agente de venda da Globo para preparar um filme publicitário. Sim, a Mabel apareceria na maior emissora do país.

Alguns dias depois do briefing, voltou à indústria, todo sorridente, para apresentar a produção preparada. Nestore e Udelio entram na sala de reunião, onde ele já estava com o filme pronto para ser exibido em videocassete.

– Boa tarde, senhores! Tenho certeza de que vão gostar! – disse.

Os irmãos estavam animados, afinal seria a primeira vez que fariam esse investimento.

Luzes apagadas, o "play" do aparelho foi acionado. Eis que apareceu, em close, uma pilha de pacotões e, então, um palhaço surgia de dentro dela. Levantava as mãos e anunciava em alta voz: "Chegou o pacotão da Mabel".

Trinta segundos depois, as luzes se acenderam.

– Então, o que acharam?

No fundo, o agente já sabia a resposta. Era impossível ignorar a cara de decepção dos dois empresários.

– O senhor nos desculpe pela franqueza, mas esse filme é horrível. Esse palhaço é feio, o enredo, simplório...

O agente ouviu as críticas com serenidade, mas lançou um desafio.

– Reconheço que não é uma produção das melhores, mas ela trará resultado a vocês. Peço um voto de confiança. Vamos exibi-la durante um mês...

Resolveram então dar essa chance para o filme. O palhaço horrível acabou chamando a atenção e atraindo mais vendas. E continuou sendo exibido.

– De tão esquisito, o palhaço chamou a atenção. – Ria Nestore quando comentava a experiência com os amigos.

Mas havia ainda outro elemento importante na propaganda: o preço marcado. É que Nestore havia tomado conhecimento, por meio de uma conversa trivial com uma dona de casa, de que o preço do pacotão estava sendo praticado acima do recomendado pela fábrica.

– Mas que ganância! – Injuriou-se Nestore. – Os vendedores já ganham sua comissão e querem mais!

Na área administrativa, já atuava Cláudio, filho de Udelio. Mesmo bem jovem, já era o principal comprador da fábrica e lutava com garra para adquirir as matérias-primas com os melhores preços para que os biscoitos chegassem à mesa do consumidor com menor reajuste. Não era justo que tanto esforço por parte da indústria fosse anulado com essa prática de sobrepreço.

Nestore e Udelio resolveram, então, colocar o preço marcado na embalagem, apesar da inflação. Era por volta do ano de 1973, quando ela estava moderada, em comparação com anos anteriores: por volta dos 15% ao ano. Mas, como o pacotão tinha alta rotatividade, era possível fixar seu valor de venda.

Assim, o palhaço também ajudou a divulgar essa ousadia para aquele momento.

Isso deu tão certo que durou anos. Nestore solucionou uma situação que ele considerava abusiva, por parte dos perueiros, e ainda agradou os consumidores, que tinham a sensação de que seu poder de compra se mantinha, apesar da inflação.

– Pai, tem gente que também tem uma ideia positiva sobre nós, de que não somos exploradores, de que praticamos preço justo – dizia Sandro. A essas alturas, já com 16 anos, havia começado a acompanhar o pai. Nestore fez questão de trazer os filhos para a fábrica e, assim, ensinar a eles, desde cedo, o valor do trabalho e do esforço. Fazia questão de ser para eles uma referência e um estímulo para que buscassem o próprio crescimento. Logo, Sérgio também viria para a indústria.

Na primeira metade dos anos de 1980, a inflação havia alcançado picos inimagináveis até aquele momento – mais que 200% ao ano. E o preço marcado do pacotão continuava. Ele era, de tempos em tempos, reajustado, mas permanecia como uma referência para o consumidor. No final, o preço marcado, anunciado pelo palhaço feio anos atrás, acabou saltando do horário comercial para o editorial. Foi assunto de reportagem no *Jornal Nacional*, na Globo.

Anos depois, outras campanhas publicitárias surgiriam, mais bem elaboradas, embora poucas tenham alcançado tão bons resultados na percepção dos irmãos. Uma das mais célebres foi o jingle criado para a marca, que conseguiu traduzir na letra e na melodia o momento da Mabel, que invadia cada dia mais a mesa dos brasileiros:

Ai, que gostosura Biscoitos Mabel,
Pra mim, pro Juquinha e também pro Gabiel,
Todo mundo gosta de Biscoitos Mabel.
Mabel!

Nestore era um homem de posições firmes. Por um lado, tinha um temperamento tranquilo e racional. Por outro, não fugia das situações conflituosas que lhe apareciam. Encarava-as. Graças a essa mistura, conseguiu resolver impasses como a majoração dos preços por parte dos perueiros. Ao longo dos anos, aprendeu o valor da reflexão antes da tomada de decisões.

- Empresário tem que ter tempo para pensar. Só assim vêm as novas ideias e as soluções - dizia com frequência em conversas sobre o assunto.

Foi por isso que, com a explosão da Mabel, resolveu transferir a unidade de vendas para um local fora da indústria. Alugou uma casa no centro de Ribeirão Preto, onde funcionaria apenas esse setor.

Ali, ele coordenava os gerentes das filiais de venda, os coordenadores de distribuição e os coordenadores dos perueiros.

- Udelio, aqui na fábrica, todos me interrompem o dia todo, não consigo me concentrar em minha atividade - justificou ao irmão, que concordou com ele.

Mesmo atuando em uma unidade especializada, Nestore pedia a sua secretária que não fosse perturbado depois do almoço.

Permanecia em sua sala por uma ou duas horas sem fazer nenhuma atividade. Simplesmente pensava nos problemas a serem resolvidos, no desempenho do mercado, na concorrência, nas possibilidades.

Foi nessa época que traçou uma estratégia para resolver um impasse com o Pão de Açúcar. Ele queria muito que os biscoitos Mabel fizessem parte das gôndolas do renomado supermercado em Ribeirão Preto, mas o gerente estava irredutível. Mesmo com o sucesso das rosquinhas, desdenhava o produto e não aceitava o negócio.

Muito pensou, ponderou, tentou dialogar... O jeito foi partir para uma ação de choque. Nestore solicitou, então, que um dos perueiros estacionasse sua Kombi bem em frente ao supermercado, logo cedo, e ali permanecesse o dia todo anunciando o pacotão da Mabel.

Assim o fez.

- Olha o pacotão da Mabel, aqui no carro de som! Olha o pacotão da Mabel, com as deliciosas rosquinhas e outros biscoitos, direto da fábrica, por apenas um cruzeiro! Pacotão da Mabel é aqui, na praça 15 de Novembro; venha buscar o seu!

Os anúncios não paravam. Gente que estava indo ao supermercado parava para comprar seu pacotão da Mabel. Gente que estava saindo, também. Pedestres, vizinhos, motoristas.

O gerente do supermercado viu aquela cena e se irritou tanto com o barulho quanto com a movimentação na porta de seu estabelecimento. Mordeu a isca e, imediatamente, ligou para Nestore.

- Escute, senhor Nestore, tem um perueiro aqui causando desordem e incômodo. Está atrapalhando nossa rotina. Solicito que o retire daqui imediatamente.

- Bom dia, senhor. Infelizmente, não poderei atendê-lo. Estamos trabalhando - respondeu Nestore.

- Como não? Vou chamar a polícia... - ameaçou.

- Não precisa porque não vai adiantar. Temos a licença - respondeu, com uma dose de sarcasmo.

- Mas isso é um absurdo! - indignou-se o gerente.

- Tenho outra solução para o senhor: basta que passe a comercializar nosso produto em seu supermercado. Assim, não será necessário que o perueiro faça ponto de venda em suas imediações.

- Já falei ao senhor que não temos interesse!

- Mas o senhor não viu o quanto os consumidores apreciam nossos produtos? Não viu toda a movimentação?

- Não quero! - E desligou o telefone na cara de Nestore, de tão irritado.

E a guerrilha continuou nos dias seguintes. Em vez de uma perua, Nestore mandou duas para as imediações do supermercado:

- Olha o pacotão da Mabel, aqui no carro de som! Olha o pacotão da Mabel, com as deliciosas rosquinhas e outros biscoitos, direto da fábrica, por apenas um cruzeiro! Pacotão da Mabel é aqui, na praça 15 de Novembro; venha buscar o seu!

Mais movimentação, mais vendas, mais irritação. Vencido pelo cansaço, o gerente foi até Nestore.

- Vamos vender seu produto, Nestore...

– Que coisa boa! Será uma grande honra para nós – respondeu, vitorioso, e já foi logo dizendo quais eram suas condições: – Queremos uma gôndola na altura dos olhos de um adulto...

– O senhor está entrando na casa agora e já vem com exigência?

– Não se trata disso. É que meu produto precisa estar em posição de destaque para eu retirar as peruas.

O gerente aceitou, mas quando chegou a primeira remessa de produtos no Pão de Açúcar ele ligou novamente para Nestore, enfurecido.

– Nestore, que história é essa de preço marcado? Somos nós quem estabelecemos nossa política de preços.

– Senhor gerente, mas esta é a política de venda da Mabel: o preço do pacotão é um só. Essa prática já vem acontecendo há alguns meses e o consumidor já se acostumou com ela. Não podemos alterar.

– Mas quem manda na minha casa sou eu! – esbravejou.

– E quem manda nas rosquinhas é a Mabel! – devolveu o rosnado.

– Não aceitamos.

– Tudo bem, vamos continuar com o trabalho dos perueiros na sua vizinhança, então.

Foi uma verdadeira queda de braço. Nestore não recuou e continuou com as peruas. O gerente entendeu então que não podia lutar contra a popularidade das rosquinhas. Enquanto as peruas estivessem ali, os consumidores estariam rodeando-as para comprar. E seu estabelecimento perderia, potencialmente, em movimentação e vendas. Ligou novamente para Nestore.

– Tá certo, senhor Nestore. Vou vender seu produto no seu preço, mas você tem de conceder desconto.

– Infelizmente, não posso dar desconto – respondeu.

O gerente queria, de todas as formas, ter alguma vantagem para não ter de admitir para si mesmo que estava perdendo a batalha. Mas percebera que, definitivamente, não conseguiria isso de Nestore. Foi assim que as rosquinhas invadiram o Pão de Açúcar.

CAPÍTULO 14

EXEMPLOS

NESTORE ERA UM SUJEITO COMPLETAMENTE ABSORVIDO por sua atividade produtiva. Mais de vinte anos já haviam se passado desde que a Mabel havia sido fundada e não restava dúvida: a Mabel tinha se tornado sua grande paixão, assim como o violino o fora em sua juventude. O sucesso da fábrica era sua realização, assim como a de seu irmão, Udelio. Muito tempo, muita energia e muita persistência foram empregados ali, e eles não teriam conseguido chegar aonde estavam se não houvesse um profundo envolvimento com o negócio.

Mesmo vivenciando um bom momento, Nestore continuava trabalhando muito, como nos tempos em que não contava com tantos empregados e precisava se desdobrar em funções de entregador, comprador de matéria-prima, vendedor e administrador. Mantinha uma rotina de cerca de dezesseis horas diárias de expediente. Tinha por hábito levantar-se às 6 da manhã e só deitava às 11 da noite.

Continuava acelerado. De vez em quando assustava-se ao se deparar com os filhos tão crescidos. Quando eram pequenos, não tivera tanto tempo para brincar com eles, em função da fábrica, que lhe sugava tanta atenção e energia. Chegava até a se atrapalhar quando precisava assumir os cuidados diários, que ficavam a cargo de Luiza.

Mas essa dinâmica era algo muito bem resolvido entre o casal, que costumava se divertir quando se lembrava de algumas passagens em que Nestore se enrolou todo nos cuidados pueris. Quando Luiza foi dar à luz Sandro, por exemplo, ele simplesmente não sabia o que fazer com Sônia em casa, que chorava, chamando pela mãe. Naquele momento, dona Anna, mãe de Nestore, que os auxiliava quando estava presente, não estava no Brasil.

Ele estava sozinho com a filha e ainda estava monitorando a mudança da fábrica de Mococa para Ribeirão Preto. Era noite e a menina, então com 2 anos, chorava o tempo todo. Só queria saber da mamãe. Ele até tentou distraí-la, sem sucesso, contando histórias e dando mamadeira

– Cadê a mamãe?

A solução em sua cabeça foi bem prática. Arrumou a filha e a levou para o hospital. Ao abrir a porta do quarto, Sônia correu em direção a Luiza cheia de alegria.

– Mamãe!

Subiu na cama, toda curiosa, para abraçar Luiza e entender o que a mãe fazia ali e quem era aquele bebê que estava no bercinho.

– Este é seu irmãozinho, minha filha, o Sandro!

Enquanto ela observava tudo em sua volta, a mãe logo notou que algo estava errado. Parecia que tinha pano sobrando nas pernas...

– Minha filha, que roupa é essa?

– *Papa* que pôs – respondeu.

Nestore havia colocado uma calcinha de Luiza na menina.

– Mas, Nestore, você não viu as roupas da Sônia? Deixei tudo separado!

– Eu procurei, mas não achei...

No nascimento de Sérgio, Luiza já estava escaldada. Etiquetou as roupas de cada um dos meninos, que ficariam com o pai enquanto ela estivesse na maternidade.

Nesse ritmo, passaram-se os anos. Muitas vezes, Luiza tinha de chamar a atenção de Nestore, para ver se ele quebrava um pouco sua rotina alucinante no trabalho, da qual gostava tanto. A única exceção era o jogo de tênis, esporte que aprendera a apreciar no Clube Recreativa de Ribeirão Preto.

Quando não estava viajando, praticava o esporte três vezes por semana - às segundas, quartas e sextas-feiras -, religiosamente às cinco da tarde. Sua agenda já era bloqueada para não ser marcado nenhum compromisso nesse horário. Para Nestore, era seu momento. Ali, encontrava-se com amigos empresários. Acabava falando de negócios, isso era inevitável. Mas era a hora de esquecer um pouco as pressões do cotidiano. E também para descarregar as tensões. Não raro, descontava na bola os aborrecimentos do dia e ia embora mais leve para casa.

De vez em quando, ele tinha campeonatos no domingo e um deles caiu justamente no dia da primeira comunhão da filha, Sônia.

- Eu preciso realmente ir, Luiza?

- Ora, Nestore, claro que precisa. Se você quer que nossos filhos frequentem a igreja, precisa dar exemplo.

Caiu em si e foi ao evento, em nome de sua responsabilidade como pai. Mas seu coração estava no jogo, e a raquete esteve debaixo do braço durante a celebração. Tinha tanta pressa para chegar à partida que a levou a tiracolo. Não queria perder nenhum um minuto a mais daquela partida tão emocionante.

No fundo, seu posicionamento contumaz em relação à igreja estava mais ligado ao fato de, naquele momento, as pregações dos líderes religiosos não alcançarem suas percepções acerca da vida, sua dimensão espiritual. Por ele não enxergar muito sentido em uma celebração cujo discurso lhe parecia estar tão distante da realidade.

Mas, embora possa ter negligenciado questões como esta, Nestore era muito interessado em perceber como estavam os filhos. Podia passar dias absorvido pelos assuntos do escritório, mas isso não o impedia de conseguir enxergar a alma de Sônia, Sandro e Sérgio. Conhecia o estado de espírito de cada um deles, sabia quando estavam alegres, tristes ou preocupados.

Quando cresceram, tornou-se, acima de tudo, companheiro dos filhos e valorizava os momentos em que estavam juntos. Fazia questão de almoçar em casa todos os dias, quando estava em Ribeirão Preto, momento em que procurava dar atenção aos filhos. Conversava sempre com eles, queria saber como estavam em seu dia a dia, quais eram seus dilemas, suas dificuldades. Buscava ser um exemplo e estava pronto para ser um amparo, se preciso fosse.

Esta era sua maior expressão de afetividade, o maior legado que poderia deixar a eles. Procurava, no fundo, dar-lhes aquilo de que tanto sentira falta com a ausência de seu pai, e isso ia além de ser provedor.

Certo dia, Sandro chegou da escola contando sobre a aula de ciências cujo tema foi o cigarro e seus efeitos nocivos à saúde. Tinha por volta de seus 14 anos.

Durante o almoço, descreveu, muito impressionado, as imagens mostradas pelo professor dos órgãos internos de um fumante, em especial o pulmão, que deixa de ter uma coloração rosada e passa a ser preto, em razão dos componentes do cigarro aspirados, comprometendo a respiração.

Continuou compartilhando o aprendizado com os irmãos e os pais sentados à mesa: descreveu como ficavam comprometidos os fumantes em razão das doenças decorrentes do mau hábito.

- Tem gente que adquire câncer, outros precisam amputar membros...

- Muito triste, meu filho - comentou Nestore.

Sandro então o surpreendeu com uma pergunta:

- Pai, por que você fuma?

O pai parou rapidamente para elaborar a resposta, e viu que não havia nada mais razoável para dizer...

- Porque eu sou uma besta quadrada.

Ele começara a fumar bem cedo, perto dos 17 anos, em uma época em que existia certo glamour no hábito e ainda não se conheciam tão bem seus efeitos. Ainda mais no meio em que frequentou, a música. Todos fumavam! Com o tempo, as pesquisas científicas começaram a mostrar suas consequências. Porém, para quem já havia incorporado o hábito de fumar, como ele, era difícil largar.

Contudo, ao se deparar com o questionamento do filho, sua missão paterna, tão internalizada, falou mais alto. Passou o dia pensando no assunto. No fundo, sabia que a situação merecia um posicionamento. Acostumado a tomar decisões rápidas e definitivas, chegou em casa à noite e, antes do jantar, chamou os filhos para uma conversa na sala. Pediu que se sentassem num sofá e sentou-se no outro, de frente para eles. Colocou o maço de cigarros na mesa de centro, olhou para os três e disse, em tom decidido:

– Filhos, pensei muito sobre o mau exemplo que estou dando a vocês em relação ao cigarro, assunto que sua escola tratou com tanta responsabilidade, Sandro. Sei que, na maior parte das vezes, os filhos acabam seguindo as mesmas atitudes dos pais. Por isso, estou tomando uma decisão importante neste momento: eu nunca mais vou fumar.

Sônia, Sandro e Sérgio, sem nada dizer, apenas olhavam o pai. Ele tratava o assunto com a mesma seriedade e o mesmo pragmatismo com que tratava questões do dia a dia da indústria, como se estivesse falando com executivos. Em sua mente, não estava falando com adolescentes inconsequentes, mas com indivíduos capazes de pensar e tomar decisões inteligentes.

– Eu vou fazer isto para que vocês nunca tenham meu exemplo como justificativa para fumar. Notem bem, eu vou fazer a pior parte, pois já sou um dependente e vou sofrer a falta desse hábito, para que vocês façam a melhor, que é nunca fumar. Vocês assumem esse compromisso comigo?

Os três responderam em coro: – Sim, pai.

Nestore chegara a fumar dois maços por dia. Apreciava o hábito especialmente após o almoço, quando metodicamente se trancava em seu escritório para, exclusivamente, pensar.

Compromisso firmado, teve de cumpri-lo, ainda que com muito sofrimento. Certa ocasião, após a decisão, estava em Nova York, em conexão. Era uma quarta-feira. Vinha da Noruega, e tinha uma reunião de negócios em Saint Paul naquele mesmo dia. Estava agendada a demonstração de uma máquina para a fábrica.

O voo tinha se atrasado, o que atrapalhou o encontro. Do aeroporto, Nestore ligou para seu contato e propôs a transferência do encontro para o dia seguinte, mas seria Dia de Ação de Graças, data comemorada pelo povo norte-americano na mesma intensidade que os brasileiros comemoram o Natal; celebrado na quarta quinta-feira de novembro, e todos costumam emendar com o fim de semana.

– O jeito é transferirmos para a segunda – propôs o senhor Smith, que faria essa demonstração.

Nestore então ficaria sozinho por quatro dias em Nova York. Estava na cidade pela primeira vez e, já que estava preso ali, seria a oportunidade para conhecer um pouco da cidade tão famosa. Foi para um hotel e, de lá, tomou um táxi em direção a um restaurante.

Na saída, resolveu andar um pouco pelas movimentadas ruas da vizinhança, antes de voltar de táxi para o hotel. Era início de inverno, mas o clima ainda propiciava uma caminhada pelas charmosas e movimentadas ruas. Pegou o sobretudo e partiu, curioso, para explorar aquele ambiente urbano tão instigante.

Logo na saída, a primeira coisa que ele enxergou foi uma tabacaria, daquelas recheadas de sabores, bem de frente para o restaurante onde estava.

Imediatamente atravessou a rua, seguindo em sua direção. Parou de frente para a vitrine e, simplesmente, admirou os cigarros, desejando-os ardentemente.

Todos aqueles sabores exóticos diante de seus olhos o deixavam vulnerável a seu vício. Quando fumava, Nestore gostava de experimentá-los, e aquela seria uma ocasião perfeita. O clima frio já era propício a um cigarro, depois do jantar então...

Lembrou-se, então, da promessa que fez aos filhos. Pensou firmemente em quebrá-la. Era forte o desejo e este parecia só crescer, mas sua responsabilidade como pai falou mais alto. Se fumasse, teria de contar a eles, pois não admitia faltar com a verdade.

"Melhor deixar isso pra lá", concluiu. Desistiu da caminhada. Chamou o táxi e foi embora logo para o hotel. Demorou muito para pegar no sono. Passou o feriado totalmente arrebatado, pensando naqueles cigarros. Mas não os fumou.

Foi dessa forma que Nestore preparou os filhos para a vida adulta, que não demorou muito a acontecer. Havia chegado o momento em que Sônia se casaria. Todos viviam os últimos meses envolvidos com os preparativos para o casamento. Além da cerimônia religiosa, uma grande festa estava sendo organizada para seiscentos convidados. Sônia e Luiza estavam ocupadíssimas em resolver detalhes da decoração, escolher as músicas para a orquestra interpretar. Os convites já haviam sido entregues e os presentes não paravam de chegar.

Nestore, pragmático como sempre, já antecipava o cenário. Nunca mais a intimidade familiar seria a mesma com a chegada de um genro: a liberdade, as brincadeiras, até o cardápio do almoço de domingo... tudo seria diferente. Poderia ser até melhor, mas não seria a mesma coisa. Sentiria falta de serem somente eles, os cinco.

Propôs então à família uma última viagem juntos, como já faziam a cada dois anos.

- Minha filha, depois que vocês casarem, vai ficar difícil nos reunirmos novamente dessa forma.

Assim, escolheram o destino predileto do pai, e também da filha, a Itália. Seriam trinta dias de convivência, sem interrupções por trabalho ou qualquer outro motivo. Era dezembro, e passariam o Natal com a irmã de Nestore, Domizia.

Diferentemente das outras vezes, Nestore resolveu chegar pelo centro-sul da Itália e assim fazer um percurso maior de carro e conhecer mais cidades. Geralmente, costumava chegar pelo norte, em Veneza, que ficava perto de sua terra natal.

Fazer o percurso de carro seria uma divertida viagem e era um pretexto para todos ficarem perto uns dos outros. Durante o trajeto, descobririam nuances juntos, partilhariam histórias, tudo na mesma sintonia. Sem interrupções de terceiros ou dispersões entre o grupo.

Chegaram a Roma e, depois de alguns dias na capital, alugaram um veículo e seguiram em direção a Pádova, onde residia Domizia. O trajeto total era de cerca de 500 quilômetros. Paravam nas cidades turísticas famosas no caminho, como Assis, Siena, Florença, Pisa e outras mais. Em cada uma delas, conheciam suas atrações, às vezes pernoitando nelas.

Cortaram os Appennini, cadeia de montanhas no centro-norte do país. O lugar era passagem obrigatória para chegar ao norte. No topo da cadeia, havia pequenas cidades. Resolveram passar a noite em uma delas para desfrutar da beleza da região.

À noite, já hospedados, a família se reuniu para um animado jantar, em que se divertiram com as lembranças engraçadas da infância e da adolescência. De repente, Sérgio olhou para o vidro e enxergou flocos brancos caindo do céu.

– Gente, a neve!

Todos correram para fora. Impossível não se encantar com esse fenômeno que não faz parte do clima brasileiro. Os três irmãos esqueceram-se da idade e pulavam como meninos. Juntavam a neve com as mãos e a jogavam uns nos outros.

Nestore e Luiza também se juntaram à farra. Não queriam deixar de desfrutar esse momento de alegria que tinha ar de nostalgia, pureza, amizade, infância. Tinham a plena consciência de que esta seria uma das passagens que eles, pais, se lembrariam para o resto de suas vidas. Uma memória que certamente os faria abrir um sorriso no rosto, que alegraria seus dias futuros, ainda que estivessem vivendo qualquer circunstância difícil.

Passada a euforia, os filhos subiram para dormir. O cansaço venceu-os depois de um dia movimentado, e era preciso recuperar as energias para continuar o roteiro no dia seguinte. Nestore e Luiza permaneceram no saguão do hotel, conversando mais um pouco, mas logo também sucumbiram à fadiga.

Ao subir, Nestore passou pelo quarto de cada um dos filhos para lhes dar um beijo de boa-noite. Entrou no quarto de Sônia, as luzes já estavam apagadas.

– Boa noite, filha.

– Boa noite, pai.

Nestore percebera um tom de voz trêmulo. Então, aproximou-se de sua cama e viu que Sônia chorava. Segurou em uma de suas mãos, e com a outra limpou as lágrimas de seus olhos.

– O que foi, Sônia? Por que está chorando?

– Não foi nada, pai.

– Como nada, minha filha? Ninguém chora sem motivo.

Sônia ficou em silêncio.

Nestore, então, perguntou:

- Você está em dúvida em relação ao casamento, não está?

Ela acenou a cabeça positivamente.

Como pai, observara com olhos clínicos os namorados da filha. Não gostava de moços desocupados e até já tinha feito a cabeça de Sônia para terminar com alguns que não pareciam tão afeitos ao trabalho ou ao estudo.

O noivo era um rapaz muito apreciado por Nestore, um bancário, trabalhador, com boa educação e muito sério em suas intenções. Porém, eram muito diferentes, como água e óleo. Sônia, muito extrovertida, muito alegre. Ele, muito sério, quieto, metódico. Será que esses opostos poderiam de fato se completar?

Agora se deparava com a filha aflita, o coração em dúvida.

- Minha filha, então não se case - orientou em tom sereno e, ao mesmo tempo, decidido.

Sônia espantou-se.

- Mas, pai, já está tudo pronto para o casamento, os convites já foram distribuídos...

Nestore não podia permitir que a filha se casasse com um homem que, muito embora se enquadrasse no modelo idealizado por ele, não a completasse. No fundo, ele sempre tivera essa dúvida, não enxergava nos dois um casal. Porém, como eles se diziam apaixonados e decidiram pelo casamento, o pai acabou deixando essa percepção de lado.

- Não importa, Sônia. Se você se casa dessa forma, em conflito, vai ter problemas mais à frente, foi até melhor perceber isso agora.

- E o que as pessoas vão dizer? Isso vai prejudicar até o senhor, uma pessoa tão conhecida na cidade.

Sônia estava certa. Qualquer que fosse a família, um cancelamento de casamento em uma cidade interiorana nos anos de 1970 seria assunto para uma calorosa fofoca por muitos meses. Ainda mais se acontecesse com pessoas notórias na sociedade. Além de ser um industrial consolidado, Nestore também se dedicava a outras atividades sociais. Pertencia ao maior Rotary Club da cidade e também era o vice-cônsul da Itália na região de Ribeirão Preto. Além de frequentar as rodas empresariais, participava de eventos institucionais promovidos pelas autoridades locais, dava entrevistas à imprensa, o que o tornava ainda mais conhecido. No entanto, isso não era coisa que afetasse um homem de posições firmes como Nestore.

- O importante é sua felicidade, não é o que as pessoas vão pensar. Faça somente uma coisa: devolva os presentes, telefone você mesma a um por um dos convidados e diga que o casamento está cancelado e pronto. O resto, deixe que eu resolvo.

- Tá, pai. Vou pedir um tempo, então.

- Ok, peça esse tempo para se decidir ou termine tudo de vez. Só não quero que se case com dúvidas.

Percebeu seu alívio no restante da viagem. Um fardo caiu de suas costas com a postura de Nestore em não permitir que nenhuma convenção social falasse mais alto do que seu bem-estar.

O casamento não aconteceu e a família passou por essa turbulência social sem deixar o disse me disse afetá-la.

Este era seu jeito de ser pai.

CAPÍTULO 15

GOIÂNIA

A RESPEITO DA CAPITAL PLANEJADA PARA GOIÁS pelo visionário governador do estado Pedro Ludovico, nos anos de 1930, Nestore pouco conhecia. Sabia de sua proximidade com Brasília, a capital federal, e sua situação geográfica estratégica para o Norte e o Nordeste. Apesar de algumas peruas venderem os biscoitos da Mabel na cidade, não a vislumbrava como um mercado promissor em potencial.

Até que o distribuidor Ézio Paranhos, responsável pelas vendas em Goiás, bateu na porta de sua sala...

– Tem um minutinho, senhor Nestore?

– Claro que sim, vamos entrar.

– Cheguei de Goiânia neste instante e quero lhe falar sobre as notícias que estão circulando na cidade.

– E quais são?

Ézio lhe informou sobre uma lei estadual que recentemente havia sido sancionada para estimular a industrialização do estado. Tratava-se da Lei 7.700, que concedia como crédito de ICMS o valor total investido pelo empresário para a instalação de fábricas. Assim, investimentos como aquisição de terreno, construção, compra de maquinário, entre outros, seriam recuperados com esse crédito.

– Acho que o senhor e o Udelio devem olhar essa questão com atenção, pois Goiás tem acesso direto para o Norte e o Nordeste – finalizou o distribuidor, despedindo-se.

– Obrigado, Ézio, vamos avaliar sua sugestão.

O ano era 1973. Goiás tentava aproveitar-se da recente transferência da capital federal para o Centro-Oeste para alavancar seu desenvolvimento. O estado, que era essencialmente agrícola, começava a buscar seu espaço no cenário nacional com o objetivo de atrair indústrias para o território goiano. Apesar de não ter um mercado consumidor tão grande como o do eixo Rio-São Paulo, de suas carências de mão de obra qualificada, estava ao lado de Brasília e, com a construção da Rodovia Transbrasiliana e das estradas que davam acesso à Bahia, Goiás começava a se tornar uma região geograficamente estratégica para logística e distribuição. Nesse contexto, o governo promulgou a lei, entre outras medidas. "O incentivo parece ser bom", refletiu Nestore, que levou o assunto ao conhecimento do irmão.

– Será? Mas Goiás é uma região tão pouco desenvolvida... Só os perueiros já conseguem suprir a demanda – ponderou Udelio.

– Acho que devemos verificar essa história de perto, pois os incentivos são muito interessantes. Pensei em agendar uma audiência com o governador ou algum de seus secretários da área econômica. Só assim poderemos chegar a uma conclusão mais plausível – respondeu o irmão.

– Para mim, nosso negócio está bom do jeito que está. Precisamos crescer mais?

– Acho que sim, irmão... Não podemos nos limitar a ser bem-sucedidos apenas onde estamos, pensando apenas no hoje. Até porque não podemos garantir que será assim para sempre. Precisamos nos consolidar. Além do mais, se a gente tivesse pensado assim, não teria tido a feliz descoberta do mercado do Rio de Janeiro. Quando imaginaríamos que os cariocas amariam tanto nossos biscoitos? – E continuou: – O Brasil é um país imenso, em desenvolvimento e precisa desse avanço dos negócios. A carência é grande em todas as áreas. Falta muita coisa ao povo do Centro-Oeste, do Norte e do Nordeste, tanto no que diz respeito à infraestrutura quanto a produtos diversos, que incluem os alimentos industrializados. Tenho absoluta certeza de que, ao mesmo tempo em que buscamos nosso crescimento econômico, estaremos contribuindo com o desenvolvimento e o bem-estar dos moradores dessas regiões.

– Você é um bom vendedor mesmo, Nestore. Acho que até seria um bom político! – respondeu Udelio em meio à eloquência do irmão.

Riram.

– Você está achando graça, mas o que estou dizendo é verdade – continuou Nestore.

– Concordo com você. Vamos adiante...

Nestore pediu a Ézio Paranhos que intermediasse o agendamento e preparou-se para visitar as terras goianas pela primeira vez. Dias depois, uma audiência foi agendada com o secretário de Indústria e Comércio do estado de Goiás, senhor Antônio Augusto de Azeredo Coutinho.

Nestore aterrissou no aeroporto Santa Genoveva e percorreu as ruas da cidade, que se revelavam ao industrial de forma bem diferente daquela que imaginava. O clima era quente, o que o incomodava um pouco, mas chamaram a atenção as construções modernas, as ruas arborizadas, as avenidas largas e limpas. A cidade causou boa impressão.

– Muito agradável a cidade – comentou Nestore.

– A capital foi planejada e construída nos anos de 1930, antes mesmo de Juscelino Kubitschek fazer o mesmo com Brasília – respondeu Ézio.

Os dois chegaram pontualmente à Secretaria da Fazenda, em imponente prédio em *art déco* na Praça Cívica. Não demorou muito para o secretário Antônio Augusto recebê-los em clima de cortesia.

– Boa tarde, senhor Nestore. É com muita honra que o recebo aqui em nosso estado.

– Eu é que estou grato por sua acolhida, secretário.

– Já conheço sua história e de seu irmão. Dois italianos que nos trouxeram esta gostosura que é a rosquinha Mabel. Lá em casa, a criançada reclama quando acaba – descontraiu o secretário.

– Seu comentário é muito valioso para nós da Mabel. A rosquinha é um biscoito muito especial e ficamos alegres em saber, por onde andamos, que ela é tão apreciada - respondeu Nestore -, e estou encantado com Goiânia - devolveu a gentileza.

- É a primeira vez que vem aqui?

- Eu, sim. Já Ézio mora aqui, é nosso distribuidor. Foi ele quem nos falou sobre o incentivo fiscal que estão dando para as indústrias que se dispõem a vir pra cá.

- Então virão pra ficar, tenho certeza disto. Porque aqui é a terra do progresso. A empresa que aqui aportar só tem a frutificar! - rimou.

Passaram então a falar sobre os incentivos fiscais.

- Nossa participação no PIB industrial é de somente 5%. O governador Irapuan Costa Júnior almeja aumentar essa participação, e acreditamos nessa possibilidade porque sabemos do potencial de nosso estado - informou o secretário.

A conversa foi longa e tratou dos detalhes da legislação e da cidade. Falaram sobre a geração de empregos que as indústrias trazem para as cidades, sobre a fundação do Distrito Agroindustrial de Anápolis, que havia sido recentemente inaugurado, e sobre as regiões de Goiânia e de Aparecida de Goiânia, à beira da BR-153, propícias a receber indústrias.

Nestore gostara de tudo o que ouvira. Após despedirem-se, pediu a Ézio que desse mais uma volta pela cidade, especialmente nas localidades apontadas pelo secretário.

- Faça uma pesquisa de áreas para que possamos ter ideia de valores - solicitou ao distribuidor.

Voltou para Ribeirão Preto entusiasmado para conversar com Udelio.

Naquele período destacou-se um fato: com tantas oportunidades florescendo, Udelio e Nestore precisavam de muita energia para conseguir aproveitá-las. Em São Paulo, além da fábrica em Ribeirão Preto, existiam dois pontos de distribuição, um em Campinas e outro na capital. Para o Rio de Janeiro mensalmente eram despachadas algumas carretas com toneladas de biscoitos. Agora surgia a perspectiva de abrir a segunda fábrica em Goiânia.

Por mais que contassem com bons parceiros e funcionários, a participação efetiva dos proprietários do negócio era importante, especialmente em momentos estratégicos, como esse de expansão. Hora então de colocar os filhos em ação, os sucessores que já vinham sendo preparados para, um dia, assumirem esse papel. Vitorino, o mais velho, começara a trabalhar primeiro e já havia acumulado uma experiência considerável.

Passara pelo setor de compras, responsável por fazer chegar à fábrica os ingredientes dos biscoitos. Era a área responsável por fazer todos os pedidos de farinha, açúcar, embalagem... Geralmente, envolvia voluptuosas quantidades e, por isso mesmo, exigia do gestor um perfil que combinasse honestidade com habilidade de negociar bons preços, sem abrir mão de uma criteriosa apuração da qualidade dos produtos.

Também acompanhara Nestore na área de vendas e aprendera um pouco sobre a atuação de distribuidores, perueiros, campanhas de marketing, política de preços, e assim por diante. Passara também pela fábrica e acompanhara a rotina de coordenar a produção. Vira de perto a mágica de transformar toneladas de farinha, água, gordura e açúcar em deliciosos biscoitos.

Aprendera, sobretudo, que essa transformação ia muito além das máquinas, e dependia também de gestão. Sim, as máquinas eram importantes e precisavam estar em perfeito funcionamento. Porém, a produção dependia de um exército bem coordenado para que a correta execução das receitas não fosse comprometida. Dependia de matéria-prima com qualidade atestada e criteriosamente medida. Dependia de planos de contingência para driblar imprevistos e, mesmo assim, conseguir cumprir a meta diária.

Naquele momento, Vitorino estava na administração geral, junto de seu pai, e foi eleito tanto por Udelio quanto por Nestore para assumir a nova empreitada em Goiânia.

– Acho que ele está pronto para esse desafio – avaliou Udelio.

– Concordo e assino embaixo – respondeu de pronto o irmão. – Seu filho é um menino espetacular.

Nestore tinha muito apreço por Vitorino. Desde menino, revelava-se tão sensato. Era, sim, introspectivo, de poucas palavras, tinha certa inibição. Porém, ao mesmo tempo era extremamente pacífico e de bom relacionamento; muito dedicado, responsável e ponderado. A qualquer momento estava pronto para cumprir as tarefas que lhe eram confiadas e sempre entregava bom resultado. Não colocava dificuldades à frente dos desafios. Se tinha uma crítica, ela com frequência vinha acompanhada de uma solução.

Assim, partiu o jovem bandeirante da Mabel para Goiás, onde seria responsável por erguer a primeira indústria de biscoito naquele estado. Seu lugar em Ribeirão Preto seria ocupado por Cláudio, seu irmão mais novo, que também já trabalhava na fábrica e estava pronto para assumir novos desafios. Tinha muito potencial. Trazia em sua personalidade a tradição dos Scodro de serem bons administradores. Demonstrava raciocínio rápido e dava sugestões sempre muito assertivas quando as contingências diárias apareciam. Despertava orgulho tanto em seu pai quanto em seu tio.

Enquanto isso, Vitorino acompanharia de perto a construção da sede da indústria, à beira da BR-153, no município de Aparecida de Goiânia.

O edifício foi projetado com cerca de 3 mil metros quadrados. Inicialmente, empregaria cerca de noventa pessoas e a produção inicial prevista era de 200 toneladas por mês. O destino seria o Norte e o Nordeste. Enquanto Vitorino cuidava da obra, Nestore se concentrava em estabelecer contatos e canais de distribuição dos biscoitos em estados como Bahia e Mato Grosso e no Distrito Federal.

Ainda assim, uma vez por semana, ia a Goiânia para acompanhar e orientar Vitorino, que estava bastante concentrado em cumprir sua missão. Em pouco mais de um mês, toda a terraplanagem estava concluída.

– Tio, pedi à equipe de engenharia que acelerasse essa etapa e adiantasse o cronograma. Teremos chuvas daqui a alguns meses e precisamos estar com toda a parte de alvenaria pronta.

- Muito bem, Vitorino. Neste ritmo, vamos inaugurar a obra antes da data prevista.

- Estou doido para ver tudo isto funcionando. Na próxima semana, já haverá descarregamento de tijolos, aço e concreto.

A cada visita, Nestore voltava com mais tranquilidade, com a certeza de que seu sobrinho estava conduzindo bem as atividades. Mais do que ficar satisfeito com um bom trabalho executado, ficava particularmente feliz em ver o desenvolvimento de Vitorino. A cada semana, só aumentavam a admiração e o respeito que nutria por aquele menino que vira crescer e agora se tornar um homem.

Foi nesse ritmo que se passaram cerca de nove meses e o prédio foi concluído, restando apenas alguns detalhes de acabamento. Duas linhas de fornos automáticos foram montadas. Vitorino providenciou anúncios para receber currículos e dar início ao processo de contratação. Ao mesmo tempo, com uma secretária, também cuidou dos preparativos para a festa de inauguração, que seria realizada com toda a pompa.

- Ligue para o secretário de Indústria e Comércio e pegue a lista de todas as autoridades que o governador deseja que sejam convidadas para a inauguração - solicitou à secretária.

Naquele momento, a Mabel havia ganhado importância institucional porque dava o pontapé para a industrialização no estado. Era a única indústria à beira da BR-153, uma das primeiras a apostar no potencial de Goiás. Sua inauguração endossava os projetos do governo do estado, sinalizava que os incentivos fiscais eram uma boa medida. Por isso, a solenidade de inauguração contaria com a presença do ilustre governador Irapuan Costa Júnior.

Para o evento, marcado para 19 de dezembro de 1975, toda a família Scodro foi de Ribeirão Preto para a festa em Goiânia, que contaria até com apresentação da banda da Polícia Militar. Nestore com Luiza, Sônia, Sandro e Sérgio, de um lado. De outro, Udelio, Marlene, Cláudio, Ana, Silvana e Adriana, estes com uma ponta de orgulho a mais, afinal Vitorino, o primogênito da casa, estava à frente daquele projeto. Foram voando. Diferentemente dos tempos antigos, quando contavam apenas com o furgãozinho "Catarina" ou um velho Citröen para transportá-los, a Mabel possuía um avião particular para as viagens de seus diretores.

Ao chegarem, na véspera do grande dia, Vitorino aguardava ansioso pela placa de inauguração. Nestore havia mandado gravar nela os dizeres que ficariam imortalizados na nova unidade de produção da Mabel.

- Tio, trouxe a placa?

- Sim, está aqui.

Udelio andava pelo pátio da nova indústria e observava os detalhes do prédio. Até então, não tinha visitado a nova unidade. Percorria o salão e conferia o acabamento da obra. Examinava o maquinário, de última geração, e em parte importado. Conferia se estava bem posicionado e corretamente instalado. Tudo estava em ordem, mas ainda havia muita sujeira de obra.

- Está muito bagunçado. Não vai dar tempo de arrumar tudo para a inauguração! - exclamou.

- Claro que vai, pai! - respondeu Vitorino.

- E esta placa que ainda precisa ser afixada? Não sei por que você deixou para a última hora...

Uma faísca surgiu. Talvez, por se tratar de seu filho, Udelio estivesse mais nervoso do que o usual. Na verdade, ele estava era ansioso, não queria que nada desse errado e, na mesma proporção de sua ansiedade existia um grande orgulho em ver quão competente era seu primogênito.

- Ora, Udelio, fui eu quem fez questão de fazer a placa em Ribeirão... A responsabilidade é toda minha - interferiu Nestore, tentando amenizar a discussão entre os dois.

- Os funcionários estão todos aqui para virar a noite, se preciso for, pai. Até amanhã esta fábrica estará um brinco!

- Descanse, Udelio. Você está cansado e, por isso, estressado. Venha amanhã para conferir como tudo estará bonito - emendou o irmão.

- Vocês têm razão. Vou para o hotel.

Com toda a confusão, esqueceram-se de pedir para afixar a placa, à base de cimento fresco. E, embora ninguém percebesse, ela foi motivo de preocupação dos dois até o fim da glamorosa festa de inauguração, que movimentou toda a sociedade goianiense.

No dia da festa, o distante quilômetro 13 da BR-153, onde ficava a sede, foi iluminado pelos holofotes da decoração. Os carros em direção à festa movimentaram a rodovia. Durante o dia, esposas dos secretários e de grandes empresários da cidade movimentaram os principais salões de beleza da capital para se produzirem à altura do grande evento para o qual foram seletamente convidadas.

A inauguração virou notícia nos jornais da cidade, invadiu as colunas sociais e a editoria de economia, uma vez que a Mabel fazia parte do arrojado projeto de industrialização do estado, desenvolvido pelo governo. Durante o badalado coquetel, a banda da Polícia Militar se apresentou, concentrando a atenção da plateia para os discursos solenes. Para descerrar a fita, estava presente o ilustríssimo governador de Goiás Irapuan Costa Júnior, enchendo a família Scodro de orgulho.

A fita envolvia o saguão de entrada da fábrica, e do lado de fora estava a placa, a tal placa afixada ainda na manhã da inauguração em um pilar. Nestore olhava e tinha a impressão de que ela não estava firme. O cimento ainda não tinha secado completamente e parecia que ela estava descendo, ainda que bem lentamente. Enquanto o governador falava, olhava para a placa e para Vitorino. O sobrinho também fazia o mesmo percurso com os olhos, sinalizando a mesma preocupação. Como bons cúmplices, dialogavam sem palavras.

Na dúvida, Nestore resolveu agir. Em meio a cumprimentos ao governador, aplausos e fotos, posicionou-se próximo à placa para ficar perto dela e, discretamente, ampará-la se preciso fosse. Felizmente, nada aconteceu, mas, previdente como costumava ser, ficou em alerta durante todo o tempo. Coisas de bastidores.

Com a nova unidade em operação em Goiânia, Nestore passou a ter uma nova rotina. Uma vez por semana deixava suas atividades em

Ribeirão Preto para acompanhar o novo empreendimento; isso sem causar prejuízo para as operações comerciais, logicamente. Dinâmico, traçou logo um planejamento e uma estratégia para sua nova rotina.

No dia anterior a sua partida, deixava sempre as atividades do dia do escritório comercial previamente definidas com os supervisores. Apesar de ausente, deixava um representante: Sandro, seu filho, com 17 anos.

O garoto começara a trabalhar na Mabel alguns anos antes, aos 13 anos. Fora para a fábrica, acompanhara a linha de produção, depois passara a se dedicar ao departamento de compras, mas foi com as vendas que mais se identificou. Ao trabalhar com o pai, Nestore mandou providenciar uma mesa ao lado da sua para Sandro e lhe deu uma instrução:

- Vá escutando e observando tudo o que faço para aprender.

Nestore procurava ser uma referência para os filhos. Lembrava-se da falta que seu pai lhe fizera e queria, acima de tudo, estar presente no desenvolvimento dos seus. Por isso, mantinha-se disponível e acessível para transmitir experiência e encorajá-los.

Certo dia, ele se deparou com Sandro conversando com um fornecedor.

- Eu vou ver com o meu pai o que ele acha de sua proposta - disse o jovem.

Após a saída do parceiro comercial, Nestore chamou o filho para lhe dar uma nova instrução...

- Filho, eu ouvi a conversa que você teve com esse camarada que acaba de sair daqui e tenho algo a lhe dizer: você não deve seguir a minha opinião, você tem de ter a sua. Você tem de desenvolver a capacidade de tomar decisões de acordo com o que julga ser o melhor.

- Mas, pai, e se eu errar?

- Fique tranquilo, as responsabilidades que eu coloco em suas mãos são compatíveis com sua habilidade neste momento. Caso erre, elas não quebrarão a fábrica, o risco já está calculado. O que eu quero é que, quando fornecedores ou funcionários lhe apresentarem uma ideia ou um problema, você reflita, nem que seja vinte vezes, e tome a sua decisão.

– Certo, pai...

– Estou aqui para você conversar comigo e saber o que eu penso. Estou na retaguarda, se precisar. Mas quero que tome suas decisões por acreditar nelas, e não pensando em me agradar.

Daquele dia em diante, pediu que a mesa do filho não estivesse mais colada à sua. Sandro foi alocado em outra sala para trabalhar de forma independente. Assim, Nestore conduzia o filho no caminho da liderança. Em pouco tempo, este demonstraria raciocínio lógico e já seria capaz de fazer sugestões pertinentes, surpreendendo muitas vezes o próprio pai.

Com isso, Nestore começava a enxergar um sucessor, e ganhava uma tranquilidade extra para ausentar-se uma vez por semana para ir a Goiânia. Viajava para lá de avião, com um diretor de recursos humanos, um diretor de produção e um de contabilidade.

O comandante era o próprio Nestore, que valorizava seu tempo como poucos e fazia de tudo para aproveitá-lo da melhor forma. Não era um apaixonado por aviões, como o seu irmão, Udelio, mas, por ser extremamente disciplinado e pontual, não tolerava os atrasos de pilotos contratados. Assim, tratou de solucionar o impasse aprendendo, ele mesmo, a conduzir a máquina. Fez o curso e tirou o brevê em seis meses.

Até nos pequenos detalhes, Nestore mostrava que não tinha tempo a perder. Ao decolarem, colocava a aeronave em piloto automático, fazia uma reunião com o grupo e dava-lhes todo o direcionamento durante a viagem, que durava aproximadamente uma hora e meia.

Ao pousarem, dois funcionários da Mabel em Goiânia já estavam a postos no aeroporto Santa Genoveva para levar a equipe para a sede, e todos já estavam devidamente alinhados com as providências a serem tomadas. No fim do dia, o grupo se reunia para voltar a Ribeirão Preto e, novamente no ar, faziam uma reunião para apresentar a Nestore os andamentos.

Pouco tempo bastou para que ele incorporasse mais essa atividade em sua rotina. O acúmulo de atividades não o sobrecarregava, trazia-lhe, ao contrário, estímulo. Sentia-se vivo, renovado, com novos projetos. Sua mente era irrequieta, sobretudo porque enxergava as oportunidades.

CAPÍTULO 16

NOVAS DESCOBERTAS

EM PARALELO À FABRICAÇÃO DE BISCOITOS, Nestore desenvolvia com frequência projetos para ampliar o escopo de atuação da indústria. Antes mesmo da criação da unidade em Goiânia, a Mabel já havia criado uma fábrica de embalagens para atender a própria demanda - depois acabou atendendo outros clientes - e produzia proteína de soja.

Algumas iniciativas davam certo; outras, não. Os fracassos faziam parte do processo. Para Nestore, o que não era plausível era deixar as oportunidades simplesmente passarem.

Certa vez, nos Estados Unidos, antes da abertura da unidade de Goiânia, Nestore experimentou um *snack*, um salgadinho de milho da marca General Mills, que lhe chamou a atenção. Quando viajava para fora do país, aproveitava a ocasião para observar os costumes alimentares dos moradores locais. Do que eles gostavam? O que a indústria lhes oferecia? O que havia de diferente em relação ao Brasil? Chegava a ir aos supermercados para conferir as ofertas disponíveis nas gôndolas. Invariavelmente, comprava salgadinhos e biscoitos para experimentar.

O salgadinho tinha o formato de um cone, era crocante e muito saboroso. Gostou tanto que comeu dois pacotes, mais que o usual. Levou alguns na mala para Udelio experimentar.

– O sabor é realmente bom – concordou o irmão.

Nestore despediu-se do irmão com o firme propósito de entrar em contato com o fabricante e propor uma parceria: a Mabel fabricar e distribuir o salgadinho americano para os brasileiros. Tentou falar com a diretoria de vendas por telefone, por várias vezes, sem sucesso. Chegou a escrever cartas comerciais para adiantar o assunto e tentar agendar uma reunião pessoalmente, mas a indústria sequer dava resposta.

Ficou irritado com o pouco caso. Aquele salgadinho de milho era bom e, já que o fabricante estava ignorando solenemente um pedido de parceria, então ele daria um jeito de imitar a receita.

Olhou para as máquinas extrusoras, compradas pela Mabel para produzir proteína de soja. Já tinham o equipamento para fazer os testes. A função da máquina era empurrar um ingrediente para passar em um pequenino orifício. Nessa passagem forçada por forte pressão ocorria a extrusão: ele estourava e ganhava o formato pretendido.

O desafio era conseguir chegar ao formato do cone. Retomou seus conhecimentos acerca de desenho industrial, adquiridos no tempo em que era funcionário da Útil, e projetou uma rosca para ser usada nos testes. A rosca era o segredo da máquina. Ela era a peça que empurrava o ingrediente para a extrusão. Variações de tamanho e de diâmetro geravam resultados completamente diferentes.

Chamou a equipe de manutenção da fábrica e solicitou a execução do projeto. Quinze dias depois, a peça chegou e era o momento do primeiro teste, que não demorava muito. Em menos de dez minutos, a extrusão já estava concluída.

Nestore fez questão de acompanhar o processo de perto.

– E aí? O que saiu? – perguntou ao chefe de produção.

– Saiu um farelo sem forma, senhor Nestore – respondeu.

– Então vamos aumentar a espessura da rosca – sugeriu.

Voltou à prancheta, desenhou uma nova peça e entregou o projeto à equipe de manutenção para mais uma execução. Alguns dias de espera, e foi feito um novo teste.

– Novamente, senhor Nestore, não saiu nada aproveitável.

– Vamos tentar então aumentar o comprimento para diminuir o espaço de transporte do *gritz* de milho.

Assim seguiram por muitos meses, em repetidas tentativas. A cada ajuste feito na rosca, que às vezes eram décimos de milímetros, ou na granulometria do milho, obtinha-se um resultado diferente. Em algumas vezes o produto saía queimado; em outras, murcho; em outras ainda, não extrusava. Para Udelio, a persistência de Nestore chegava a ser teimosia.

– Deixe disso, irmão! Estamos perdendo tempo.

– Não estamos, Udelio. Vamos chegar lá!

Nestore nunca foi de deixar projetos pelo caminho, ele persistia até não restar mais alternativas. A princípio, podia até ser um pouco de orgulho ferido, por causa do pouco caso da General Mills. Porém, o principal era que o mercado brasileiro não oferecia nenhum salgadinho assim. Apenas a Elma Chips produzia um *snack* à base de milho, mas era muito diferente dos coninhos americanos. Era uma oportunidade.

Mesmo sem chegar a um resultado satisfatório, acreditava tanto no potencial do produto que mandava enterrar as roscas usadas nos testes. Não queria que nenhum concorrente as encontrasse e soubesse da existência desse projeto. Não queria dar pistas nem dos passos errados que estavam dando e, assim, facilitar uma possível imitação.

Por um tempo, precisou desperdiçar toneladas de milho extrusado, que eram usadas nos testes. Até que descobriu que o milho poderia ser utilizado como insumo para a indústria de fundição de ferro, criando um novo produto. Quando misturado à areia, o milho extrusado e moído a deixava mais resistente, no ponto ideal para ser convertida em moldes utilizados como forma para as peças a serem fundidas.

– Pelo menos todo este esforço será convertido em algo útil – comentavam alguns funcionários à boca miúda.

Mas Nestore não perdia o entusiasmo. Fazia questão de estar na unidade de produção para acompanhar o teste de uma nova rosca.

No entanto, esse sentimento nem sempre reverberava na equipe, que já estava desmotivada depois de quase um ano de tentativas sem resultado.

Certo dia, o coordenador da operação "*cone snacks*" ouviu um operador comentar com outro, em tom de desdém: – Lá vem o senhor Nestore com estas invenções...

Imediatamente, o coordenador interviu: – Você tem algum problema em cumprir ordens?

O funcionário não esperava que seu superior ouvisse o comentário maldoso e tentou remediar:

– Não, senhor, eu só quis dizer que o senhor Nestore tem ideias novas, criativas...

Nestore percebia essa descrença, mas isso não o afetava. Prosseguiu com os testes até chegar o dia da surpresa boa. A cena parecia mais uma repetição. Rosca nova. Agendamento de teste com a secretária de Nestore. Ele chegando cedo à fábrica. Alguns funcionários ajustando a peça, outros distribuindo o milho no recipiente de entrada. Ajuste de pressão. Mudança da faca da extrusora. Nestore observando a máquina trabalhar. Sete minutos de teste que pareciam não passar.

De repente... Do outro lado brota um monte de conchinhas amarelas. Como pipoca quando começa a rebentar na panela. Não paravam de aparecer. Extravasaram o recipiente de saída, deixando toda a unidade de produção boquiaberta.

O sorriso tomou as feições sempre compenetradas de Nestore, que celebrou com os companheiros da área de manutenção e da produção.

– Ora, ora! Finalmente saiu alguma coisa interessante das extrusões! – disse.

Não eram cones, mas simpáticas conchinhas. Pediu que chamassem Udelio para que visse de perto o mar de conchinhas amarelas brotando da extrusora.

– O que você acha?

– Bonito de ver... – Olhou, admirado. – E o gosto, como é?

Os irmãos se aproximaram da esteira para tatear uma amostra.

- Que interessante!

O salgadinho da General Mills era frito, mas Nestore intuiu fazer algo diferente.

- Vamos assá-lo para ver como fica.

Assim fizeram, e depois temperaram com óleo vegetal e sal. Os dois irmãos foram os primeiros a saboreá-los. Crunch, crunch...

- É crocante! - comentou Udelio, e experimentou mais alguns. - Fale o que achou, Nestore!

Nestore, então, respondeu em tom de mistério:

- Olha, Udelio, não é igual ao salgadinho da General Mills... É melhor!

Este foi o lanche dos quase mil funcionários da indústria naquele dia, degustação que também acabou servindo como sondagem. Os comentários positivos referendaram que eles tinham feito uma nova e boa descoberta.

Cheios de otimismo, passaram para as etapas preparativas ao lançamento do novo produto. Foram ágeis. Poucos meses foram necessários para que a descoberta se convertesse em um lançamento no mercado. Na mesma semana, os irmãos chamaram a equipe de marketing para desenvolver a embalagem do produto, que eles queriam ver muito brevemente nas gôndolas dos supermercados. O ano era 1974.

O nome do novo produto foi rapidamente criado, Skiny, em alusão à palavra norte-americana *skinny*, que significa magro. Era uma menção ao processo de produção, que acabou abolindo a fritura do salgadinho americano e, por isso, era mais saudável e tinha menos calorias. Enquanto o teor de gordura dos *snacks* fritos girava em torno de 35%, no novo lançamento da Mabel, assado, não passava de 9%.

Inicialmente, o produto foi lançado em Ribeirão Preto, em fase de testes, momento em que foram feitas algumas correções. Depois, passaram a fornecer o produto em São Paulo, onde as vendas ainda não eram expressivas. Nesse momento, uma campanha publicitária regional foi desenvolvida para apresentá-lo ao paulistano: "Chegou Skiny. Os outros estão fritos".

Desde o início, Nestore e Udelio queriam enfatizar que o Skiny era um alimento, e não um petisco. A proposta apresentada pela agência induzia o consumidor a classificá-lo com um *snack*. Não era o que os irmãos queriam, mas eles gostaram tanto da sacada criativa da agência que cederam ao slogan. Afinal, ele conseguira resumir em duas orações toda uma história de descoberta e evidenciar o grande diferencial de seu novo produto: o modo de produção saudável. Conseguia até mandar um recado para a General Mills, que nem se dignou a receber Nestore e ouvir sua proposta de parceria.

– Isso ficou muito bom – elogiaram os publicitários.

Dito e feito. Skiny invadiu então a mesa do paulistano como um aperitivo. Era servido como tira-gosto nas reuniões de família, em encontros entre amigos, reuniões corporativas e até em bares. Certa vez, Nestore percebeu que determinado estabelecimento fazia pedido de quantidade acima da média e ficou intrigado. Pediu a um de seus representantes que verificasse quem era o cliente.

Após visita *in loco*, este retornou com a resposta:

– Senhor Nestore, trata-se de um bar, que criou um aperitivo com o Skiny em seu cardápio. Ele salpica muçarela ralada por cima e leva ao forno. Fica uma delícia! Virou sucesso na redondeza.

Era uma resposta positiva ao produto, sem dúvida. Contudo, como aperitivo, o volume das vendas não era tão expressivo. Foi quando Nestore chamou a agência de publicidade para pensar em uma nova campanha.

– Skiny é alimento, não é petisco, precisamos mudar a percepção do consumidor, mostrar que ele é saudável e deve ser incorporado à sua dieta – repetia Nestore.

Nos anos 1970, começava a ganhar impulso entre os brasileiros a preocupação com a alimentação. A indústria alimentícia estava em pleno crescimento, trazendo produtos com maior teor de açúcar, gorduras, conservantes e menor quantidade de nutrientes. Também era propagado o fast-food nos Estados Unidos, com suas refeições rápidas para o americano, um povo inteligente, que levava uma rotina dinâmica em busca das oportunidades. Era o *American Way of Life* propagado pelo restante do mundo como o melhor jeito de viver.

Essa disseminação, porém, não enfatizou a faceta artificial do fast-food, que vinha com muitos carboidratos, fritura e aditivos químicos que, anos depois, acarretariam em um problema de saúde pública para os americanos: a obesidade. Os brasileiros ainda mantinham hábitos à mesa mais saudáveis, mas todas essas influências já reverberavam em seu cotidiano. A temática da obesidade já começava a estar mais presente nos consultórios médicos e nas reportagens relacionadas à saúde.

Skiny tinha, então, atributos para surfar nessa onda. Apesar de ser industrializado, tinha atributos recomendáveis para quem não queria prejudicar a saúde da família: assado, sem conservantes nem corantes. A agência retornou então com um novo slogan: "Natural até na cor".

Foi assim que ele conquistou o Rio de Janeiro, onde a nova campanha pegou pra valer. Quem mais comprou a ideia foram as mães, que o ofereciam aos filhos com a segurança de que estavam lhes dando um bom alimento. O carioca, que já era um fiel consumidor das rosquinhas, passou também a incluir o Skiny em seu cardápio.

– Udelio, temos que pensar em um novo jeito de enviar o Skiny para o Rio de Janeiro. Os pedidos não estão cabendo nas carretas que temos disponíveis – avisou Sérgio.

Sérgio era o caçula de Nestore. Assim como o irmão mais velho, Sandro, e seus primos, Vitorino e Cláudio, também foi para a indústria desde a adolescência. Este era o pensamento de Nestore e Udelio para seus filhos. Bem cedo, a segunda geração conciliou o estudo com o trabalho.

Para muitos, um adolescente é sempre um indivíduo inconsequente e imaturo para receber responsabilidade. Para os dois empresários, não. Seus filhos eram talentos em potencial que precisavam ser desenvolvidos, do mesmo jeito que uma pedra preciosa precisa ser lapidada para se tornar uma joia, como o barro precisa ser moldado pelo oleiro para se tornar um vaso.

Desde menino, Sérgio demonstrava perspicácia e inteligência. Sempre quando a família discutia um problema qualquer em casa, ele apontava soluções já mensurando riscos e consequências. Previdente, analisava as situações antes de tomar qualquer atitude. Sua mãe, Luiza, jamais se esquecera de suas tiradas que surpreendiam a todos. Como a vez em que levara os três irmãos ao oftalmologista, ainda pequenos. O doutor, em tom descontraído, perguntou ao trio: quem vai fazer o exame primeiro?

Sandro, seu irmão, todo atirado, já respondeu logo:

- Eu vou!

Mas Sérgio, mais pensativo, soltou:

- Eu quero ser o último. Quero ver o que vai acontecer primeiro.

Começara a trabalhar na indústria aos 16 anos, em 1976. Iniciara atuando no departamento de compras. Este foi o setor por onde todos os filhos de Nestore e Udelio passaram primeiro, pois era o coração da fábrica. Todas as necessidades da indústria se convertiam em uma solicitação ao setor, do parafuso para as máquinas a um formulário para a contabilidade. Então, quem ali estivesse, conhecia toda a sua dinâmica.

Os anos foram se passando e, dentro da Mabel, sua habilidade foi se lapidando. Começou como auxiliar de compras. Depois, foi promovido a comprador com mais responsabilidades. Ainda bem jovem, com cerca de 20 anos, vivenciou a crise de farinha de trigo, que estava em falta no mercado, um momento crítico em que todas as indústrias de alimentação brigavam por ela.

Seu papel era garantir que ela não faltasse nas unidades da Mabel. Toda semana, passava noites dentro de ônibus, viajando para São Paulo, Rio de Janeiro e Goiânia, onde estavam os principais fornecedores. Tudo para fazer as negociações pessoalmente e garantir o disputado insumo.

O jovem Sérgio mergulhava nos problemas que lhe eram apresentados em busca de soluções. Demonstrava raciocínio estratégico, sinalizando alta capacidade administrativa. Já tinha ampliado sua atuação dentro da indústria para a área de transportes, quando chegou ao tio para falar sobre o carregamento do Skiny ao Rio de Janeiro.

As carretas da Mabel não estavam adequadas para transportar o Skiny a seu principal mercado, o Rio de Janeiro. Era leve, mas tinha volume, ocupava muito espaço. Enquanto uma carreta suportava 20 toneladas de rosquinhas, no mesmo espaço só cabiam cerca de 3 toneladas de Skiny. A distância entre as duas cidades era considerável, cerca de 700 quilômetros, o que tornava o percentual de frete sobre o produto muito alto.

Sérgio levou ao tio uma pesquisa feita ao então Departamento Nacional de Estradas de Rodagem (DNER) - atualmente extinto - com as maiores medidas permitidas para carretas.

- Udelio, a sugestão é que a gente encomende uma carreta com o maior vão permitido e transporte, em uma só remessa, mais pacotes de Skiny.

Apresentou, em seguida, cálculos comparativos, com os custos de aquisição do novo transporte e seu *payback* ao longo do tempo com a economia de combustível, o que embasou uma tomada de decisão segura.

A Mabel então criou uma carreta com volume maior, a maior permitida pela legislação. Conseguiram agregar cerca de setenta por cento de volume a mais. Resolveu o problema por um lado, mas surgiu outro: como eram muito rebaixadas, as carretas encostavam em qualquer quebra-molas ou buraco nas ruas e estradas, comprometendo a viagem. Ajustaram novamente as dimensões e chegaram a um modelo que permitia o armazenamento de 50% a mais de volume do que as convencionais, baixando o custo de transporte.

De tão boa, a ideia foi copiada pela concorrência. Porém, para a Mabel, as novas carretas só solucionaram a questão do transporte momentaneamente. Os pedidos de Skiny para o Rio de Janeiro só aumentavam, e até superavam os da rosquinha. Cerca de 80% de toda a produção das conchinhas salgadas era voltada para os cariocas.

Já estava sendo necessário aumentar a fábrica em Ribeirão Preto para atender aos pedidos. Mais uma vez, Sérgio voltou-se aos cálculos para ajudar na tomada de decisão. Juntamente com Cláudio, que já atuava na área administrativa e financeira da indústria, os dois concluíram que seria mais rentável montar uma unidade de produção no Rio de Janeiro do que continuar enviando a produção, cuja perspectiva era só aumentar.

Assim, foi criada a terceira fábrica da Mabel no Brasil, inicialmente uma unidade exclusivamente de produção industrial, sem estrutura administrativa. No bairro Vigário Geral, a fábrica fincou os pés na Cidade Maravilhosa. O ano era 1981.

CAPÍTULO 17

SEGUNDA GERAÇÃO

EM 1982, A MABEL SEGUIA SUA ASCENSÃO NAS TRÊS UNIDADES. O ano era de alegrias. Além de as vendas das rosquinhas estarem em crescimento contínuo, o Skiny, a invenção de Nestore, fora eleito pela Associação Brasileira de Supermercados (Abras) o lançamento do ano. A escolha havia sido feita pelos supermercadistas associados que votavam nos melhores produtos.

Nestore recebeu o comunicado da Abras de que o Skiny fora um dos cinco produtos mais votados, juntamente ao convite da festa de premiação. Todos os anos, a instituição promovia essa eleição. O prêmio normalmente era oferecido por grandes marcas e tinha grande valor para as indústrias; significava uma resposta positiva do consumidor.

Assim sendo, para a Mabel fora uma grande vitória, pois projetou o Skiny para todo o Brasil. Nestore compareceu, cheio de orgulho, ao evento. Esta era uma conquista pessoal dele. Não foi como a rosquinha, baseada em uma receita presenteada. Assistiu, com especial satisfação, a uma apresentação sobre o salgadinho projetada no grande salão, para todos os convidados.

No dia a dia, continuava sua jornada de monitorar as indústrias fora de Ribeirão. As visitas semanais a Goiânia e, agora também ao Rio de Janeiro, continuaram. No entanto, seu principal papel era desenvolver as estratégias comerciais. Por isso, uma vez por mês, a rotina administrativa se invertia. Eram os diretores das fábricas de fora que iam a Nestore.

Ele promovia reuniões com todos os supervisores das unidades de comercialização de Campinas, São Paulo, Rio de Janeiro e Goiânia. Este era o momento em que a área de vendas dava o feedback do consumidor à indústria, e era preciso que os diretores de fábrica também participassem, afinal eles conduziam a produção.

Em uma dessas reuniões, Vitorino havia combinado com Ézio Paranhos, o coordenador de vendas em Goiânia, de irem juntos para Ribeirão Preto, de ônibus. Ao chegarem à rodoviária, ele percebeu que esquecera um relatório em sua mesa na fábrica; o documento era imprescindível para a reunião programada.

- Ézio, vou correndo lá na fábrica e volto já - disse.

- Vitorino, está quase na hora de o ônibus partir.

- Fique tranquilo, vai dar tempo.

Não deu. Embora Vitorino dirigisse com maestria e fosse ágil no trânsito, chegou a hora da partida do ônibus. Ézio até tentou segurar o motorista por algum tempo, porém o veículo partiu, pegando a BR-153. Logo no início do percurso na rodovia, ainda dentro do perímetro urbano, um acidente na estrada: um carro se chocara com um caminhão. O fluxo estava interrompido e parecia ser grave.

Enquanto o ônibus estava parado, Ézio pensava em Vitorino. Onde será que ele estava? Seguiu viagem e chegou a Ribeirão Preto para a reunião e, quando adentrou a sala, deparou-se com um clima tenso já na antessala da reunião.

- O que houve? - perguntou à secretária.

Ela então o informou a respeito do acidente com Vitorino. Aquele mesmo que vira na rodovia, e que o levara à UTI em estado grave.

Dias depois, chegou a triste notícia: Vitorino não resistira. Foi o mais duro golpe que a casa de Udelio havia sofrido até aquele momento. Embora já tivesse acontecido uma partida, de seu gêmeo no nascimento, agora era diferente. Vitorino deixava os anos de convivência impregnados nos corações de cada um. Esquecer-se desses momentos não seria possível, e lembrar-se deles soava como um grande sofrimento.

O expediente nas duas fábricas foi suspenso em razão do velório, que atraiu centenas de pessoas, entre familiares, amigos e funcionários em Ribeirão Preto. Grande comoção tomava conta dos presentes, em especial pela juventude de Vitorino, que tinha tanto chão pela frente, e pela despedida tão inesperada.

Soube-se que Vitorino correra muito na rodovia e fizera a ultrapassagem que provocara o acidente. Nestore, que convivia muito com o sobrinho nos últimos anos, sempre o alertava sobre esse mau hábito de andar em alta velocidade, muitas vezes para tentar descontar o atraso ou a pressa. Infelizmente, não conseguiu influenciar uma mudança em seu comportamento.

– Meu irmão, eu sinto tanto – disse Nestore, abraçando fortemente Udelio e colocando-se a seu lado, em silêncio pesaroso, consternado. Sofria como tio, que amava o sobrinho, sofria pelo irmão, de quem sempre fora tão companheiro. Não havia argumento ou explicação para justificar essa desordem da vida, que levava o filho antes do pai. Mais do que nunca, palavras eram desnecessárias, redundantes e dispensáveis. Nestore, então, oferecia sua companhia resignada e seu amparo ao irmão.

Os meses que se seguiram continuaram a ser de tristeza. Era muito difícil para Udelio, Marlene e os filhos acordarem todos os dias e lembrarem que, desta vez, a viagem de Vitorino não seria temporária. Ele não voltaria depois de alguns dias de trabalho em Goiânia. Não ouviriam mais sua voz, suas histórias, nem mesmo suas contestações.

A dor do luto era indescritível, talvez pela sensação de impotência que trazia consigo, e não era aplacada com o passar dos dias. Não havia nada que pudesse ser feito para alterar a realidade. A ausência tinha de ser simplesmente percebida e sentida por cada familiar com toda sua dimensão e sua profundidade. Não havia, a princípio, nenhum elixir que pudesse amenizar seu principal efeito colateral, que só crescia: a saudade.

Este era o imperativo da vida, um calvário diário a ser percorrido, uma cruz a ser carregada. Lembranças, por mais felizes que fossem, assemelhava-se a chicotadas, porque avisavam que este era um tempo que não existia mais. Udelio havia retornado às suas atividades. Sua natureza discreta não lhe permitia entregar-se a lamentos durante o expediente, mas seu olhar e seu sorriso já não eram mais os mesmos. Um pedaço dele também havia morrido.

Por conhecer intimamente o irmão, Nestore percebera isso e, por respeito a sua dor, adiou, enquanto pôde, tocar no assunto Goiânia com ele. No entanto, chegou um momento em que isso era necessário. A fábrica estava nas mãos de funcionários e era preciso eleger um novo diretor entre eles. A ideia era de que a direção das unidades estivesse nas mãos da família, ou seja, da segunda geração.

- Desculpe-me, Udelio, ter de tocar nesse assunto com você, mas precisamos tomar uma decisão sobre Goiânia juntos. - disse. E continuou: - Para que sejamos justos na oferta das oportunidades, pela ordem, Cláudio é quem deve assumir a unidade, por ser o mais velho de nossos filhos - respondeu Nestore.

Nestore, então, lembrou a Udelio sobre a disputa que vinha acontecendo. Cláudio costumava reclamar dos privilégios que Sandro tinha em trabalhar junto de Nestore na área de vendas, que tinha certo glamour em razão da rotina de viagens de negócios.

Os dois irmãos sabiam que isso era um ciúme tolo, já que cada qual estava trabalhando na área para a qual havia demonstrado maior vocação. Cláudio apresentava grande desenvoltura no dia a dia na administração da Mabel, enquanto Sandro havia demonstrado habilidade com vendas. Além do mais, essa questão de glamour em vendas era algo muito relativo...

Em tempo de vacas magras, quando a fábrica viveu seus primeiros anos, não era nada chique ou elegante viajar de sol a sol, em estradas esburacadas, sem recursos para se hospedar em hotéis minimamente confortáveis, a ponto de ter de pagar gasolina com biscoito. Nada garantia que a área de vendas não precisasse, em algum momento futuro, de uma nova dedicação sacrificante como esta.

Mas, como dois homens vividos e experientes, Udelio e Nestore sabiam que os filhos não tinham dimensão real do que foram aqueles primeiros anos, por mais que eles narrassem todas as histórias da fábrica. E pequenas fagulhas poderiam criar grandes inimizades entre aqueles que deveriam conviver como irmãos - pelo menos no ideal dos progenitores.

- Udelio, não queremos que nossos filhos briguem em razão de dinheiro. Não construímos esta fábrica para destruir nossas famílias.

- De fato, Nestore, não queremos. Mas eu e a Marlene não queremos mais nenhum outro filho nosso em Goiânia. Cláudio terá de entender isso.

- Tudo bem, Udelio, respeito seu posicionamento. Mas, neste caso, suas motivações precisam ser claramente explicadas ao Cláudio para que ele não tenha outra interpretação a respeito de Sandro assumir a fábrica no lugar que seria dele.

- Eu farei isso. Pode ficar tranquilo.

Entre os dois fundadores, era consenso que somente os filhos homens assumiriam funções na fábrica. Desde que foram nascendo seus herdeiros, conversaram e decidiram que as filhas receberiam, na proporção justa e correta, recursos e bens de seus progenitores, porém não teriam participação ativa na Mabel. Foi a estratégia que eles criaram para evitar que se misturassem os relacionamentos afetivos e a gestão do negócio.

Em virtude desse combinado e das motivações de Udelio para não permitir que Cláudio assumisse a fábrica em Goiânia, Sandro seria o candidato da vez. Foi esta a notícia que Nestore lhe deu assim que chegou à sede comercial da Mabel, narrando toda a conversa com o irmão que acontecera horas antes na indústria.

- Sandro, chegou a hora de você assumir Goiânia.

Sandro tinha 24 anos. Já era casado, tinha dois filhos e aguardava a chegada do terceiro, o caçula Eduardo, para aqueles dias. Sua rotina estava bem estabelecida em Ribeirão Preto e ele tinha papel relevante nas operações comerciais e também na indústria de embalagens que eles criaram para atender, inicialmente, a própria demanda da Mabel.

Mudar-se para outra cidade para assumir a fábrica seria um passo interessante, mas era preciso avaliar as perdas e os ganhos implícitos. Por um lado, ele abriria mão do conforto de se viver em um centro urbano avançado para viver em uma cidade com costumes diferentes - e isso influenciaria até a opinião de sua esposa. Também deixaria uma posição confortável para atuar em um mercado novo, tal qual um bandeirante, que chega a uma região inóspita em busca de novas conquistas, e para isso teria de quebrar paradigmas, enfrentar resistências, correr riscos. Ou seja, para chegar às flores, ele teria de passar pelos espinhos. Deixaria de atuar apenas na área de que gostava, a comercial, para cuidar de toda a operação da fábrica.

Por outro lado, era a chance que tinha de desenvolver um trabalho autônomo, quase autoral, uma administração com base em seu faro, suas percepções e sua experiência. Sandro queria provar o próprio valor, ainda mais tendo um pai com uma presença tão forte, que magnetizava toda a atenção e o respeito absoluto de fornecedores, distribuidores, funcionários, desde os mais simples aos da alta administração.

Em Goiânia, estaria em suas mãos o destino da Mabel e caberia a ele desenvolver as estratégias para que a marca continuasse a crescer e alcançar o sucesso. Ali, ele conquistaria seu espaço. Isso o atraía fortemente.

Todas essas ponderações vieram-lhe à mente como um flash; e a resposta veio agilmente, como o pai gostava. Mas em forma de uma contraproposta, como bom negociador que Sandro se revelava.

- Pai, assumir uma fábrica é interessante, mas eu não quero ser apenas um diretor-geral. Não faz sentido eu sair daqui, mudar toda a minha rotina e de minha família para, ao final do mês, receber apenas um salário, por melhor que ele seja.

- Como assim, filho?

- Eu já tenho uma família, pai, sou um homem feito. Tenho minha competência já demonstrada ao senhor e ao tio Udelio. Acho justo receber na proporção de meu esforço, ter participação nos lucros. Se não for assim, é mais interessante eu seguir meu caminho, criar um negócio para mim - respondeu.

- Seria necessário eu conversar com Udelio sobre isso.

- Então converse, meu pai. Por que não criamos uma divisão de lucros pelos resultados de cada uma das fábricas? Isso seria perfeitamente viável e justo - argumentou.

Nestore se despediu do filho com o compromisso de levar sua sugestão a Udelio. A situação o deixava um tanto quanto apreensivo. Pela primeira vez, entrava na pauta o interesse dos filhos, que já não eram mais meninos e tinham opinião formada.

Tratava-se da segunda geração que começava a assumir os negócios, e era preciso sabedoria para que essa transição fosse saudável para a Mabel.

O assunto era delicado pelo fato de o irmão ainda estar enlutado. Definitivamente, não era um bom momento para tratar de negócios. Por outro lado, era necessário se ajustar à realidade que se apresentava, o que incluía as relações familiares.

A competição entre Cláudio e Sandro poderia se tornar mais intensa, já que Udelio não permitira que seu filho assumisse a fábrica em Goiânia. Essa participação nos lucros poderia ser ampliada a todos da segunda geração que assumissem cargos diretivos e apaziguar eventuais disputas. E, acima de tudo, era justa.

Nestore descreveu a proposta de Sandro a Udelio no dia seguinte.

- Talvez isso seja necessário e interessante, mas preciso ouvir Cláudio - ponderou.

- Claro, Udelio. Eu também refleti sobre essa proposta do Sandro e concluí que, se dividirmos os lucros, podemos converter essa energia competitiva para o desenvolvimento do negócio, pois um vai querer sempre mostrar um resultado melhor do que o outro. Nisso, a produtividade da fábrica só tende a crescer...

- Você sabe, Nestore, que nunca tive tanto interesse em expandir a Mabel dessa forma. Talvez outra alternativa seja dividir mesmo o negócio. Assim, cada um segue seu estilo empresarial.

– Como assim dividir o negócio, Udelio?

– Não sei, isso me veio à mente agora. Somos diferentes, apesar de sempre termos tido um excelente relacionamento. Nossos filhos também não são iguais e, talvez, o melhor que possamos fazer é lhes proporcionar um ambiente para seu desenvolvimento com mais tranquilidade, sem tanta disputa.

Havia ainda outra questão em jogo que começava a preocupar os dois sócios: o fato de não terem mais o controle das unidades fora de Ribeirão, por estarem sob direção de funcionários contratados. Enquanto Vitorino estava vivo, isso só se aplicava à unidade de produção no Rio de Janeiro, mas agora o problema afetava também Goiânia.

Os dois foram embora para casa com suas dúvidas e angústias a respeito dessa tensa conversa. O destino da fábrica em Goiânia tinha ganhado outra proporção. De um fato, Nestore e Udelio estavam convencidos: a disputa entre Cláudio e Sandro era muito maior do que uma simples competição de meninos. Ignorá-la poderia trazer prejuízos tanto às relações familiares quanto à Mabel. Estavam todos juntos e misturados, eram necessários equilíbrio e bom senso para uma boa condução.

Cada um ouviu suas esposas e filhos. As sugestões e propostas só cresceram, em progressão quase geométrica, deixando o processo mais tumultuado. Dias depois, em uma reunião com a presença de Cláudio, Sandro, Sérgio, Nestore e Udelio, era impossível chegar a um consenso. Todos já haviam concordado que haveria, sim, uma divisão do negócio, mas eles ainda não sabiam exatamente o melhor modelo. Cada um tinha uma opinião, uma contestação e não se chegava a acordo algum.

Até que Nestore tomou o comando da situação falando com os mais jovens:

– Vocês três já expuseram tudo o que gostariam?

– Sim – responderam.

– Então peço que nos deixem a sós. Agora, Udelio e eu vamos conversar e tomar as decisões finais.

Os filhos saíram, sem nenhum questionamento. Nestore dirigiu-se ao irmão:

– Udelio, nós nunca brigamos por causa desta fábrica. Não vai ser por causa dos filhos que isso vai acontecer. Vamos, então, nós dois tomar esta decisão como fizemos em várias outras situações no passado: em concordância e de forma pacífica.

– Concordo, Nestore.

Daquele dia em diante, acordaram em não falar mais sobre o assunto com a família. Os dois chegariam ao modelo final da separação. Colocaram-se a fazer contas, pediram alguns relatórios aos funcionários acerca do patrimônio, da produção e da lucratividade.

Alguns dias depois, chegaram a um acordo: a marca Mabel continuaria pertencendo a ambos, mas as unidades de produção seriam autônomas. Udelio ficaria com a de Ribeirão Preto, já que, de antemão, não queria a unidade de Goiânia. Já Nestore assumiria a de Goiânia e a operação no Rio de Janeiro, que estava em grande crescimento com o Skiny.

A marca em comum manteria o elo da família com o negócio. Assim, as campanhas publicitárias e demais ações que tivessem repercussão sobre ela deveriam ser discutidas pelos dois núcleos. Ambos tinham de zelar pelo nome Mabel, àquela época já reconhecido nos principais estados brasileiros e construído com tanto suor. Entretanto, a expansão da produção seria independente. Cada um faria a seu estilo.

Nestore foi até Sandro dar-lhe a notícia:

– Arrume a mudança. A fábrica de Goiânia é sua, meu filho!

A mudança de Sandro e sua família para Goiânia se deu no dia 4 de fevereiro de 1983. Dias depois, chegaria Cláudia com as crianças: Camila, Sandro e o pequeno Eduardo, com apenas 16 dias. A família ribeirão-pretana começaria a escrever sua história em Goiás antes mesmo do Carnaval daquele ano.

CAPÍTULO 18

RIO DE JANEIRO

O ANO ERA 1984. Nestore e Luiza nunca tinham parado para pensar nisto. Mas já fazia 26 anos que viviam em Ribeirão Preto. Foi um período maior do que ele vivera em sua terra natal, a Itália, de onde partiu aos 19 anos. A sensação era a de que esse tempo passara num estalar de dedos. Em Ribeirão Preto, a Mabel se consolidara no mercado, ele recebera o reconhecimento da comunidade empresarial e cultivara relacionamentos pessoais significativos.

Agora, não fazia mais sentido permanecerem na cidade, já que a unidade de Ribeirão Preto não mais pertencia a eles. A vida lhes entregava folhas em branco, para que escrevessem uma nova história em um cenário diferente. Novos mercados, novos desafios, novas amizades... Ainda bem que recomeços nunca amedrontaram Nestore Scodro.

Ainda mais com o destino do casal, o Rio de Janeiro, cidade tão inspiradora, com seu Cristo Redentor, o mar azul e a bossa-nova, que acolhera tão bem as rosquinhas e o Skiny. Com eles, iria Sérgio, o filho mais novo. Enquanto Sandro cuidaria do desenvolvimento da fábrica em Goiânia, Sérgio seria o braço direito do pai na nova empreitada: construir a própria unidade na Cidade Maravilhosa.

Prepararam a mudança e partiram. Não fizeram do fato um motivo para festa de despedida, nem para os amigos. Esta era a natureza discreta de Nestore, que nunca fora dado a holofotes. Sabia lidar com a projeção que o sucesso empresarial lhe emprestara, mas nem por isso fazia de sua vida um espetáculo.

Quem convivia cotidianamente com os Scodro sabia que eles estavam partindo para cuidar da nova unidade. Quanto à separação societária, o fato foi comunicado aos poucos, de forma espontânea, para fornecedores, colaboradores e parceiros da indústria, à medida que a informação era relevante para as operações da Mabel.

Não demorou muito para a notícia de sua partida se espalhar pela sociedade ribeirão-pretana e causar muitas reverberações, versões e curiosidade. Maria, amiga de Luiza, foi uma das que soube por alto dos últimos acontecimentos e a procurou para se informar melhor. Conseguiu seu novo número de telefone, e logo fez contato.

– Luiza! Como vai?

– Eu vou bem, e você?

– Também estou bem, menina! Soube que vocês se mudaram para o Rio de Janeiro. Você nem me falou nada!

– Ah... É que foi repentino, nem deu tempo. O Udelio ficou de dar a notícia para os amigos...

– Que pena que não está mais aqui, amiga. Estamos sentindo sua falta!

– O Rio de Janeiro é perto. Não vai faltar oportunidade de nos encontrarmos – respondeu Luiza.

– Então, amiga, justamente isso que ia dizer. Na semana que vem, irei aí para resolver umas coisinhas. Por que a gente não se encontra para colocar a conversa em dia? Faz tanto tempo que não nos encontramos...

– Claro, Maria, venha aqui na minha casa. Vai ser ótimo rever você – convidou Luiza.

– Então eu irei.

Luiza passou o endereço e desligou. No fundo, sabia que a curiosidade motivava a visita em escala bem maior do que a saudade, mas não se importou. Era natural que todos quisessem saber o que tinha acontecido e, ao contar para sua amiga, ela até lhe faria um favor: se encarregaria de ser a porta-voz da notícia aos demais e lhe pouparia o esforço de ter de repeti-la tantas vezes.

Apareceu no dia e hora combinados.

- Luiza, menina, mas que saudade!

- Seja bem-vinda, Maria, venha conhecer minha casa nova.

Entraram na ampla sala avarandada. As cortinas estavam abertas e o azul do mar do Leblon iluminava o espaço e ofuscava os olhos.

- Mas que vista inspiradora, Luiza!

- Bonita, não é?

- Nossa, certamente você saiu ganhando nessa troca. Que privilégio ter este mar todos os dias ao alcance dos olhos. Já foi à praia?

- Ainda não, estamos organizando as coisas.

Sentaram-se e Luiza logo pediu à sua ajudante que servisse o lanche preparado para a visitante. Conversaram sobre a nova rotina na cidade carioca, vantagens de cada uma das cidades, amenidades sobre moda, viagens e filhos, os amigos que tinham em comum em Ribeirão Preto. Até que, finalmente, Maria entrou no assunto.

- Luiza, eu soube da separação. Fiquei tão chateada por vocês...

- Não, Maria, não há motivo para isso. Foi tudo muito bem conversado entre as duas partes, um consenso de verdade.

- Ah... Mas uma vida em comum durante tantos anos acabar de repente.

- Não acabou. A amizade continua, não há brigas. No fundo, vai ser melhor para todos.

- E você, como está em meio a tantas mudanças?

- Ah... Eu estou muito bem. Não está vendo?

- Mas, Luiza, não entendo... Vocês se davam tão bem. O que motivou essa separação?

- Os filhos, Maria, estamos visando ao desenvolvimento dos filhos.

A visita arregalou os olhos. Ficou confusa.

- Mas como, Luiza? Um pai e uma mãe juntos é sempre o melhor para os filhos, ainda que eles já sejam adultos.

Desta vez, foi Luiza quem ficou sem entender.

– Mas do que você está falando?

– Da separação de você e Nestore...

– Como?

– É sobre o que todos comentam em Ribeirão Preto, que você e Nestore se separaram.

Luiza não conteve a gargalhada.

– Do que você está rindo?

Luiza não conseguia parar de rir.

– Separação minha e do Nestore?

Tomou um gole d'água para tentar se conter, mas disparava a rir de novo... Maria enrubesceu.

– Ai, ai... Maria, eu não me separei do Nestore. A separação da qual você ouviu falar é entre Udelio e Nestore, que dividiram os negócios.

– Ah, meu Deus! Você me perdoe pela gafe, Luiza! – E riu também, meio sem graça.

– Não precisa se desculpar. Está tudo bem!

Continuaram o bate-papo, afinal, agora que moravam longe uma da outra, era preciso aproveitar as oportunidades de encontro. O mal-entendido serviu para animar a conversa.

Um pouco antes de Nestore e Luiza chegarem ao Rio de Janeiro, Sérgio já estava na cidade, pois havia sido promovido a diretor da Mabel. Enquanto o pai cuidava da transição do negócio, o filho já cuidava da implantação do complexo administrativo da unidade carioca.

Havia concluído a graduação em administração de empresas, detinha conhecimento acadêmico para a função. Mas o fato de ele conhecer os processos básicos da indústria faria toda a diferença para ele como gestor, mesmo sendo tão novo.

Sérgio havia trabalhado no setor de compras e de transporte. Tinha responsabilidades e prestava contas como qualquer outro funcionário, e era extremamente focado. Com isso, acumulou informação, viu acontecer na prática aquilo que ouvia dos professores universitários em sala de aula. O pai acreditava em seu potencial para assumir este novo desafio.

Até aquele momento, a fábrica no território carioca era essencialmente de produção. Não existiam setores financeiros, contábeis, jurídicos, comerciais, de recursos humanos e de compras. Tudo era remetido à central em Ribeirão Preto. Mas com a separação societária o primeiro passo seria fazer essa implantação.

Logo no início, concluíram, pai e filho, que seria necessário construir uma unidade própria, com espaço mais apropriado para abrigar essa nova estrutura, e já preparada para o crescimento. O Rio de Janeiro era, na época, uma cidade com 7 milhões de habitantes, um grande mercado.

A marca já era conhecida entre os grandes distribuidores, e naquele momento a meta era conquistar os pequenos varejistas esparramados pela cidade. Compravam em menor quantidade, mas tinham menor poder de negociação. No final, geravam mais lucro para a empresa, apesar de ser mais trabalhoso montar uma logística de comercialização e distribuição.

– Precisamos ter os dois clientes: o grande, que traz visibilidade para a marca, e o pequeno, que é mais rentável – disse Nestore.

Compraram um terreno em Duque de Caxias e deram início aos preparativos para dar forma à nova fábrica. Além do Rio de Janeiro, planejavam também chegar a Minas Gerais.

O projeto arquitetônico fora desenhado por Nestore, que conhecia a fundo quais eram as necessidades para que a estrutura atendesse à operação diária de produção. O prédio teria tamanho similar ao de Ribeirão Preto, com capacidade de produzir cerca de 700 toneladas de produtos por mês.

O desenho tinha formato similar ao da letra "U", pensado para atender à logística de produção. Em uma ponta, estava o almoxarifado, por onde chegaria a matéria-prima. Logo na sequência, estava o pavilhão do forno dos biscoitos, que seria comprido, cerca de 80 metros. Na outra haste do "U", em paralelo, estava o pavilhão de produção do Skiny, este seria um pouco mais curto.

Nestore havia desenvolvido uma extrusora menor para a fabricação do salgadinho de milho que conquistara o Rio de Janeiro. A máquina de tamanho maior era muito sensível, e a cada problema interrompia toda a produção. Muitas foram as noites em que ele passou em claro preocupado com o fornecimento do Skiny em razão da manutenção do maquinário.

Assim, ele desenvolveu um maquinário com capacidade menor de produção. Em vez de uma potente extrusora, passou a ter várias menores. Assim, quando uma entrasse em manutenção, as demais continuariam trabalhando.

Na base do "U", aconteceriam o empacotamento e a distribuição em sistema de docas. Um anexo separado da fábrica foi projetado para abrigar a unidade administrativa.

Nestore também fez questão de supervisionar a construção da obra, enquanto o filho tocava o negócio. Os desafios, como sempre, existiam, mas eram diferentes das experiências passadas.

Uma deles foi a dificuldade de encontrar equipamentos. Quando a obra estava na fase de fundação, chegou a comprar um bate-estacas, depois de, sem sucesso, procurar alguém que prestasse serviço com essa máquina.

- Não sei o que vou fazer com este trambolho depois, mas, já que não há outra alternativa, vamos comprá-lo - decidiu.

O bate-estacas era composto por uma base, uma torre com mais de 10 metros de altura para apoiar a estaca, um guincho para levantá-la, um pilão, cabos de aço, além de motor a diesel.

Surgiram também as adversidades. A obra já estava com estrutura erguida quando, em uma segunda-feira, os homens chegaram para trabalhar e depararam-se com uma cerca na entrada, um homem e alguns capangas armados.

- Por aqui ninguém passa, pois este pedaço de chão onde estamos me pertence.

Tinha ele uma liminar judicial em mãos, que lhe dava a posse temporária de parte do terreno, sob alegação de que lhe pertencia, até que a questão fosse julgada. Era apenas uma pequena área, mas era justamente a que dava acesso à construção. O único acesso.

- Ah, moço, a gente precisa entrar para trabalhar. Nós já estamos nos comunicando com os diretores da empresa para virem tratar com o senhor. Enquanto isso, o senhor pode dar licença para a gente passar? - pediu um dos chefes da obra.

O sujeito respondeu em voz alta:

- Neste pedaço de chão, ninguém passa sem minha autorização.

Em tom de intimidação, os capangas armaram a espingarda.

Nestore ainda estava em casa quando tomou conhecimento do imbróglio.

- Não pode ser! Temos toda a documentação de compra, tudo foi verificado - disse a Sérgio.

Os homens tiveram de ser dispensados por alguns dias. E o cheiro de malandragem pairava no ar.

Rapidamente, Sérgio, Nestore e sua assessoria jurídica buscaram entender o teor da liminar. A área era um grande loteamento, com áreas residenciais e industriais. A avenida Washington Luiz dividiu essas duas zonas quando foi construída.

O requerente alegava que, diferentemente dessa versão, uma parte dos lotes residenciais, entre os quais estava o seu, estava do lado dos lotes industriais.

Apresentava uma suposta planta para provar sua tese.

A assessoria jurídica analisou toda a documentação do imóvel para ver se encontrava algum indicativo de irregularidade. Mas Sérgio queria aprofundar ainda mais a pesquisa. Se quisessem dirimir a questão, não havia outro caminho.

- Vamos à prefeitura para buscar a planta aprovada para esse loteamento - solicitou Sérgio.

O antigo proprietário da área, senhor Décio Troiano, foi acionado para prestar esclarecimentos, o que fez prontamente. Como se tratava de uma área de marinha, ou seja, próxima ao mar, também buscaram informação no Serviço de Patrimônio da União.

Em alguns dias, a Mabel já tinha um elemento forte para suspender a liminar na justiça: nenhum órgão tinha a planta original do loteamento. Então, se os órgãos oficiais não a tinham, como a versão apresentada por um requerente pode ter crédito para uma integração de posse, ainda que temporária?

– Não estamos nos negando a discutir o mérito do impasse, mas queremos ter o direito de passagem para nossa obra enquanto não se chega a uma conclusão do que aconteceu – solicitou o advogado ao magistrado.

Se havia qualquer tentativa de criar uma situação de pressão, chantagem e extorsão, esta logrou em insucesso. Em alguns dias, as obras voltaram para seu curso normal.

Em pouco tempo convivendo com a cultura carioca, Nestore percebeu que, na mesma proporção de sua beleza e encanto, existiam também as desigualdades sociais. O tráfico de drogas na Cidade Maravilhosa imperava. Nas favelas, os traficantes ditavam as regras e arregimentavam meninos cada vez mais novos, que eram colocados a seu serviço. Em paralelo, a miséria provocava violência doméstica e desesperança nas gerações mais tenras.

Nas ruas, ele se incomodava em ver meninos e meninas tão jovens, maltrapilhos, de pés descalços, descabelados e sujos, pedindo dinheiro ou vendendo balas no trânsito. Não gostava de dar dinheiro a eles porque acreditava que, desse modo, estaria incentivando aquela situação.

Enquanto dirigia para a fábrica, quando via esses meninos maltrapilhos, lembrava-se de sua infância e sua adolescência. A ausência do pai lhe causara profunda carência afetiva. Ele vira de perto o horror da Segunda Guerra com mortes, desemprego, escassez de comida e a própria incerteza de continuar vivo a cada dia. Apesar de todas essas dificuldades, ainda lhe restava a esperança.

Durante essas conjecturas, recordou-se de um episódio em sua cidade, Montebelluna, no último dia de guerra, 25 de abril de 1945.

Os alemães estavam batendo em retirada, deixando a Itália, mas os *partigiani* queriam fazer deles prisioneiros de guerra e, por isso, distribuíram armas para quem pudesse ajudar nessa tarefa. Nestore havia recebido um fuzil e estava no terraço da casa de um amigo observando a movimentação ao longe quando, de repente, apareceu um soldado alemão na esquina, bem perto deles. Mirou para atirar e viu que o soldado era apenas um adolescente. Parou por um minuto e se questionou: por que matar alguém tão novo, que provavelmente fora forçado a ir para a guerra precocemente? Enquanto conversava com sua consciência, percebeu um disparo dado pelo jovem soldado em sua direção, que por pouco não o acertou.

Entendeu que na guerra ou se mata ou se morre, mesmo quando ela está chegando ao fim. Triste cenário para os dias de juventude. Mas ainda assim não perdeu a resiliência e a capacidade de sonhar. Voltava sua mente para o presente e indagava-se: o que fazer para que aqueles jovens, que via nas ruas todos os dias, tão maltratados pela vida, acreditassem que tudo poderia mudar, apesar das circunstâncias?

Nestore tinha uma rotina empresarial acelerada, vivia em um ritmo de trabalho quase alucinante. Continuava a ir uma vez por semana a Goiânia, para acompanhar a gestão de Sandro, seu filho. No Rio de Janeiro, estava mais uma vez desbravando um novo mercado, no alto de seus 55 anos, desta vez com ajuda de seu outro filho, Sérgio.

Havia chegado a um estágio em que suas fábricas lhes proporcionavam uma vida confortável. Tinha recursos para adquirir quaisquer de seus desejos de consumo. De pequena fábrica, que de poucos chamava a atenção, a Mabel tornava-se cada dia mais uma empresa consolidada, de reputação ilibada, que atraía profissionais, parceiros, fornecedores e consumidores. Grande era o risco de o excesso de autoconfiança gerar prepotência e frieza. A abundância tem o poder de distanciar o indivíduo dos problemas sociais.

Nestore, obviamente, tinha orgulho de suas conquistas, mas mantinha com ele a simplicidade, a complacência e o respeito ao outro. Costumava sempre repetir para os filhos, que estavam assumindo posição de gestores, que o maior tesouro de uma empresa são os empregados. Parecia um clichê, mas ele fazia questão de enfatizar esse princípio, pois havia vivenciado situações que mostraram essa verdade na prática, no dia a dia.

– Se o empregado quer que tua empresa cresça, ele faz. O contrário também é verdadeiro.

Conquistava-se um profissional com respeito e reconhecimento verdadeiros. As percepções do empresário dentro do universo corporativo eram, em sua concepção, um princípio para outras relações sociais, um desdobramento natural dos relacionamentos humanos. A violência, a que ele antes assistia pelos jornais, naquele momento diante de seus olhos, era uma resposta à rejeição, à desigualdade social e à falta de oportunidades.

As conjecturas o incomodavam. Dentro do automóvel, ele estava protegido pelos vidros escuros e pela agradável temperatura do ar-condicionado. Mas não conseguia ficar confortável em ver, todos os dias, o mundo que se desenrolava sob o sol escaldante.

Nestore não era sujeito dado somente à reflexão. Era rotariano há décadas, começara a participar do Rotary Club quando ainda estava em Ribeirão Preto. A instituição é formada por empresários, profissionais e líderes que se unem com o propósito de contribuir voluntariamente com o desenvolvimento da sociedade.

Quando foi para o Rio de Janeiro, continuou a integrar a organização, através do Rotary Club de Ipanema.

Nas reuniões semanais, levou essas reflexões para discussão.

– Companheiros, não podemos assistir a isso e ficar inertes. Precisamos fazer alguma coisa – disse.

Diante da concordância unânime de todo o grupo de empresários sobre a gravidade da insegurança social pela qual passavam os jovens no Rio de Janeiro, Nestore apresentou uma experiência desenvolvida em São Paulo, que ele havia pesquisado. A organização paulistana oferecia uma formação laboral para menores com posterior contratação em empresas, na modalidade de estagiário.

Esta foi a semente da Associação Patrulha Jovem do Rio (Apar), fundada em 25 de julho de 1986 por um grupo de rotarianos pertencentes aos quadros dos Rotary Club Benfica, São Cristóvão, Copacabana, Ipanema e Leblon. Um conselho composto exclusivamente de rotarianos faria a gestão voluntária do projeto, em períodos anuais.

Meninos e meninas, menores de idade, poderiam frequentar as atividades, que tinham o objetivo de desenvolver habilidades e valores laborais. Na prática, eram treinados para ser auxiliares de escritório.

Recebiam reforço em aulas de português, matemática e noções de operação de fax, a tecnologia de comunicação mais utilizada na época, e de outras rotinas do universo empresarial. Havia o momento do patriotismo, que Nestore considerava fundamental para desenvolver o amor pelo país. Os meninos precisavam cantar o Hino Nacional todos os dias.

Para participar do projeto, o único requisito era frequentar a escola. Depois de um ano, os alunos eram encaminhados para estágio nas empresas, onde poderiam permanecer com essa modalidade de contrato até os 18 anos.

As empresas tinham isenção dos direitos trabalhistas, em contrapartida destinavam o equivalente a 25% do valor pago ao estagiário para a Apar. Com esses recursos, a organização mantinha suas atividades, que foram incrementadas posteriormente com oficinas de mecânica, gastronomia e outras. Cada jovem dentro da Apar seria um jovem a menos nas ruas, sob risco de ser ceifado pela miséria social.

No início, a modalidade de contratação era nova e até causou dúvidas nos órgãos trabalhistas. Mas dados os resultados e a transparência do projeto, que se consolidou muito rapidamente, esses órgãos se tornaram aliados.

Nestore procurava manter-se próximo da Apar. Foi seu gestor durante um ano e, mesmo depois, fazia palestras aos alunos periodicamente. Preocupava-se com a formação dos jovens. Procurava passar valores, da mesma forma que fizera com seus filhos.

Certa vez, chegou à organização para dar uma palestra. As aulas começavam ao meio-dia e ele, pontual, chegou no horário. Apenas metade da turma estava presente. Ele indagou à coordenadora:

– Aconteceu algo para tantos alunos faltarem?

– Não, senhor Nestore, é que eles vão chegando aos poucos.

Nestore se indignou. Não sabia se ficava mais inconformado com o atraso dos alunos ou com a naturalidade da coordenadora em aceitar tacitamente esse mau costume, tão prejudicial às atividades e a eles próprios.

– Eu não concordo com essa postura. A senhora precisa cobrar o horário de entrada dos alunos. É importante para a formação deles – disse.

– Mas, senhor Nestore... Coitados... Muitos moram longe, têm dificuldade para chegar... – tentou justificar.

– Não fale isso, senhora coordenadora. Não tem coitadinho aqui. Coitadinho é quem está fora do projeto, quem está aqui é privilegiado.

Solicitou que, a partir daquele momento, a porta de entrada fosse fechada ao meio-dia. Quem não chegasse ficaria de fora. A partir de três faltas, perderia a vaga para outro interessado. Nestore tinha o coração abnegado sim, mas sabia que ajudar não implicava apenas oferecer, mas ensinar que a vida é feita de direitos e deveres. Os dois eram igualmente importantes para o desenvolvimento do ser humano e da sociedade.

Em pouco tempo, o projeto já atendia a centenas de jovens. Tornou-se tão notório que Nestore foi convidado para dar entrevista na TV Cultura sobre seus resultados, no programa *Sem Censura*. Aceitou o convite da produção e se programou. No entanto, esta história ganharia um capítulo à parte.

Era um sábado, início da tarde. Antes de ir para a TV Cultura, passou pela obra para ver como estava o andamento do trabalho. Parou no pátio da fábrica e não havia ninguém do lado de fora. Todos deviam estar fazendo retoques na parte interna da construção.

Ao descer do carro, foi abordado por dois jovens. Não percebera de onde eles apareceram, mas o fato é que eles lhe deram voz de assalto.

– Ah, coroa, passa o dinheiro... Isso é um assalto.

Pareciam ser menores de idade. Um deles estava armado.

Era a primeira vez que passava por essa situação, tão noticiada nos jornais do Rio de Janeiro. Procurou não fazer gestos bruscos nem alterar o tom de voz. Tirou a carteira e a entregou ao que estava desarmado. O rapaz conferiu que havia poucas notas e retrucou, nervoso:

– Ah, coroa... Cê tá achando que a gente é besta? Um sujeito bacana como o senhor andar só com essa miséria no bolso? Até minha mãe tem mais que isso!

– Eu não ando com dinheiro. Só tenho isso.

– Passa logo o pagamento, velho, o pagamento dos empregados – emendou o outro.

– Que pagamento?

– Dos funcionários, coroa, deixa de enrolar, senão eu atiro – ralhou.

A arma tremia em suas mãos, denunciando a inexperiência da dupla. Nestore raciocinava quais eram os lados positivo e negativo da situação. Se, por um lado, eles ainda não tinham adquirido a frieza de quem vive no mundo do crime, de quem mata um ser humano sem nenhum sentimento de piedade, por outro, essa mesma inexperiência poderia ocasionar um disparo acidental.

– Eu não estou com o pagamento dos funcionários. Eles recebem o salário através de depósito bancário.

Dava quase para perceber o semblante frustrado dos rapazes, que provavelmente moravam nas comunidades do entorno da fábrica em construção, e observaram Nestore chegando à obra, quase todos os dias, em um carro importado.

Contudo, por mais iniciantes que fossem, já haviam aprendido que, no mundo do crime, não se bate em retirada de mãos vazias.

– Então passa a chave do carro, coroa! Ele é nosso, agora!

Não havia outra opção para Nestore, que lhes entregou a chave. Eles entraram afoitos no carro e enfiaram a chave na ignição, mas o motor não ligou.

– Esperem – alertou Nestore. – Este carro é automático e tem funcionamento diferente dos que vocês conhecem.

Os garotos ficaram mais tensos, afinal tinha muita coisa acontecendo que não fora prevista. Ignoravam o que Nestore lhes dizia e tentavam ligar o carro sozinhos.

- Cala a boca, coroa! Tá achando que a gente é burro? Que a gente não conhece carro de bacana? Cala a boca, você não sabe de nada...

Mexiam nos botões do painel, no câmbio automático, sem nenhum cuidado. Doía no coração de Nestore, que estava preocupado com o estrago que eles poderiam fazer em seu carro novinho.

Quanto mais nervosos, mais xingavam e mais a arma tremia em suas mãos. Percebendo a confusão sem fim, Nestore tomou o controle da situação e ralhou em tom firme:

- Parem de gritar e fiquem quietos! Vocês querem ou não levar o carro?

Os meninos arregalaram os olhos e se calaram. Balançaram a cabeça em tom afirmativo. Mais uma reação inesperada em um assalto.

- Então me deixem ensinar como se faz.

Deu as instruções básicas e eles se foram. Nestore sabia que eles não iriam muito longe por causa do sistema de segurança. Havia, embaixo da porta, um alarme que, se não fosse desligado pelo motorista, o carro pararia de funcionar após 500 metros.

Correu para dentro da fábrica, avisou os funcionários e pediu que chamassem a polícia. Dito e feito, o carro parou ali pertinho, mas os moleques levaram a chave. Foi preciso mandar buscar a chave reserva e ir à delegacia de polícia registrar queixa.

Enfim... Adeus, agenda de sábado. Ligou para a produção da TV Cultura para avisar que não conseguiria dar a entrevista ao vivo. Ficava aborrecido quando não conseguia honrar os compromissos firmados. Narrou o ocorrido para justificar a situação.

- Compreendemos perfeitamente, senhor Nestore - disse a produtora. - Vamos reagendar para a próxima semana.

E assim acontecera. No dia da entrevista, Nestore fez questão de narrar o episódio no ar porque tinha tudo a ver com o movimento que havia ajudado a criar.

- No sábado passado, no caminho para a emissora, fui assaltado por menores que estão na rua sem perspectiva e tragados pelo mundo do crime. Por si só, esse fato já ilustra o quanto contribuições como a da Apar são importantes para a sociedade. Os jovens são nosso futuro, eles precisam de direcionamento para canalizar sua energia para coisas positivas. Só assim eles terão perspectiva de futuro e não se desviarão de um caminho de criatividade, empreendedorismo e produtividade.

Mais de dez anos se passaram, e o Rio de Janeiro continuava a ser um desafio instigante para Nestore. Nos anos 1990, a Mabel detinha 5% do mercado carioca. Parecia pouco, mas em números absolutos era muitas vezes superior do que a abrangência da marca em Goiás, onde a participação estava na ordem de 50%. Muito haviam avançado, mas ainda havia muito a se conquistar naquela imensidão.

Com a ajuda de Sérgio na administração da fábrica, Nestore desenvolvia ações comerciais para aumentar a penetração da marca, que incluíam preços competitivos, condições especiais de pagamento para fornecedores, patrocínio de encartes de supermercados com as ofertas do dia. Perseguia a meta de estar nas gôndolas dos grandes supermercados e também dos pequenos armazéns. Seguiram com essa mesma estratégia para o Espírito Santo e o sul de Minas Gerais.

Começaram a vislumbrar também outra vertente: a diversificação dos produtos em busca do consumidor das classes média e alta. Apesar da penetração das rosquinhas e do Skiny em todas as classes, a percepção do consumidor era de que os produtos eram populares. Com isso, era difícil estabelecer novas faixas de preço e obter lucros maiores.

- Se lançarmos waffers e biscoitos recheados teremos maior abrangência - sugeriu Sérgio.

O lançamento não seria pontual, do Rio de Janeiro, mas envolveria todas as unidades da Mabel, incluindo Goiânia e também as de

Udelio, que, a essa altura, já havia aberto uma nova fábrica em Três Lagoas, no Mato Grosso do Sul.

Enquanto isso, em Goiânia, Sandro conduzia a fábrica com muita energia e foco no crescimento. Havia promovido uma ampliação da fábrica logo que chegara à capital goiana. Dobrara a capacidade de produção da unidade mesmo no contexto econômico de inflação estratosférica do país, que se repercutia na capacidade de consumo.

- Sandro, só não pegue dinheiro emprestado para isso - orientara Nestore à época.

Era a única recomendação do pai e, seguindo-a, Sandro usou a criatividade para concretizar seu intento. Negociara a compra do maquinário por valores muito mais baixos. Convencera os fabricantes que, em tempo de escassez, era melhor baixar os preços e vender do que ficar parado.

Foi um ato de ousadia, sabia bem Sandro. Quando o presidente José Sarney anunciou o Plano Cruzado, em fevereiro de 1986, sua expansão acabara de ficar pronta. Sandro, porém, não contava com o pacote econômico inesperado, que congelava os preços e atrapalhava a indústria na recuperação de seus investimentos.

Entretanto, a energia de sua juventude era totalmente canalizada para a realização. Chegava à fábrica todos os dias às 5 da manhã e de lá saía apenas às 10 da noite. Percorria os mesmos caminhos do pai. Dedicava-se integralmente ao negócio, conhecia todas as etapas produtivas da Mabel, assim como as dificuldades que lhe eram contemporâneas.

Da mesma forma que Nestore, não se paralisava diante de obstáculos. Passava o dia pensando em estratégias de distribuição, promoções e em como atingir o crescimento. Andava pelo pátio e via a expansão subutilizada, mas em seu íntimo nutria a certeza de que aquela cena seria momentânea.

Acreditava no crescimento da população no Centro-Oeste, no Norte e no Nordeste, no fato de que a alimentação é uma necessidade básica, portanto de consumo prioritário, e na boa logística de distribuição da Mabel, e partiu em busca desse mercado.

Pouco tempo depois, quando a economia se acalmou, estava preparado para atender os pedidos que lotaram a fábrica. Goiânia deu um salto em produção e vendas como nunca havia acontecido. Era a primeira conquista de Sandro, que, além de autoconfiança, ganhava agora mais experiência e encorajamento.

Com o passar dos anos, Nestore continuava a ir a Goiânia uma vez por semana. Seu papel era muito mais de acompanhamento, uma vez que os negócios estavam sendo conduzidos com muita habilidade pelo filho. Sandro revelava-se cada vez mais seguro no exercício de sua gestão. A partir de Goiânia, a comercialização dos biscoitos Mabel subia em direção ao Nordeste e também descia rumo ao Sul.

Em paralelo, administrava a fábrica de embalagens que fora transferida para Goiânia e já começava a planejar a fundação do Moinho de Trigo. As indústrias tinham a função de atender à demanda da Mabel, mas suas portas estavam abertas a todo o mercado.

Apesar de toda essa desenvoltura de Sandro, quando Nestore chegava a Goiânia, a atenção de diretores, fornecedores e parceiros voltava-se para ele. Percebia que, em alguns momentos, diretores e fornecedores faziam questão de, discretamente, confirmar se ele concordava com decisões já tomadas pelo filho.

Algumas vezes, em gesto automático, até dava alguma instrução ou ordem a algum diretor. Era hora de Sandro chamar sua atenção.

– Pai, não faça isso, por favor. Se o senhor quiser mudar alguma coisa, fale comigo primeiro para eu dar a ordem ao funcionário. Senão vira bagunça.

Nessa hora, percebeu o quanto o filho fora bem preparado para assumir a posição de liderança. Tinha firmeza, pulso, segurança.

No Rio de Janeiro, também percebeu a necessidade dos diretores e fornecedores em confirmar com ele as decisões de Sérgio. Certamente, a pouca idade dos filhos estimulava esse comportamento, mas não era assim que desejava que os filhos fossem tratados.

Nunca dera nenhum cargo de mão beijada aos filhos. Se eles estavam naquela posição foi porque a conquistaram através de aprendizado e esforço. Começou a ficar incomodado com isso. E, quando algo o incomodava, seu impulso era buscar solução. Não demorou muito para que ela surgisse.

– Luiza, é hora de sairmos de cena – disse, certa noite, à esposa.

– Do que você está falando, Nestore?

Nestore tinha mania de ficar refletindo durante meses sobre alguma situação, consigo mesmo, sem compartilhar nada com a mulher. Quando tinha a solução, anunciava repentinamente o plano que traçara em sua mente.

– Luiza, não tenho dúvida da capacidade de nossos filhos para ocuparem o lugar em que estão hoje...

– Sei disso, *amore*.

– O problema é que as pessoas não percebem isso.

– Quais pessoas, Nestore?

– Diretores, fornecedores, parceiros... Quando estou por perto, percebo que eles querem resolver comigo os negócios, como se os meninos não tivessem a mesma habilidade. Mas eles têm...

– Fale isso para eles, Nestore. Mande-os resolver com Sandro e Sérgio – sugeriu Luiza.

– Já tenho feito isso, e não é suficiente. É preciso tomar uma providência mais eficaz.

Luiza tentava entender o marido.

– Que tipo de providência, Nestore? Aonde você quer chegar?

– Temos de deixá-los assumir definitivamente os negócios – continuou a dizer o marido.

– Mas eles já não são os diretores?

– Sim, mas tenho de sair definitivamente de cena, para que minha presença não os ofusque como líderes que já o são.

Compartilhou então sua intenção: mudar-se para os Estados Unidos. Já havia um tempo que nutria o desejo de levar o Skiny para o mercado norte-americano, onde surgiu a inspiração para o *snack*. Como havia descoberto um produto muito mais saudável, acreditava que teria uma boa aceitação por lá.

Já estava fazendo muitas viagens a Miami para cuidar de ações de exportação das rosquinhas e, em paralelo, vinha estudando tanto o comportamento do consumidor quanto o mercado americano. Chegara à conclusão de que aquele era o melhor momento para concretizar seu plano.

No Brasil, sua presença era dispensável. As fábricas estavam muito bem administradas, não dependiam mais dele. Era hora de dar esse lugar aos filhos, para que o ocupassem efetivamente, até na percepção de todos que se relacionavam com a Mabel.

- Vou dedicar-me também à exportação das rosquinhas, Luiza.

Luiza, fiel escudeira, não titubeou.

- Se você acha que será bom para nossos filhos, não tenho o que discutir.

O ano era 1996. O sonho de conquistar a América o trouxe para o Brasil, e ele chegava ao fim dessa jornada. Desta vez, sua missão maior era paternal. Em nome de seu abnegado amor, não havia sofrimento, como houve em sua juventude, quando ele decidiu decretar fim ao sonho de ser concertista. Mais uma vez, Nestore mostrava quais eram as prioridades em sua vida.

Pai zeloso, indivíduo desapegado, homem livre. Este era Nestore Scodro, cidadão do mundo.

CAPÍTULO 19

FUNDAÇÃO NESTORE SCODRO

ANOS 1990. O QUILÔMETRO 13 DA BR-153, onde ficava a Mabel, era distante até do centro urbanizado de Aparecida de Goiânia, cidade da região metropolitana de Goiânia onde a fábrica de fato se situava. A típica dificuldade do transporte público nas cidades em crescimento fazia com que a distância parecesse maior.

A verdade é que o polo industrial que se formava naquelas imediações estava situado no meio do nada. Era um catalisador para muitas famílias, que para lá se dirigiam em busca de emprego e renda. Só a Mabel já empregava cerca de 3 mil pessoas.

Na tentativa de conciliar o emprego com a rotina particular, muitas famílias se mudavam para os bairros vizinhos, e assim ficavam mais perto do trabalho. A maioria desses locais, porém, não dispunha de infraestrutura e serviços, como escolas, creches, postos de saúde etc. Boa parte das casas ficava em meio a matagais; não havia asfalto, a energia era precária, a água era de cisterna e o esgoto era destinado a uma fossa. Escolas, se existiam, ficavam longe.

Era impossível esse contexto não interferir na rotina industrial. Sandro se espantava com o índice de faltas dos funcionários registrado no relatório do setor de recursos humanos. Percebia que o percentual era maior entre as mulheres.

- Há algum motivo em especial para que elas faltem mais do que os homens?

- Certamente por causa dos filhos; quando estes ficam doentes, ou quando há reunião na escola, é a mulher quem assume as tarefas - respondeu o especialista.

Diferentemente de outras fábricas, a Mabel empregava um quantitativo considerável de mulheres. Sandro considerava que a afetividade envolvida no preparo diário dos alimentos também era um ingrediente importante no processo de fabricação dos biscoitos. O sentimento era inerente às mulheres, dada a sua natureza maternal, além do fato de, culturalmente, ser atribuição delas os cuidados com a alimentação da família.

Para ele, alimento só ficava apetitoso se fosse feito com gosto, satisfação e carinho. A rosquinha, por exemplo, tinha um passo a passo comparável a um ritual. A temperatura da água tinha de ser exata, a massa tinha de ser batida em intervalos definidos, com paradas igualmente predeterminadas. A velocidade também não era aleatória.

- Mas não deve ser somente isso que está acontecendo. A curva de faltas está muito acima da média - ponderou Sandro.

Quis se aprofundar no assunto, e para isso resolveu ele mesmo conhecer melhor a realidade de suas colaboradoras. Pediu à secretária que cancelasse sua agenda de reuniões naquela manhã. Tirou o terno e a gravata. Entrou no carro da empresa e pediu ao motorista que seguisse rumo à vizinhança, em direção aos bairros onde moravam seus funcionários. Quanto mais se afastava, mais se espantava com o aspecto ermo e inóspito das ruas. Não apenas pelo mato alto, mas pela precariedade das casas. Viu gente morando debaixo de lona, casas de taipa.

"Moram pessoas aqui mesmo?", questionou-se.

Resolveu ver de perto. Bateu palmas na porta de uma casa, uma mulher atendeu.

- Olá! Tudo bem com a senhora?

Com espanto e dúvida, ela o reconheceu. Ficou sem ação, paralisada. Afinal, o que o patrão estava fazendo ali, naquele bairro pobre?

Ela sempre o vira à distância, quando ia até o pátio industrial para falar com os chefes de seção. Nem imaginava que ele sabia de sua existência. Estaria ele ali porque ela faltara ao trabalho? Perderia o emprego? Estava quase arrebatada pelas perguntas que se fazia e, em seu semblante, só se viam interrogações...

Foi preciso que Sandro a chamasse de novo.

– A senhora não está me reconhecendo? – disse, com um sorriso no rosto.

– Claro que sim, doutor! É que fiquei surpresa com o senhor por aqui.

– Não precisa me chamar de doutor. Viemos aqui para conhecer melhor o dia a dia de vocês. Se a senhora puder conversar um pouco comigo, ficarei grato.

A mulher baixou os olhos, envergonhada. Afinal, seu dia a dia mais parecia um filme em preto e branco, sem encantos que pudessem impressionar um moço bonito, bem vestido e rico. Não tinha nada para mostrar em sua casa sem reboco, de cômodos iluminados com uma lâmpada fraca para economizar energia, que não dispunha nem mesmo de um sofá ajeitado para o homem sentar. O que faria, já que o tal moço era o chefe, e estava ali na porta? Timidamente, então, convidou:

– O senhor não quer entrar?

– Claro!

– A casa é de pobre, o senhor não repara...

– De jeito nenhum, até porque não tem nada o que reparar... A riqueza de um lar não está nas paredes nem nos móveis, está nos sentimentos daqueles que lá habitam. Este é o maior tesouro de uma família.

Ela deu um sorriso de canto de boca.

Entraram pela cozinha, onde havia mesa e tamboretes, um fogão e uma estante de metal. Não havia geladeira. O único móvel abrigava toda a despensa da família, além de panelas, pratos e copos. Tudo era muito simples, mas organizado. As prateleiras eram forradas com um pano branco, bem limpo. As panelas de alumínio brilhavam. Os alimentos estavam acondicionados em sacos fechados. Verduras estavam dentro de uma vasilha de plástico e pareciam estar lavadas. Dava gosto de ver.

– O senhor não quer se sentar?

– Sim, claro. A senhora teria um copo d'água para me dar? – perguntou Sandro.

– Tenho, sim, mas é de filtro de barro. O senhor toma?

– Tomo, sim. Também tenho um em casa. A água sai fresquinha, né?

Pegou um copo de alumínio e o serviu.

– E o senhor também quer? – perguntou a dona ao motorista.

– Quero sim.

Logo apareceram três meninos, que pareciam ter entre 4 e 10 anos, curiosos para saber quem estava em casa. Um deles carregava uma menina com menos de 1 ano no colo.

– Meninos, vão ficar lá dentro – ordenou a mãe.

– Não precisa, pode deixá-los aqui, se quiser – disse Sandro.

A senhora sentou-se e, apesar de estar envergonhada de receber seu chefe, justamente em um dia em que havia faltado ao trabalho, tomou coragem e perguntou:

– Em que eu posso ajudar, seu Sandro?

– Vim aqui para entender mais sobre a realidade da senhora e das outras funcionárias da Mabel. Vocês são pessoas importantes para nós porque nos ajudam a fazer a rosquinha e outros biscoitos. Podem acreditar que o carinho e a dedicação com que fazem seu trabalho influenciam no sabor desses alimentos que chegam à mesa de tantos brasileiros.

– Minha realidade é essa que o senhor está vendo. Somos pobres, mas somos honestos, trabalhadores. Às vezes, a gente passa necessidade, mas nunca roubamos nada de ninguém...

– Claro, sei disso. Sua casa é muito bem cuidada. Parabéns!

– Pra falar a verdade pro senhor, eu trabalho por precisão mesmo. O dinheiro que ganho é pra comida. O que o marido ganha não dá para todas as despesas. Minha vontade era ficar aqui com meus filhos, não deixá-los sozinhos...

– Mas eles ficam sozinhos? Por que não os leva pra creche? – perguntou Sandro, espantado.

– Não tem creche por aqui, doutor. Meus dois meninos maiores vão para a escola de tarde e os dois pequenos ficam com a vizinha. Mas hoje ela não está aqui, por isso precisei faltar ao trabalho. O senhor até me perdoe por isso...

Sandro se condoeu por dentro. Como patrão, precisava do funcionário presente. A empresa arcava com salário, alta carga tributária, tinha de ser produtiva, para que o negócio fosse sustentável. Ao mesmo tempo, entendia o dilema daquela senhora. Que difícil escolha: dar comida ou dar companhia aos filhos.

– Compreendo sua dificuldade. Não vim aqui para lhe cobrar nada. Gostaria apenas de entender por que vocês faltam.

– Sabe, seu Sandro, tem colegas em situação muito pior do que a minha. Porque meus meninos são bonzinhos, se eu deixar aqui dentro de casa, os quatro ficam bem comportados. Mas o da vizinha aqui do lado... quando chegam as férias escolares e ela não arruma ninguém para cuidar dele, amarra o menino no pé da cama para ele não fugir. Porque ele fica querendo ir para a rua...

Sandro arregalou os olhos.

– A senhora está brincando comigo?

– Não estou, não, senhor!

– A senhora já viu, já presenciou esta cena?

– Sim, eu já vi com estes olhos que a terra há de comer. Morro de dó do bichinho, mas o que fazer, né?

Quis saber onde ela morava.

– E hoje esse menino está amarrado?

– Não sei, não, senhor. Mas ele mora na rua do lado.

– A senhora pode me levar até lá?

– Mas o que o senhor vai fazer com essa pobre mãe? Ela não tem outra opção, seu Sandro...

Foram juntos até lá. Bateram palma na porta da casa. Uma vez, duas vezes, três vezes.

– Não deve ter ninguém, seu Sandro.

Pingos começavam a cair, atrapalhando o intento. O tempo estava nublado e anunciava chuva. Anotou o nome da mulher e pediria ao setor de recursos humanos da empresa que verificasse essa questão. Despediu-se da funcionária que o recebera.

– Eu agradeço à senhora por todas as informações que me deu.

– Por nada, seu Sandro. Desculpa qualquer coisa.

– Não tem que pedir desculpa. Está tudo certo.

Entrou no carro e voltou para a fábrica calado. Passou o restante do dia alternando as reuniões com momentos de introspecção, não conseguia tirar tanta miséria da cabeça. À noite, ao se deitar, chovia forte, e ele se lembrava dos funcionários. "Será que meu povo está se molhando?", pensou. "Meu povo...", repetiu para si mesmo, e se surpreendeu com esse envolvimento.

Os dias se passaram e ele continuou incomodado. Por mais que uma empresa não tenha responsabilidade direta com as deficiências urbanas, cumpra com seus deveres, contribuindo com impostos para o estado, e ainda ofereça oportunidade para as pessoas, Sandro via que não dava para simplesmente ignorar a vida privada de seus funcionários. Era preciso fazer mais pelas pessoas que o serviam, que o ajudavam a expandir seu grande projeto.

Ligou para o pai em Miami, expôs a situação e uma ideia que tivera: construir um bairro para os funcionários morarem, com escola e creche para os filhos.

– Acho interessante e válido, Sandro, mas e os recursos para isso? De onde virão?

– Vamos começar o projeto com algumas casas e confiar na providência divina... Deus não vai nos deixar na mão em uma causa tão necessária.

Em seu íntimo, Nestore se alegrava com a atitude do filho, sempre tão competitivo e focado nos negócios, mas nem por isso desprovido de humanidade. Todos os valores que um dia foram ensinados estavam se transformando em algo concreto.

– Vá em frente, meu filho. Tem meu apoio.

Sandro contratou um arquiteto para desenvolver o projeto que seria executado em uma área particular da família Scodro, perto da

Mabel. Inicialmente, seriam cinquenta casas com dois quartos, sala, cozinha e varanda. Mas a meta seria chegar a duzentos imóveis. Um prédio para funcionar creche e escola também foi incluído.

Quando o desenho ficou pronto, ele anunciou a novidade aos beneficiários em uma reunião com todos os 3 mil funcionários. Antes do horário do almoço, pediu aos chefes de seção que encerrassem o expediente quinze minutos mais cedo e conduzissem os funcionários ao pátio.

– Caros colaboradores, este projeto é um sonho que tivemos ao conhecer mais de perto a realidade de alguns de vocês. Infelizmente, nem todos possuem moradias apropriadas e, por isso, desejamos contribuir para melhorar essa condição. Acreditamos que vocês merecem, como todo cidadão, viver bem e com dignidade.

Uma grande salva de palmas e urros de comemoração ecoaram no pátio. Em meio à pequena multidão, estava a mulher que Sandro visitara, com os olhos marejados, lembrando-se daquele dia em que o recebera em sua casa, cheia de desconfiança. Agora tinha certeza: o patrão era uma pessoa especial.

Sandro explicou que as casas seriam cedidas para as famílias enquanto estivessem vinculadas à indústria. Elas pagariam o aluguel simbólico de 7% do salário mínimo, já incluído nesse valor o consumo de água tratada. Os interessados deveriam se cadastrar no setor de recursos humanos, que estava orientado a atender prioritariamente os funcionários mais necessitados.

– Antes de encerrar, gostaria de anunciar também o nome desse projeto, que para nós tem significado especial: Fundação Nestore Scodro. Muitos dos senhores já ouviram esse nome. Trata-se de meu pai, um dos fundadores da Mabel. Um italiano de muita garra que apostou suas fichas no Brasil, para onde se mudou em sua juventude, e muito trabalhou para que as rosquinhas chegassem à mesa de todos os brasileiros. No entanto, ele é muito mais do que um empresário empreendedor de sucesso; é um homem de muitos valores, com quem tudo aprendi, até a acreditar em Deus, no trabalho honesto e nas pessoas de bem. Este projeto, para nós, não poderia ter outro nome, pois ele é nosso grande referencial.

Recebeu mais aplausos dos trabalhadores. Muitos não conheciam Nestore Scodro, que diminuíra suas idas a Goiânia após a direção estar sob a batuta de Sandro, e as diminuíra ainda mais depois que fora para Miami. Mas todos admiraram essa bonita história, sobretudo o reconhecimento do filho ao pai.

Assim, a Fundação Nestore Scodro tomou forma. Em alguns meses, as primeiras casas ficaram prontas e não demorou muito para alcançarem a meta. Sandro retirava da receita líquida da empresa, diminuindo o próprio lucro pessoal, os recursos para as obras.

– Com o valor dessas casas, dava para o senhor comprar um avião a jato – comentou, certo dia, um empresário amigo de Sandro, em tom de crítica.

– Eu de avião e meus funcionários na chuva, isso seria um grande contrassenso, não? – respondeu.

Sandro observava que havia outros retornos para o investimento. Além de ser um benefício social, a iniciativa trazia mais satisfação e fidelização do funcionário à empresa, a ponto de a produtividade crescer.

– Nosso lucro cresceu depois que o projeto foi implantado e acho que esta não é uma coincidência – informou.

Seguindo essa linha de pensamento, Sandro desenvolveu outras medidas que trouxeram mais bem-estar a seus colaboradores. A fábrica ganhou o durmódromo para o funcionário tirar um cochilo no período do almoço, e assim restabelecer as energias para o segundo turno de trabalho e para ir à escola à noite. O refeitório foi ampliado e até um espaço ecumênico para momentos de espiritualidade a fábrica ganhou.

Contrário ao usual costume dos recursos humanos na época, de não contratar parentes, Sandro incentivava que os filhos dos funcionários trabalhassem na fábrica. Priorizava-os na contratação de menores aprendizes e dava-lhes formação para que permanecessem por lá. Tornava, assim, a Mabel o seu segundo lar, um lugar que provia o sustento e o crescimento da família, que remetia à segurança e ao bem-estar. Quem ia querer sair de uma empresa assim?

Em paralelo, Sandro também promovia um espaço permanente de aprendizagem. Funcionários especializados em uma área davam cursos para os de outra, socializando seu conhecimento. Quando um funcionário fazia um curso fora, tornava-se multiplicador entre os colegas, que acabaram batizando esse hábito de Universidade do Biscoito. Havia programas de crescimento profissional.

Tempos depois de criar a fundação, Sandro desenvolveu uma solução definitiva para a questão da habitação de seus funcionários. É que o tempo máximo de ocupação das casas seria de cinco anos, justamente para não criar uma situação de acomodação. Mas e depois? O que fazer para que o funcionário não retornasse para uma situação de vulnerabilidade?

Dentro da empresa, ele era incentivado a construir a sua casa. O lote, o próprio funcionário comprava com o dinheiro economizado com o aluguel. Os materiais de construção eram financiados parte pela Mabel e parte pela Caixa Econômica Federal. A mão de obra seria obtida em regime de mutirão, com parceria da prefeitura.

Não demorou muito para que Sandro começasse a ser convidado a dar palestras, até em faculdades de administração, interessadas que os alunos conhecessem os resultados de aplicação de medidas de valorização de pessoas. Sandro atendia aos convites e dizia:

– Há empresários que pensam que, quando o funcionário é instruído, ele vai embora. Um desdobramento de práticas coronelistas da Velha República, em que se acreditava que manter as pessoas ignorantes era a melhor forma de dominá-las. Eu sempre pensei diferente: temos de ter a capacidade de fixar as pessoas, de encantá-las de forma a desejarem permanecer conosco. Isso inclui suprir suas necessidades. Nossa filosofia é contribuir para seu crescimento e obter naturalmente o reconhecimento por isso. Quando as pessoas reconhecem que estamos mudando a vida delas, a tendência é que elas permaneçam na empresa e se dediquem ainda mais à organização que cuidou delas. Vivemos um período de inflação e dificuldades econômicas, mas a Mabel continua crescendo. Em parte por nossas estratégias de negócios, em parte pelos funcionários fiéis, dos quais aprendi a cuidar, sobretudo a partir do exemplo que tive em casa.

Quando Sandro começara a trabalhar na Mabel, era apenas o filho de Nestore, um jovem que chegava a um empreendimento construído por seus progenitores. Mas naquele momento, em pleno desenvolvimento de sua vida empresarial, com o afastamento de seu pai dos negócios no Brasil, ele passou a ser a referência principal, sobretudo em Goiânia. Nestore havia se tornado apenas o pai de Sandro e, para alguns, passara a ser uma figura lendária.

Certa vez em que veio à indústria em Goiânia, foi conhecer a Fundação Nestore Scodro, da qual ele só tinha ouvido falar. Ao ser apresentado à assistente social da organização, a mulher não conteve sua surpresa.

- Nossa! Ele existe! Ele existe mesmo! - E riu, um pouco envergonhada de não conter sua espontaneidade e tomar tal liberdade.

- Desculpe-me pela brincadeira, senhor Nestore, é que sempre escutamos falar tanto do senhor, mas nunca tivemos a oportunidade de conhecê-lo. É um grande prazer.

- O prazer é meu. Não precisa se desculpar - respondeu.

Nestore, na verdade, sentia-se realizado em perceber o desenvolvimento de seus filhos nos negócios. Sua presença não era mais necessária para a Mabel continuar a trilhar seu caminho. Era a comprovação de que sua decisão de sair de cena fora acertada.

Sandro, por sua vez, jamais se esquecia de homenagear o pai que tanto admirava, fazendo perpetuar suas referências e seu legado, que agora repercutiam nas condutas da segunda geração.

CAPÍTULO 20

JUNTOS NOVAMENTE

O ESFORÇO E A DEDICAÇÃO DE QUASE UM ANO para desenvolver uma extrusora para a fabricação do Skiny renderia outro benefício a Nestore: a exclusividade. O maquinário era cheio de especificidades, assim como seu manuseio. Qualquer modificação em sua regulagem alterava o produto final. No Brasil, nenhum concorrente havia conseguido copiar o *snack* com sucesso, embora muitos tivessem tentado.

Nos Estados Unidos, era chegada a hora de tirar proveito dessa vantagem. A ideia era apresentar o *snack low fat* – salgadinho com baixo teor de gordura – aos norte-americanos e, de lá, para o mundo. Enquanto os produtos oferecidos pelas indústrias norte-americanas continham em média 30% de teor de gordura, o Skiny tinha cerca de 8%.

Ao introduzi-lo no mercado americano, Nestore também dava um passo para levá-lo para o mundo. Afinal, o *snack* era um alimento que fazia parte da cultura americana, e isso repercutia positivamente na percepção de outros países. Sem falar que, só pelo fato de os Estados Unidos serem uma potência, tudo o que saía de lá era valorizado.

Lá, sua escrita voltaria à forma original da palavra, com dois "enes": Skinny. No Brasil, uma letra fora suprimida para se adaptar melhor ao vocabulário brasileiro.

Nestore convidou uma executiva de alta performance para auxiliá-lo em seu ambicioso plano: Diane Huth, americana que fora gerente de marketing da Johnson & Johnson no Brasil e fora indicada por outro industrial. O marido dela, Marvin Huth, também havia morado no Brasil e fora gerente industrial na Goodyear. Os dois estavam de volta aos Estados Unidos e foram, então, convidados por Nestore para participar do projeto. Tornou o casal seu parceiro nos negócios.

Fundou uma fábrica em Miami e, mais tarde, para ampliar a produção, Nestore optou por terceirizar a produção a indústrias de *snacks* que já tinham parte do equipamento necessário. A Skinny fornecia apenas a extrusora. O restante do maquinário, como fornos, tanques rotatórios de espargimento de gordura e de aromas e balanças empacotadoras, adaptava-se perfeitamente à fabricação do Skinny.

Assim, em pouco tempo, três fábricas, localizadas na Pensilvânia, no Texas e na Califórnia, começaram a fabricar o produto e espalharam as conchinhas por todo o país. O escritório central, localizado em Fort Myer, na Flórida, encarregava-se de direcionar os pedidos para as diferentes fábricas. De lá, os pedidos seguiam para os distribuidores. Em três anos, o Skinny passou a ser o terceiro *corn chip* mais vendido no continente dos norte-americanos.

Posteriormente, iniciou-se o processo de licenciamento da fabricação do Skinny em países fora dos Estados Unidos. Nestore não tinha interesse em instalar indústrias filiais, pois o processo demandava grande energia e investimentos; preferiu levar a marca de outro modo: fornecendo a extrusora que havia desenvolvido para a fabricação do *snack*, mediante o pagamento de royalties.

Começou pela Irlanda do Norte. O diretor de uma grande fábrica de batatas fritas irlandesa, a Tayto, conheceu o Skinny em uma feira mundial de produtos alimentícios, realizada nos Estados Unidos, da qual Nestore e Diane participaram. Interessou-se pelo produto e as negociações avançaram até que o diretor optou por levar o Skinny para seu país.

Depois de tudo acertado, porém, um detalhe mereceu a atenção de Nestore e da indústria irlandesa: em uma das reuniões de trabalho, o CEO de marketing da Tayto ponderou que o *snack* não poderia se chamar Skinny na Irlanda do Norte.

– Mas por quê? – questionou Nestore.

– Temos um desenho animado muito famoso em nosso país cuja personagem principal é uma velhinha magra e doentia. O nome dela é Skinny.

Fato relevante. Insistir com um nome cuja percepção popular era essa poderia "matar" o produto, que tinha como ponto forte suas características saudáveis. Não dava para desconsiderar a cultura local.

O produto, então, recebeu outro nome: Whisps.

Ao final de cada dia, Nestore chegava satisfeito em sua nova casa. Estava totalmente adaptado à sua nova rotina, movimentada por projetos, mesmo estando em terra diferente, com outra cultura.

– Nestore, você não para nunca, mesmo! – disse Luiza divertindo-se com a inquietude produtiva do marido.

A esposa orgulhava-se da resiliência de Nestore, que mantinha sempre seus valores e sua conduta, independentemente das mudanças que a vida lhe apresentava. Firme em seus propósitos, o importante para ele era permanecer ativo.

Nestore tornou-se também um aliado dos filhos no processo de exportação dos produtos da Mabel para os Estados Unidos, um mercado fechado e extremamente rigoroso quanto a sua normatização. Antes mesmo de ele se mudar, já havia iniciado algumas negociações. Entretanto, com sua presença no país, era mais fácil marcar reuniões e absorver melhor a cultura americana aplicada aos negócios.

E não era nada fácil penetrar no mercado dos americanos. Desde que chegara ao país, estava trilhando um árduo caminho para chegar aos distribuidores e conquistar esse espaço. Reviveu, de certa forma, os primeiros anos da Mabel no Brasil, quando percorrera as cidades do entorno de Mococa em busca de clientes.

Em terra nova, as rosquinhas, mesmo sendo extremamente populares no Brasil, eram ilustres desconhecidas para os norte-americanos. O waffer, outro produto da Mabel, não era de grande consumo nos Estados Unidos. Para conseguir o espaço na rede de hipermercados, muitas visitas, degustações e negociações aconteceram. Entre as várias exigências, havia uma em especial: as gôndolas jamais poderiam ficar vazias. Se isso acontecesse, o produto perderia o espaço dentro do supermercado, sem justificativas ou pedido de reconsideração.

Sob a ótica da engenharia do consumo, uma gôndola vazia significava perda de vendas. Se o consumidor tivesse a intenção de comprar o produto em questão e, chegando ao supermercado, não o encontrasse, sairia sem o produto e frustrado com o estabelecimento. Além de empurrarem-no para comprar na concorrência, poderiam perder sua satisfação.

- Estas são as regras. O senhor concorda?

- Sim, claro! - respondeu Nestore

Certa vez, Nestore aguardava ansioso uma remessa de waffers e rosquinhas que seria enviada para uma rede de hipermercados. Havia sido informado pela administração de que os estoques já estavam baixos e havia risco de não haver produtos para abastecer as gôndolas. O contêiner já havia chegado de navio a Miami, e os agentes da US Food and Drug Administration (FDA) recolheram a amostragem. Nestore levou a mercadoria e a armazenou em um galpão, enquanto aguardava o parecer técnico que é feito quando o produto chega ao país em um prazo de setenta e duas horas. Nesse período, não há autorização para comercialização.

Três dias depois, Nestore recebeu o comunicado por escrito: os pacotes não foram liberados para comercialização porque estavam vencidos. Ao ler a mensagem, o sangue esfriou em seu corpo. Não acreditava no que estava vendo. Alguma coisa deveria estar errada. Foi imediatamente até a FDA para entender a questão.

- Como assim vencidos? Temos um padrão de qualidade em nossa produção industrial e isso jamais aconteceria, posso assegurar - argumentava Nestore a um dos fiscais.

- Está escrito na própria embalagem, o senhor não viu?

Pegou um pacote e indicou a Nestore a data de validade. Quando percebeu o que estava acontecendo, quase não acreditou. Na verdade, ela fora impressa ao modo brasileiro, em que se usa a ordem de dia, mês e ano. Enquanto, nos Estados Unidos, a ordem usual é de mês, dia e ano.

– Deixe-me explicar ao senhor: os biscoitos não estão vencidos. Na verdade, essa data de validade foi impressa ao modo brasileiro, é só isso.

– Senhor Scodro, o idioma oficial dos americanos é o inglês, então seguimos as regras da nossa língua. Seu setor de qualidade deveria ter levado isso em consideração antes de liberar a impressão dessa embalagem.

O fiscal chamou o próximo da fila. Não havia mais o que argumentar. Nos Estados Unidos é assim: não existe exceção quando uma regra é descumprida.

Ligou para Sandro para contar o ocorrido.

– Com o americano, pau é pau, pedra é pedra. Precisamos ficar mais atentos aos mínimos detalhes se quisermos exportar para cá – disse.

Mandou os biscoitos de volta ao Brasil. O prejuízo fora enorme. Despesa com navio, contêineres, embalagens impressas em inglês, tudo por causa de uma impressão errada. Chegando ao Brasil, teria ainda o desperdício da embalagem, que teria de ser trocada por uma nova, escrita em português. E, ainda, uma despesa adicional: o envio urgente de uma carga de biscoitos de avião, muito mais cara, para suprir a rede de hipermercados antes que a gôndola esvaziasse.

Desta vez, Nestore pediu aos céus que os biscoitos não fossem vendidos...

Passaram-se dias com ele tenso pelo ocorrido, dizendo para si mesmo que ia largar mão de mexer com isso. Mas ele sempre se reanimava, especialmente quando percebia o quanto as rosquinhas eram adoradas.

Jamais se esqueceu de uma carta que recebeu de uma brasileira, enviada para seu endereço de importador da Mabel, que era impresso na embalagem. Na correspondência, a moça relatava que há anos vivia naquele país e muito se alegrou quando se deparou com as rosquinhas nos supermercados norte-americanos.

"Ela fez parte da minha infância, das tardes em que passava com a minha vó. Ela preparava o lanche, do qual a rosquinha fazia parte. Quando sinto seu sabor, consigo fechar os olhos e sentir seu abraço...", escrevera.

A moça não se contentou em narrar história tão singela, enviou junto uma fotografia tirada em um destes momentos, guardada carinhosamente por ela durante todos aqueles anos. A imagem mostrava ela com a avó, sentadas à mesa de uma copa. A mesa estava servida com um lanche, do qual fazia parte o pacote de rosquinhas Mabel.

Essa era a dimensão que a rosquinha havia tomado, a importância que ela havia ganhado no cotidiano das pessoas. Fazer parte disto era muito especial, considerava Nestore, que, diante de manifestações como esta, renovava suas energias para levar as rosquinhas ao país cujas regras eram tão rígidas, mas que, no fundo, empurravam a indústria para avançar ainda mais em seu padrão de qualidade.

Outra conquista de Nestore foi apresentar aos americanos os waffers, que não eram tão disseminados entre eles, abrindo espaço até para outras fábricas brasileiras. Estes eram os novos horizontes que a vida nos Estados Unidos abria à Mabel. E o país, que se tornou a nova pátria do italiano depois de viver por 40 anos no Brasil, também lhe abria outras possibilidades: a boa e agradável convivência com Udelio, ainda que estivesse a milhares de quilômetros de distância dele.

Nessa etapa da vida, ele aprendeu a separar mais tempo para o lazer e a convivência com pessoas queridas. Um de seus principais prazeres era percorrer o país por diferentes roteiros e descobrir inesperados e belos lugares. Por repetidas vezes, Udelio e Marlene foram recebidos por Nestore e Luiza em Miami para, de lá, viajarem juntos.

Iniciava-se entre os irmãos um novo momento de convivência, em que desfrutavam unicamente da companhia um do outro. Embora fossem sempre muito próximos, os últimos anos pelos quais passaram juntos no Brasil foram mais dedicados ao labor. As dificuldades e também as vitórias de seu empreendimento juntos, a Mabel, acabavam dominando as conversas de ambos.

Nesse novo momento, o que mais interessava eram os roteiros montados por Nestore. Gostavam de ver paisagens, e não poderiam deixar de contemplar juntos o Grand Canyon e se divertir em Las Vegas. Em outro momento, viajaram de carro rumo ao México. Inverteram o rumo no encontro seguinte: voaram até Nova York e, de lá, subiram até o Canadá de carro.

Durante as viagens, Udelio se admirava com a eloquência do irmão em falar inglês. Apesar de estar constantemente em outros países, ele ficava embaraçado em conversar em outra língua e, quando estava com Nestore, elegia-o automaticamente para ser seu porta-voz.

– Pago um milhão de dólares para aprender a falar inglês. Que coisa difícil – disse, certa vez.

– Não precisa disso tudo, o curso não é tão caro – respondeu Nestore.

– Ah, nem tenho tempo para isso! E você aprendeu porque está vivendo aqui. Aliás, não é nem por isso, é porque não consegue ficar calado, tem sempre de conversar com alguém – devolveu.

– Então faça como eu, converse! O garçom vai chegar e você vai fazer nosso pedido – provocou Nestore.

– Eu não! Vou passar vergonha com a pronúncia...

Quando o garçom se aproximou, Nestore ficou calado por alguns segundos, olhando o irmão com cara de maroto. Mas resolveu tirar o irmão do apuro e fez o pedido.

– Cara pálida, você daria conta, larga de ser tolo – brincou com Udelio.

Udelio riu. Afinal, eles não se levavam a sério nessas horas. Estavam ali simplesmente para se divertir, com ou sem proficiência no inglês. O importante era a oportunidade do encontro.

Eram momentos em que resgatavam os tempos de juventude, quando passeavam aos fins de semana por São Paulo e cidades vizinhas. O tempo havia passado. As emoções da maturidade eram diferentes, mas a alegria era a mesma. Divertiam-se como meninos ao lado das esposas.

Enquanto isso, no Brasil, Sandro e Sérgio davam a cara e o jeito da segunda geração à Mabel. Cada um dos irmãos tinha uma fábrica para administrar e ali aplicar suas habilidades. Vivenciaram a rotina e os problemas da indústria e tiveram, sobre seus ombros, o peso da decisão, arcando com a responsabilidade por seus efeitos. Provaram sua capacidade para si mesmos - e para o mundo. E o mais importante: ganharam experiência.

Foi uma dinâmica interessante que gerou neles o desenvolvimento do espírito de liderança, garantindo a consistência da primeira expansão da Mabel - para Goiânia e Rio de Janeiro. Fora esta, até, a motivação inicial da separação da sociedade entre Udelio e Nestore, que precisavam de "braços" confiáveis para as novas unidades que fundavam.

E a semente plantada produziu mais frutos. Ainda nos anos 1990, Sandro e Sérgio inauguraram mais duas fábricas, uma na cidade de Araquari, no estado de Santa Catarina, e outra em Aracaju, capital de Sergipe. Cláudio, filho de Udelio, também estava desenvolvendo projetos expansionistas e inaugurara fábrica no município de Três Lagoas, em Mato Grosso.

Com o passar do tempo, os irmãos sucessores enxergavam que o momento exigia uma nova postura. Eles estavam em processo de abertura da quarta unidade, era impossível que eles acompanhassem de perto a rotina de cada uma.

Em vez de cada um cuidar de seu quinhão, entenderam os sucessores de Nestore que era hora de unir suas fortalezas. A grande concorrência do mercado carioca foi o pontapé que os levou a chegar a essa conclusão.

- Sandro, precisamos conseguir aumentar nossa participação no mercado. Mas está complicado concorrer com as marcas mais tradicionais daqui - alertou Sérgio.

A habilidade comercial de Sandro era notória, enquanto o forte de Sérgio era a administração. Por isso, não hesitou em chamar o irmão quando percebeu que precisava de ajuda. Entre eles, não existia vaidade ou competitividade. Se a mudança era importante para o equilíbrio do negócio, não era vista como problema. Mais um valor absorvido em casa, o espírito prático do pai.

Sérgio passou a fazer o *back office* de Sandro. Afinal, sempre após um acordo comercial firmado, era necessário formalizá-lo adequadamente, o que exigia atenção apurada para detalhes e *timing*, algo que ele dominava com maestria. Sandro dava a arrancada, Sérgio conduzia os processos, para que eles fossem concluídos conforme o idealizado. Em comum acordo, unificaram então os irmãos a gestão das unidades que lhes pertenciam. Sandro passou a ser o presidente do grupo. Novamente se formava uma parceria entre irmãos na família Scodro; desta vez na segunda geração.

Enquanto no passado a preocupação de Nestore e Udelio era ter um gestor capaz e confiável para gerir as unidades que estavam longe de seus olhos, o novo momento exigia de Sandro um olhar mais holístico para o universo corporativo. Era preciso se adequar à globalização da economia que acontecia a partir dos anos 1990, contexto em que os grandes grupos levavam vantagem em relação às oportunidades do mercado nacional e internacional.

Não bastava mais apenas olhar para o próprio umbigo, ou seja, dedicar dias e noites apenas para os processos internos, para a própria rotina. Propôs a Sérgio a entrada de um banco de investimento no negócio, que traria um olhar corporativo sintonizado com as tendências mundiais.

A Mabel já exportava para 26 países. Era importante, sim, aprimorar os processos de produção e gestão para manter e ampliar esses mercados. Mas era preciso, também, estar sintonizado com o que acontecia fora da indústria. As mudanças aconteciam em velocidade cada vez maior.

Aproximaram-se então do Fundo de Investimentos Icatu, empresa dedicada exclusivamente à gestão de recursos privados. O interesse desse fundo de investimentos era colocar dinheiro no negócio com bom potencial de crescimento para, algum tempo depois, vender as ações e lucrar com a operação.

À medida que colocavam recursos no negócio, cobravam organização de processos, cumprimento de metas, profissionalização de gestão. Nesse bojo, traziam também as novidades e tendências de mercado.

Em 1999, venderam 10% das ações para o fundo, que, contratualmente, passaria a ter o direito de, a cada cinco anos, oferecê-las ao mercado. A ideia de Sandro era aproveitar esse momento para recomprar as ações no momento em que julgasse não ser mais importante para o negócio a interveniência do fundo. Sandro resumiu o espírito dessa parceria:

– Eles serão o nosso farol.

Atirou no que viu e acertou no que não viu: a possibilidade de a Mabel voltar a ser um grupo único.

Mesmo com a separação dos negócios, existia um bom relacionamento entre Sandro, Sérgio, Udelio e Cláudio. As indústrias tinham administrações independentes, mas a marca era compartilhada, o que mantinha o elo entre eles. Qualquer erro de gestão da parte de um gerava prejuízos à imagem da marca, prejudicando a todos. Afinal, o consumidor não distinguia de onde vinha o produto, se era proveniente das fábricas de uma ou de outra ala da família.

Foi com esse espírito que Sandro e Sérgio comentaram com o tio e com o primo sobre a entrada do Icatu em suas fábricas, estimulando-os a fazer o mesmo. Udelio e Cláudio acabaram vendendo dez por cento de suas ações ao fundo de investimento, que passou a atuar como um consultor e um intermediário entre as duas alas da Mabel.

Logo depois de conhecerem melhor a história da Mabel, a fusão do negócio foi a recomendação do Icatu às duas famílias, seguindo a própria tendência de mercado. Grandes grupos estavam não só crescendo, como também adquirindo outras empresas, para, assim, ter solidez e domínio. Se a Mabel quisesse continuar conquistando o mundo, era hora de rever a questão da ruptura.

A implantação de mecanismos de governança corporativa seria o caminho prático para garantir uma gestão independente para a marca. Desenvolvido para as empresas familiares, esse modelo ganhava força no Brasil justamente naquele momento em que o país passava por privatizações e abertura do mercado nacional para as exportações.

Na prática, trazia para a companhia a figura do presidente profissional como forma de blindá-la das interferências de ordem familiar no dia a dia do negócio, que se tornam comuns especialmente quando chegam os sucessores - conflito de interesses e falta de vocação do herdeiro são alguns fatores que podem afetar o negócio.

A gestão profissional isenta dos interesses garantiria a perenidade da marca, assim como a manutenção de seus valores. Nessa configuração, a família e os acionistas passariam a atuar por meio do Conselho de Administração, que dava diretrizes ao presidente profissional.

Esta era a recomendação, mas era sabido que uma mudança tão profunda assim não aconteceria do dia para a noite. Mais de 16 anos já se haviam passado desde a ruptura do negócio e uni-lo novamente implicava reflexão, análise e amadurecimento.

Além das intervenções pontuais do Icatu em cada uma das indústrias, reuniões com os acionistas dos dois lados tornaram-se mais frequentes para que fossem definidas ações em comum, em benefício da marca. Devagar, era preciso ganhar a confiança de todos no processo, por meio de pequenas ações conjuntas que não provocassem mudanças extremas.

Por isso, uma das primeiras medidas práticas foi a unificação do processo da compra de farinha e outros insumos. A negociação única geraria apenas benefícios, já que, por ser em maior quantidade, resultaria em melhor preço. Não tirava nenhuma das partes da zona de conforto.

Como a iniciativa dera certo, o passo seguinte foi aplicar o mesmo princípio para outros insumos. Depois, em um segundo momento, passaram a unificar as embalagens. Além do menor custo final, também eliminaria qualquer discrepância em seu layout.

Aos poucos, o flerte tornava-se um namoro e, ao final de dois anos, com sérias intenções. Todos já haviam se convencido da necessidade e das vantagens da fusão. As discussões giravam em torno do percentual de cada parte da sociedade, de acordo com o crescimento e o faturamento que cada um obteve nos últimos anos. Não era tão discrepante, coisa de dois ou três pontos percentuais para um lado ou para o outro.

Em 12 de janeiro de 2001, Udelio e Cláudio, com outros três diretores, foram até Goiânia para reunir-se com Sérgio, Sandro e representantes do Icatu. Nesse dia, o grupo bateu o martelo: a fusão aconteceria.

Era uma sexta-feira. O clima de comemoração contagiou o semblante de todos. Dessa vez, a semana terminava com a conclusão de um longo processo de amadurecimento, que mudaria o rumo da Mabel mais uma vez. Para o Icatu, era o ponto de partida para uma nova era de crescimento. Para as famílias, havia um ingrediente a mais. Embora não houvesse nenhuma briga, significava também um resgate.

- Merecemos um brinde - sugeriu Udelio!

- Realmente! Mas vamos comemorar depois porque meu voo para o Rio de Janeiro é daqui a duas horas - respondeu Sérgio.

- Nosso pai vai querer participar - emendou Sandro.

Foram juntos para o aeroporto. Sérgio dirigiu-se para o *check in* comercial; Udelio, Claúdio e seus diretores seguiram para sua aeronave particular.

CAPÍTULO 21

CATÁSTROFE

EM MIAMI, NESTORE ENCERRAVA UMA SEMANA tranquila de trabalho. Estava sozinho, pois Luiza já estava no Brasil, em contagem regressiva para o casamento da neta, Camila. Aceitou, então, o convite do amigo Cesare e foi jantar em sua casa. Eram vizinhos, mas conheceram-se antes de se mudarem para perto um do outro. Foram apresentados em uma recepção na casa de outro amigo em comum.

Mais tarde, acabaram se tornando até sócios. Abriram juntos uma financeira e uma empresa de representação de equipamentos voltados para edição e impressão de livros. A relação foi além dos negócios.

Houve grande empatia. Cesare era um italiano do norte, como Nestore. Era casado com Vivian, uma alemã, e viviam nos Estados Unidos desde 1999. Dois cidadãos do mundo, com a mesma origem.

Entendiam-se até nas atitudes racionais e pragmáticas que faziam parte de sua origem. Desenvolveram grande afinidade, relevavam as manias um do outro, e os desentendimentos ficavam sempre para trás.

Houve uma vez, após uma discussão boba entre eles, que Cesare chegou a retirar o porta-retrato com a foto de Nestore da parede do escritório. Somente quando passou a raiva, dias depois, a fotografia voltou para o lugar.

Nestore ria da infantilidade do amigo:

– Você é uma besta quadrada mesmo! Tem cabelo branco, mas não cresceu!

Como a raiva já tinha passado, Cesare ria, admitindo que era mesmo emburrado.

Certo dia, Cesare comentou com o amigo que havia comprado um belíssimo apartamento em Miami Beach, de frente para o mar. Passou horas descrevendo o prédio, a vizinhança, a área de lazer, os recursos de automação e tudo de bom que seu imóvel possuía.

– Você precisa conhecer, esse edifício é diferente de tudo o que já tive – dizia.

Falou tanto que Nestore resolveu ir conferir o empreendimento, mas sem avisar ao amigo. Dias depois, perguntou a Cesare:

– Qual é mesmo o andar em que você vai morar no prédio em que comprou apartamento?

– No 21º – respondeu.

– Baixo o andar, hein? – desdenhou de propósito.

– Que nada, tenho uma vista maravilhosa! Você precisar ver.

– Eu vi.

– Ué! Você foi lá? Vivian não me falou nada...

– Eu fui ao prédio, mas não a seu apartamento.

– Foi lá para quê?

– Fui comprar o meu!

O amigo ficou surpreso: – Mas que coisa boa! Vamos ser vizinhos!

– Qual é o seu andar?

– Vigésimo quinto. Lá a vista é bem mais bonita que a do 21º! – alfinetou, só para provocar o amigo.

– Mas que belo contador de vantagem!

Cesare já começava a apelar. E Nestore ria! Arriscava perder o amigo, mas não perdia a piada.

Depois que se tornaram vizinhos, frequentavam mais a casa um do outro. Até os filhos, quando procuravam pelos pais e não os encontravam, sabiam que estariam um na companhia do outro no outro apartamento.

Naquela sexta-feira, 21 de janeiro, Cesare havia convidado Nestore para jantar em sua casa. Sabia que Luiza não estava em casa e, então, ofereceu companhia para o amigo, que aceitou de imediato o convite.

Conversavam amenidades ocorridas na semana quando o telefone tocou. Era Sandro.

- Olá, meu querido! Seu pai está aqui, sim - respondeu Cesare ao telefone, cheio de entusiasmo.

Nestore já previa a ligação do filho. Estava ciente de que Udelio, os filhos e os diretores do Icatu estavam reunidos em Goiânia e que estava para receber a boa notícia. Já fazia tempo que as negociações para a fusão da Mabel estavam se desenrolando, e seria bem possível que Sandro e Sérgio ligassem mais tarde para o pai com novidades.

Notou que o amigo foi baixando o tom de voz, o semblante foi se fechando. Até que ele veio à sala de jantar com o telefone sem fio, sério; pressentira que algo estava errado.

- Nestore, é o Sandro, seu filho - disse, entregando o aparelho.

- Oi, Sandro...

- Pai, é melhor o senhor vir para o Brasil.

- Por que, filho?

- Pai, acabou de acontecer uma tragédia aqui, um acidente com o avião do tio. Estavam ele, Cláudio e outros três diretores, voltando para Ribeirão Preto, após a reunião de Goiânia. Todos faleceram, pai!

A notícia era trágica demais para ser comunicada, mas não havia outra forma de dizê-la, senão de forma direta. Sem eufemismos.

- Meu Deus, que tragédia!

Desligou o telefone atônito. Baixou a cabeça, colocando a mão na fronte. Que pancada...

- O Sandro te falou? - perguntou a Cesare.

- Sim. Eu sinto muito, amigo.

Cesare abraçou Nestore, oferecendo-lhe conforto.

- Como eu posso ajudar?

- Eu vou para o Brasil agora.

- Quer que eu vá com você?

- Não precisa, Cesare...

- Pelo menos ao aeroporto, faço questão de te levar.

Foi em casa, pegou uma maleta e seguiu imediatamente para o aeroporto. Pegou o primeiro voo para o Brasil. Enquanto voava, refletia sobre como a vida é fugaz. Como uma situação se altera de uma hora para outra? Todos estavam tão eufóricos, na expectativa do retorno da união da família aos negócios... E agora acontecia tamanha tragédia...

No dia seguinte, pela manhã, aterrissou no aeroporto de Viracopos, em Campinas. Ao caminhar apressadamente pela zona de desembarque, diminuiu os passos ao se deparar com uma loja onde estavam dependurados os jornais: a morte de Udelio e Cláudio era manchete. Lamentável.

Sérgio e Luiza já o esperavam no saguão. Vinham do Rio de Janeiro e estavam à espera de Nestore para irem juntos para Ribeirão Preto. Abraçaram-se, emocionados, e seguiram em viagem de carro. Sérgio jamais vira o pai com semblante tão triste.

Ligaram o rádio e, novamente, o acidente era notícia; tanto por ser chocante quanto pela notoriedade de Udelio e Cláudio, chamava a atenção da imprensa. Afinal, eram grandes empresários, representavam uma marca querida pelos brasileiros e importante para a economia. Udelio e Cláudio preparavam naquele momento a inauguração de mais uma unidade industrial em Sergipe.

Ainda não se sabiam as causas, se mecânicas ou falha humana. Sérgio repassava as poucas informações de bastidores a que teve acesso acerca das condições do avião, cujas revisões técnicas estavam rigorosamente em dia, ou das condições do tempo.

O radialista informava: "A aeronave encontrou em rota condições meteorológicas adversas e, quando sobrevoava o município de Água Comprida, a 15 quilômetros de Uberaba, em Minas Gerais, caiu...".

Resolveram seguir viagem sem a companhia do rádio. As explicações só faziam sangrar ainda mais a ferida abruptamente aberta no coração da família. E nada podia ser feito.

Nestore observava a estrada e a paisagem em movimento, mas seu olhar estava perdido. Seu espírito estava contrito. Perdia, mais do que um irmão consanguíneo, um grande amigo e um parceiro que assim se revelara diante de tantas situações da vida: desde a infância, na ausência do pai, tornara-se sua referência.

Seu irmão fora seu amparo quando decidira sair da Itália para viver no Brasil. Conseguira uma carta de chamada da empresa na qual trabalhava em São Paulo - a Útil - para que Nestore conseguisse entrar no país. Ao desembarcar na nova pátria, recebera ajuda do irmão nas necessidades mais básicas, quando chegara sem conhecer ninguém, sem saber se comunicar em português, o irmão estava a seu lado; sempre o incluíra em seus projetos, convidando-o até para participar da sociedade que idealizou com os amigos para fundar a fábrica de fornos em Juiz de Fora - e esta foi a semente do sonho que construíram juntos, a Mabel.

Sempre foram tão companheiros, tão cúmplices, e nutriam admiração mútua. Enquanto Nestore se sentia seguro com a tutela do irmão, Udelio admirava a leveza e o carisma do caçula. Nos últimos anos, viviam tão distantes geograficamente, mas tão próximos do coração um do outro. Não podia terminar assim...

Lembrava-se de que compraram o primeiro avião juntos, para a Mabel, quando a necessidade de viajar para outros estados aumentou com a abertura da fábrica em Goiânia, com as reuniões em Brasília, para participar das licitações da merenda escolar. Era um monomotor Piper Arrow para quatro ocupantes que, posteriormente, fora substituído por um bimotor Seneca 2, para seis passageiros.

Nestore não se empolgava muito com a aeronave, era apenas mais um meio de transporte. Com seu irmão, no entanto, era diferente. Udelio era fascinado por aviões. Não perdeu tempo para aprender logo a voar. Separou horário em sua agenda para fazer uma extensa bateria de exames e obter o Certificado de Capacidade Física, primeiro passo para tirar o brevê. Depois preparou-se sem grandes dificuldades para fazer a prova da Agência Nacional de Aviação Civil.

Mergulhou nos livros de navegação, meteorologia, teoria do voo, tráfego aéreo, aerodinâmica e de outros conhecimentos técnicos. As aulas práticas foram uma verdadeira diversão para ele.

Depois que conseguira autorização, sempre dava passeios nos fins de semana. Certa manhã, colocara a família inteira no avião e fora parar na Bahia, para uma visita surpresa aos sogros. Não demorara para comprar a própria aeronave, que era guardada em sua fazenda com pista de pouso particular. Passava tardes e mais tardes fazendo toques e arremetidas, ou seja, decolava, dava uma volta no ar, descia para o solo e, ao tocá-lo, subia novamente. Era como um brinquedinho. "Pelo menos, despediu-se da vida fazendo algo de que gostava", divagava Nestore, que não nutria a mesma fascinação por voar.

Chegaram à igreja do bairro Sumaré. Carros estacionados por toda a volta. Estavam sendo velados todos, além de pai e filho, os diretores da Mabel, Ricardo Chabud e Antônio Vieira, o gerente industrial Hector Arcádio Lopes e o piloto Orládio Domingues.

Ao entrar no salão da igreja, Nestore deparou-se com a cena mais deprimente que já tinha visto até aquele momento. Seis caixões lacrados e só tristeza ao derredor. O choro se intercalava com o silêncio inconformado. Olhares marejados, inchados, desconsolados, outros assustados. Todos indignados, que pareciam perguntar ao destino: por quê? Funcionários da fábrica, parentes, amigos e autoridades estavam presentes. Marlene recebia o amparo das filhas pela dupla perda e, todas, juntas, tentavam dar o amparo necessário também à esposa e às filhas de Cláudio.

Nestore olhava para os caixões e sentia aquela despedida de forma muito mais traumática do que a da própria mãe, que partira em 1997. Dona Anna vivera longevos 97 anos e morrera de velhice, não fora acometida por doenças, sofrimento ou precocidade. O irmão e o sobrinho, porém, tão novos e cheios de saúde, estavam indo embora tão abruptamente... Inconcebível, na cabeça de Nestore.

Mas era a imposição da vida, para quem a morte não pede licença.

Nestore encontrou-se com muitos amigos ribeirão-pretanos que conheciam a amizade entre os irmãos e vieram lhe prestar condolências e solidariedade. Recebia e agradecia todo aquele afeto e aquelas boas vibrações, mas elas eram pequenas demais para aplacar tamanha perda. Sentia-se órfão, triste e, acima de tudo, impotente. Só queria que tudo aquilo terminasse logo, na esperança de o fim daquela cena tão deprimente também dar fim a seu sofrimento.

Após o sepultamento, foi embora para o Rio de Janeiro com Sérgio, e voltou somente para a missa de sétimo dia. Daquele momento em diante, não teve mais vontade de retornar a Ribeirão Preto. No fundo, uma fuga, pois seria impossível estar na cidade sem revisitar essas memórias tristes.

Preferia alimentar sua mente com recordações mais felizes. Lembrar-se dos anos de convivência, da mocidade à vida adulta, dos dias leves e soltos da meninice aos dias cheios de obrigações e compromissos da vida adulta. Tinham gênios diferentes, mas se divertiam juntos. Nestore era expansivo; Udelio, mais reservado. Mas um completava o outro. Udelio admirava-se da espontaneidade de Nestore. Nestore apoiava-se na admiração do irmão.

Quando fazia brincadeiras, era para Udelio que Nestore olhava primeiro, em busca da primeira gargalhada. E ela sempre vinha, encorajando-o a seguir adiante. Fora assim na infância e seguira pelo resto dos dias que conviveram juntos, ainda que fosse algo sutil, não percebido pela maioria. Era uma linguagem que somente eles entendiam. Ali, naquelas trivialidades, residia a cumplicidade que os manteve unidos ao longo dos anos, mesmo com a separação da sociedade da Mabel.

Dia após dia, Nestore recebera do irmão a segurança para desenvolver seu potencial persuasivo e empreendedor. Sim, devia ao irmão o incentivo que o levou a se tornar quem era. Quem já havia assistido a sua performance tão persuasiva e segura como empresário não podia imaginar que a origem das coisas residisse em trocas tão simples do cotidiano.

O empréstimo gratuito do sorriso, do incentivo e da aprovação era o maior legado e a maior herança que Udelio lhe havia deixado.

Era com essa gratidão que nutriria a saudade do irmão que partira. E isso não era algo para se racionalizar, apenas para se sentir.

Com o falecimento de Udelio e Cláudio, o acordo da fusão acabou não prosseguindo. Contudo, prosseguiram os planos de profissionalização da gestão das empresas que estavam sob o comando de Sandro, que aprendera a amar e se orgulhar da Mabel tão ou mais que ele próprio, a ponto de incluir em sua assinatura o nome da indústria: Sandro Mabel.

Na configuração de gestão profissional, a família passaria a atuar por meio do Conselho de Administração, que dava diretrizes ao presidente profissional.

Na prática, esta era uma mudança complexa, que exigia muita energia, sabedoria e desprendimento, especialmente do presidente-dono, no caso, Sandro. Por mais que a família estivesse monitorando o negócio por meio desse Conselho de Administração, e pudesse fazer interferências, as decisões do presidente profissional no dia a dia da indústria não poderiam ser atropeladas. Se, diante de uma meta de resultados, ele optasse por seguir uma estratégia diferente daquela que comumente era definida, ele teria autonomia para fazer suas tentativas.

– Sandro, você precisará deixar este novo presidente atuar... – Sérgio preparava o espírito do irmão.

Como um especialista da Administração, Sérgio conhecia a complexidade da mudança. Como um bom observador, sabia muito bem as repercussões que ela causaria no irmão. Ele permitiria que o novo líder atuasse com seu próprio estilo?

O presidente-dono sairia definitivamente da operação, do dia a dia. Se o presidente profissional adotasse uma nova estratégia, teria de confiar e aguardar os resultados, sem sofrer por antecipação. Mas não era fácil. Por repetidos anos, Sandro estava à frente de uma indústria que conhecia profundamente: todos os processos, os fornecedores, os consumidores. Era complicado permanecer só no camarote, assistindo.

Embora fosse igualmente dono da Mabel, para Sérgio o processo era menos doloroso. Desde que os dois resolveram unir as gestões, sua atuação na indústria já vinha sendo bastante flexível. Ele assumira papéis diferentes, à medida que identificava hiatos no dia a dia. Além de atuar como *back office* de Sandro, já havia assumido, por exemplo, a área de negociação com grandes supermercados, em que se reportava ao diretor comercial.

O assunto foi tema de muitas conversas entre os dois irmãos e objeto de reflexões madrugada adentro. Até que o perfil do futuro profissional foi se formando em sua mente.

– Sérgio, precisa ser alguém de nossa confiança. O banco tem sugerido profissionais de alta performance como candidatos ao cargo, mas são desconhecidos para nós.

O melhor candidato, Sandro já tinha eleito para si mesmo. Era Mauro Bonomi, diretor administrativo, que há vários anos trabalhava com ele. Era o homem de confiança dele.

Além da competência e da experiência de Mauro, Sandro tinha uma boa relação com ele. Havia respeito entre os dois e também espaço para franqueza e críticas honestas. Se deveria passar o bastão, que fosse a alguém que já vivia a cultura da empresa, daria continuidade a um estilo de gestão que vinha dando certo e poderia ouvir seus conselhos mais à frente.

Ao receber o convite, Mauro sentiu-se honrado pela escolha, mas sabia que não se tratava de um troféu simples de ser carregado.

– Nunca tive essa pretensão, Sandro.

– Precisamos dar esse passo, Mauro, e consideramos que você tem o perfil mais adequado para esse momento – respondeu, narrando os motivos pelos quais eles não queriam trazer alguém de fora.

Depois de alguns dias e outras conversas, Mauro deu sua resposta.

– Assumo o desafio interinamente, até que vocês encontrem o presidente profissional, por um ano.

Sabia Mauro que não seria fácil suportar o impacto dessa transição, a carga emocional seria grande. Ele conviveria com o processo de desapego de um presidente-dono, que certamente desenvolveria uma resistência quase inconsciente aos atos de qualquer um que ocupasse sua cadeira. O ano era 2006.

Sandro passou então a viver uma rotina diferente. Em vez do dia a dia da indústria, da adrenalina diária, das reuniões com fornecedores e grandes clientes, do acompanhamento da produção e do cumprimento das metas, a Mabel exigiria dele apenas a participação nas reuniões do Conselho de Administração.

Nos primeiros dias, sentia-se sem lugar, sem função, sem importância. Parecia ter uma comichão de tanta ansiedade. Canalizou suas energias para sua rotina como deputado federal e para outras ocupações. Desde os anos 1990, ele seguiu carreira política paralelamente a suas atividades corporativas.

Nestore também fazia parte do Conselho de Administração. A cada três meses vinha para o Brasil e acompanhava esse novo momento da indústria.

O processo exigiu uma mudança de postura. Sandro e Sérgio buscaram orientação para assumir seu novo papel. No fundo, buscavam entender, afinal, o que um conselheiro fazia. Participaram de formações no Instituto Brasileiro de Governança Corporativa, trocaram experiência com outros empresários e executivos.

– Antigamente, nosso desafio era fazer e acontecer. Hoje, nosso desafio é fazer com que façam – resumiu Sérgio o espírito dessa nova etapa.

A conclusão parecia óbvia, mas tinha uma diferença profunda. Parecia simples, dizia Sérgio, mas era algo complexo, especialmente para bons executivos com alta performance como ele e o irmão. É comum que empresários com esse perfil empreendedor vislumbrem janelas de oportunidade antes mesmo de sua equipe.

Quando eles estavam à frente da operação, bastava anunciar a decisão e colocar a equipe para detalhar e executar o plano. Na condição de conselheiros, a postura era diferente. Precisavam, acima de tudo, convencer e conquistar o engajamento do presidente profissional.

A transição passou e, finalmente, instaurou-se uma nova cultura na Mabel. Em 2007, chegou o tempo de José Vicente Veloso Barros, o primeiro presidente profissional das indústrias de Sandro e Sérgio.

Vicente era diretor industrial da Mabel havia apenas dois anos. Jovem, com 40 anos, vinha construindo uma carreira notável. Mineiro, com formação inicial em tecnólogo em laticínios e diversas especializações, até no exterior, ele havia atuado por 16 anos na Danone, onde ocupara cargos na França e nos Estados Unidos; depois fora diretor da Vigor. Cargos que ele considera importantes, mas era a primeira vez que chegara a esse posto tão alto em uma empresa com um crescimento tão notável. Um grande desafio, ele considerava.

Ainda nos anos 2000, a Mabel já havia atingido a marca de 4,7 milhões de toneladas de biscoitos, o que a colocou como a terceira maior indústria desse segmento alimentício no Brasil. Além de produzir a rosquinha, a fábrica vinha, nos últimos anos, diversificando sua produção e havia incluído os waffers e os biscoitos recheados em seu portfólio.

A diversificação trouxe mais consumidores para a Mabel, mas ainda assim as rosquinhas continuaram a ser o carro-chefe da marca, as campeãs em volume de produção e vendas, com muitas toneladas à frente do restante da linha produzida.

Elas eram bem recebidas em todas as classes sociais por sua qualidade e seu sabor. Devido à alta produção, tinham o preço acessível a todos os públicos. Desde seu surgimento, nos anos de 1970, fizeram parte da mesa do brasileiro, e até da merenda escolar dos alunos das escolas públicas de todo o país.

Nesse caso, a Mabel adaptou a receita para atender especificações do Ministério da Saúde. As rosquinhas tinham tamanho maior e vinham com alto teor de proteína animal, essencial para o desenvolvimento cognitivo das crianças em idade escolar.

Quando assumiu o cargo de presidente profissional, Vicente vislumbrou que este era o grande tesouro da Mabel, que poderia se converter em mais vendas se sua história fosse resgatada. Os adultos da atualidade eram as crianças de trinta anos atrás que conheceram e gostaram das rosquinhas quando elas estouraram no mercado. Elas faziam parte de suas memórias de infância.

Se a Mabel trouxesse de volta os doces que eram lembranças da infância dos consumidores, certamente eles influenciariam os filhos. Era o movimento *back to the basic*, conhecido entre os administradores, que na prática é não se esquecer da essência de uma marca.

Foi então lançada uma embalagem retrô, que reapresentou o primeiro design, criado pelo próprio Nestore. Trouxe de volta também os dois personagens que faziam parte da embalagem: o Mabelino e a Mabelina.

O resgate estimulou as lembranças, gerou a valorização da marca e influenciou as vendas. Bingo! Daquele feito em diante, Nestore passou a chamar Vicente de presidente marqueteiro. Assim, ele conquistava a confiança do Conselho de Administração, o que lhe dava maior segurança, liberdade e ousadia.

Na mesma medida em que fez o movimento de valorizar a rosquinha, a Mabel também investiu em inovação. Nos anos seguintes, lançou novos sabores para a rosquinha - banana, canela e leite -, assim como cookies e biscoitos salgados de 100 calorias, para atender ao público fitness.

Sim, Vicente provara que tinha o perfil e a habilidade para dar continuidade aos negócios no ritmo desejado por Sandro e Sérgio. Uma perfeita sintonia se formou entre o trio, baseada em respeito mútuo, completude de conhecimento e habilidades. O cenário ideal para desenvolver ideias que fizeram aumentar a participação da marca no mercado.

Até chegar ao que o presidente considerou ser o limite de crescimento viável para a Mabel naquele momento. Depois de três anos de gestão, em uma reunião anual do Conselho de Administração, Sandro e Sérgio anunciaram as metas para o ano seguinte, Vicente esmoreceu. Avaliou que elas não poderiam ser alcançadas. Ponderou acerca das inconformidades de alguns processos da indústria, assim como das limitações de equipe e do próprio mercado.

Sandro e Sérgio não concordaram. Sabiam que havia, sim, correções a serem feitas em alguns processos, e isso não poderia ser um limitador de crescimento. Manter Vicente na presidência significava aceitar esse posicionamento, que eles refutavam veementemente. Por outro lado, não queriam abrir mão de Vicente como presidente, a quem creditavam tanta competência.

Vivenciavam na prática aquilo que tinham percebido em teoria. Ecoava na mente de Sérgio aquilo que ele concluíra para si mesmo no início do processo de profissionalização de gestão: "O desafio maior era fazer com que fizessem". Era preciso convencer Vicente de que ele poderia ir além do que considerava ser o limite.

O que fazer, então?

Por inúmeras vezes, Vicente havia solicitado a contratação de algumas consultorias para a indústria, autorização negada pelo Conselho de Administração. Sandro e Sérgio receavam que os consultores viessem a se tornar muletas, que amenizam as falhas sem corrigi-las definitivamente. Se existia uma área fragilizada dentro da empresa, o que estava em xeque precisava ser avaliado, e isso era competência do gestor.

Para os irmãos, a consultoria só seria produtiva se tivesse o objetivo de potencializar o plano do bom gestor. Concluíram então que havia chegado o momento de contratar consultorias e, quebrando todos os paradigmas, lançaram uma proposta ao presidente: tornarem-se, eles próprios, os consultores de Vicente. Eles mergulhariam novamente no dia a dia da empresa, em busca das oportunidades de melhoria dos processos, e levantariam as soluções para ele.

De conselheiros, desceriam degraus no organograma da indústria e passariam a ser consultores do presidente. Apresentaram a ideia em uma nova reunião do Conselho de Administração.

– Mas como assim? Vocês são conselheiros, como isso será percebido pelos executivos?

No fundo, a dúvida era: os conselheiros, donos da Mabel, iam voltar para a execução e tornar o presidente apenas uma figura simbólica?

- Vicente, eles entenderão nosso papel. Não estaremos lá para tirar sua autoridade ou lhe fazer sombra, mas para levantar os gargalos e ajudar você a atingir esses resultados.

Proposta estranha, diferente de tudo a que o mundo corporativo estava acostumado. Porém, poderia dar certo. Conseguiram convencer o presidente profissional. Fazer com que fizesse. Ele aceitou a nova meta e os irmãos voltaram a viver a rotina da empresa, como consultores.

A conduta gerou muito disse me disse, que ecoava até fora dos muros da indústria. Não tanto por verem Sérgio nesse papel, uma vez que ele já havia assumido antes diferentes funções na empresa, de acordo com a necessidade. Quando, porém, os executivos viram Sandro, outrora presidente, na posição de consultor, olhos se arregalaram para, depois, adquirirem a forma da admiração.

O modelo exigiu sabedoria por parte dos irmãos. Na condição de consultores, submetiam-se à hierarquia, prestavam contas, não faziam uso de sua condição de proprietários. Já como conselheiros, nas reuniões do Conselho de Administração, assumiam o papel de cobradores de resultado.

Simples assim, graças ao desprendimento. Mais uma vez, impossível não render os créditos aos exemplos dados pelo pai, que contribuíram para a formação de um caráter tão pragmático e ético nos filhos. Os valores dos Scodro se perpetuavam, formavam uma cultura corporativa forte e repercutiam no crescimento da marca.

CAPÍTULO 22

O INÍCIO DE TUDO

ANO DE 2011. DEZ ANOS SE PASSARAM. Apesar da tragédia ocorrida no cerne da família, a marca provava sua força e resiliência, o DNA de seus fundadores. A Mabel já estava entre as cinco maiores fabricantes de biscoito do país, com capacidade de produzir 1,5 milhão de pacotes por dia, entre biscoitos e salgadinhos, comercializados em 140 mil pontos de venda do Brasil, além de estar presente em outros 35 países.

A profissionalização da gestão ainda fortaleceu as fábricas geridas por Sandro e Sérgio. A participação dos filhos de Nestore no negócio havia aumentado para 60%, uma vez que os herdeiros de Udelio decidiram vender suas ações um ano após seu falecimento. Sandro e Sérgio adquiriram 10%, enquanto o Icatu aumentou sua participação para 40% na sociedade.

Algumas mudanças aconteceram após esse rearranjo societário. A unidade de Ribeirão Preto fora fechada. Cinco unidades permaneceram em operação: Goiás, Mato Grosso do Sul, Rio de Janeiro, Sergipe e Santa Catarina. Além disso, havia outros 25 centros de distribuição espalhados pelo país. As indústrias estavam equipadas com maquinário moderno, os processos eram muito bem alinhados. Não havia dívidas.

Apesar dos avanços, o crescimento da participação do Icatu na Mabel também gerou uma situação de insegurança para os Scodro.

De cinco em cinco anos, o sócio financeiro Icatu oferecia suas ações ao mercado, conforme o pactuado. Sandro já estava acostumado com essas movimentações, mas desta vez havia uma grande diferença.

Quando o Icatu entrou, em 1999, Sandro calculou os riscos de incluir um novo sócio no negócio, ainda que fosse apenas um sócio financeiro. Sua participação resumia-se a 10% das ações, e era viável adquirir as ações de volta em uma negociação. No entanto, agora o cenário era outro. Eles detinham 40%, o que poderia comprometer esse plano inicial.

Pela primeira vez, iria ao mercado após essa mudança societária, justamente em um momento econômico em que o país florescia e chamava a atenção do mundo. Com a moeda estabilizada desde 1994, o brasileiro experimentava, pela primeira vez, o poder de compra. Seu dinheiro não era mais corroído pela inflação. Junto com ela, a taxa de juros também caíra, o que favorecia a tomada de crédito. Agora, era possível fazer planos de consumo em médio e até em longo prazo. Equipar a casa com novos eletrodomésticos, ter carro e até casa própria.

As indústrias surfavam nesse bom momento econômico, aumentando sua participação no mercado e também a geração de empregos - só a Mabel possuía quase 4 mil funcionários. O PIB do Brasil crescia. As agências internacionais de *ratting* conferiram ao Brasil, pela primeira vez em sua história, o *Investment Grade*, título mundial de "bom pagador", aumentando o grau de confiabilidade dos investidores estrangeiros no país.

Desde o início do Plano Real até aquele momento não houve tantas fusões e aquisições no país, incluindo investimentos internacionais. De acordo com o estudo da KPMG, uma das consultorias corporativas mais respeitadas no mundo, presente em cerca de 150 países, foram 817 transações naquele ano, recorde até então.

Este foi o cenário ideal para o Icatu retomar seus investimentos feitos na Mabel ao longo de doze anos. Contratou o banco Credit Suisse para buscar interessados, que não demoraram a aparecer. Catorze empresas lançaram propostas, entre elas várias multinacionais, como Bunge, Bimbo e PepsiCo.

As negociações iniciaram-se em agosto e Sandro rebatia as propostas. Inicialmente, elas de fato não atendiam à expectativa de retorno esperado pelo próprio Icatu. Porém, as contrapropostas ficavam cada vez mais agressivas. No páreo final, estavam a PepsiCo e a Campbell.

A PepsiCo avançou na negociação, tirando a Campbell do jogo. Contudo, não dava margem para uma possível fusão entre as duas marcas, uma vez que multinacionais geralmente querem o controle das empresas que adquirem.

No contrato entre Icatu e Mabel, constava uma cláusula conhecida no universo corporativo como *drag alone*, que obrigava a parte da sociedade que se recusasse a aceitar uma proposta de venda a adquirir as ações da outra parte pelo valor ofertado pelo mercado.

Existiam, então, duas possibilidades: ou os Scodro compravam as ações do Icatu ou vendiam suas ações. Sandro e Sérgio, juntamente à equipe, concluíram que, embora fosse possível, a aquisição das ações do Icatu poderia não ser tão interessante para a Mabel, que deixaria de ser uma empresa moderna e rentável para se tornar uma empresa endividada.

No fim de outubro, os Scodro já sabiam que a venda seria irreversível. Para Sandro, esta era a maior negociação de que havia participado até o momento, e também a mais difícil. O que estava em jogo era muito mais do que uma indústria, mas também sua trajetória. Impossível não estar afetado. Quando assumiu a fábrica em Goiânia, em 1983, as três indústrias produziam 1,1 tonelada por mês. Criara uma estrutura capaz de produzir 12 mil toneladas.

Preferiu se ater ao lado positivo de toda essa história. Percebera que o apetite do investidor era voraz e sabia que, nesse jogo, era preciso ter sangue-frio para fazer o melhor negócio. A PepsiCo tinha a estratégia de se fortalecer no segmento de alimentos, e havia adquirido recentemente a argentina Dilexis, fabricante de biscoitos.

Antes disso, em 1999, comprara a marca de biscoitos Gamesa, no México, e havia assumido a liderança do mercado naquele país. O Brasil era seu quarto maior mercado e a multinacional tinha planos de avançar mais nesse ranking.

A imprensa especializada acompanhava a negociação e assediava Sandro continuamente, em busca de furo. Porém, ele só dizia que, se dependesse dele, comemoraria não apenas os 60 anos da marca, como também seu centenário. Nas rodadas de negociação, ele sempre demonstrava desinteresse pelo valor das propostas.

- Mas quanto você quer? - perguntavam os executivos do Icatu nas rodadas de negociações.

Até que ele respondeu com uma cifra audaciosa, bem acima do que estava sendo pedido pelo Icatu por suas ações.

- Esse é o valor pelo qual eu começo a pensar em vender - dizia, quase em tom de desdém.

Iniciou-se um jogo de xadrez. Os executivos da PepsiCo disseram que levariam a proposta para a diretoria financeira em Nova York. Dias se passaram e, enquanto a resposta não vinha, continuavam a discutir detalhes do contrato em reuniões. Quando a pauta da reunião voltava ao assunto "preço", a resposta era sempre a de que aguardavam o retorno.

Sandro observava esse movimento. De sacos de farinha a grandes contratos, o que mais fizera em toda sua vida foi negociar. Tinha faro, malícia. Ouviu um dos executivos da PepsiCo comentar, em conversa de canto de ouvido com outro colega, que eles tinham um prazo curto para concluir a negociação, por razões fiscais. Percebeu que, se estavam trabalhando em detalhes, é porque havia grandes perspectivas sim, de eles cobrirem sua proposta.

Era hora do xeque-mate, que aconteceu em uma quarta-feira dos últimos dias de outubro de 2011.

- Olha, enquanto vocês não decidem quanto ao preço, eu vou para uma caçada que já havia combinado com uns amigos - disse em uma reunião.

- Como assim? Como vamos falar com você no meio do mato? - perguntou Thiago, um dos diretores do Icatu.

- Lá não pega celular - respondeu.

- Mas estamos no meio de uma negociação. Você não pode fazer isso.

– Os executivos da PepsiCo nem nos posicionaram quanto ao preço, aguardam retorno de Nova York... Do que adianta falar comigo? Na segunda, estou de volta!

E saiu da sala de reuniões do Edifício Pinheiro Neto, em São Paulo, deixando os executivos embasbacados.

Antes de chegar ao aeroporto de Congonhas, a notícia já havia se espalhado. Seu celular toca, era o filho, Eduardo.

– Pai, você tem cabeça para caçar?

– Fique tranquilo, filho! A pressa é deles – disse, revelando a informação que havia escutado.

Sandro havia concluído que não faria diferença, do ponto de vista financeiro, se a venda se concretizasse ou não. Se continuassem com a Mabel, tinham uma marca consolidada, bem gerida e com grande mercado. Se a vendessem pelo valor que pediam, teriam o retorno monetário à altura, que coroaria todo o esforço da família pela indústria.

Antes de se isolar no mato, ligou para Nestore para lhe passar informações:

– Pai, eu acho que não vamos conseguir retroceder mais. A negociação está muito avançada – disse em um desses telefonemas.

Do outro lado da linha, Nestore ouvia com serenidade, mas o coração estava apertado. Um filme passava em frames em sua mente: o sonho de "fazer a América", a decisão de abandonar o sonho de se tornar um grande violinista para abrir um negócio com o irmão, o sacrifício e as dificuldades dos primeiros anos da indústria, as pequenas conquistas, o presente mágico da receita das rosquinhas, as premiações da indústria, as campanhas de marketing com as quais se divertia, o apogeu e, agora, o fim.

Mesmo não estando mais diretamente ligado à gestão da indústria há alguns anos, depois de ter entregado o controle para seus sucessores, esse sentimento de realização se perpetuava através das conquistas dos filhos, que multiplicaram a capacidade de produção e a presença da Mabel no mercado. Orgulhava-se em ter conseguido desenvolver a capacidade de liderança e o empreendedorismo em seus herdeiros.

Eram muitos anos de intensa história com muito sentimento envolvido para colocar um ponto final nessa história. Nestore, porém, nunca deu vazão a atitudes passionais. Até porque a Mabel já não era dele e, portanto, respeitava, confiava e apoiava os filhos. Mesmo com fagulha de angústia no peito.

Preocupava-se mais com a repercussão desse sentimento no filho do que consigo mesmo. Já havia testado, em muitas outras situações, sua capacidade de resiliência e estava convicto de que saberia elaborar mais essa perda. Mas e quanto a Sandro?

A negociação terminou em 11 de novembro de 2011, assim que Sandro voltou da caçada. A proposta foi aceita pela PepsiCo no valor que ele pedira.

Sandro saiu de São Paulo e foi dar a notícia aos funcionários. Usando videoconferência com as cinco fábricas, comunicou a todos as mudanças que aconteceriam, e agradeceu pelo carinho e pela dedicação que ajudaram a construir aquela grande empresa.

No fundo, estava sem chão, apesar da negociação bem-sucedida. Faltavam três meses para completar 40 anos de dedicação à indústria. Teria de se acostumar a levantar de manhã e não ter mais a Mabel para ir.

A coletiva aconteceu dias depois, no auditório da indústria em Goiânia, onde toda a imprensa nacional estava aguardando o anúncio oficial, e que foi feito naquela ocasião por Sandro, Sérgio e Nestore, que veio de Miami para esse momento.

Participaram também do evento o presidente da Mabel, José Vicente Veloso Barros, e o presidente da divisão de alimentos da PepsiCo nas Américas do Sul e Central e no Caribe, Olivier Weber.

Números, estatísticas e valores, tendências de mercado, interesse internacional pelo Brasil, crescimento excepcional foram assuntos questionados pelos jornalistas. A pauta objetiva e econômica, contudo, para os Scodro era algo que mexia com seus sentimentos e sua história.

Pai e filhos prepararam para o presidente da PepsiCo uma rosquinha de coco estilizada em metal dourado, emoldurada em um quadro de vidro.

Coube a Sandro ser o porta-voz da mensagem:

– Por quase sessenta anos nossa família cuidou da Mabel, que tornou-se mundialmente conhecida e querida pelos consumidores. Passamos a vocês agora a missão, para que possam completar um século ou muito mais.

Para eles, era um momento de grande emoção. Na saída, percorreram os corredores do prédio erguido por Nestore em 1975, com a ajuda de Vitorino, filho de Udelio, e ampliado por Sandro posteriormente. A retrospectiva teimava em percorrer a mente de Nestore, com os inúmeros detalhes vividos por anos na indústria. Impossível negar, estava estampado em seus rostos: o tom era de pesar. Por mais que se esforçassem, por mais que fossem cordiais com todos, por mais que fosse um negócio excepcional, o sol não brilhava para eles naquele dia.

Veio então a lembrança do início de tudo, da fábrica de fornos em Juiz de Fora, que não dava certo. Quando ele e o irmão decidiram fundar uma fábrica de biscoito, nada entendiam do assunto. Só queriam criá-la para agregar valor ao último forno que fabricaram em Juiz de Fora, e vendê-la quando estivesse dando lucro.

Olhou para o céu e, se fosse criança, enxergaria a face do irmão desenhada nas nuvens, mandando-lhe esse recado, esse alento. No entanto, como adulto, apenas agradeceu aos céus pela lembrança. Nada havia acontecido demais. O dia 11 de novembro de 2011 era apenas a conclusão dos planos traçados nos anos 1950: a Mabel foi feita para ser vendida. Sentiria saudades de um tempo bom, não negaria. A vida, no entanto, certamente continuaria com novos recomeços, surpresas e alegrias.

POSFÁCIO

A VIDA QUE CONTINUA

ATÉ HOJE, TODA VEZ QUE ENTRA EM UM SUPERMERCADO, Nestore faz questão de passar pela seção de biscoitos. Examina as embalagens, os lançamentos, as novidades e as mudanças. O hábito desenvolvido ao longo dos sessenta anos permanece. "Uma mulher vai olhar uma vitrine de roupa, eu vou olhar biscoitos", compara. É uma curiosidade, um prazer do qual ele não abriu mão.

Após a venda da Mabel, Nestore permaneceu em Miami com a esposa, Luiza, onde já viviam e estavam adaptados.

Desprendido, continuou sendo importador e distribuidor, nos Estados Unidos, dos biscoitos que criara. Havia trabalhado duro por quinze anos para conquistar espaço naquele país de regras tão rígidas, e a Mabel já estava dentro das melhores redes de supermercados da Flórida e de outros estados norte-americanos. Não podia abrir mão dessa conquista.

E daí se a família não era mais dona da marca? Para ele, a Mabel era como um filho que, mesmo tendo ganhado asas e voado, seria eternamente estimada e querida. Não havia espaço para orgulho ferido ou rancores. O que sentiu foi um grande pesar quando a PepsiCo decidiu encerrar, em 2014, as exportações ao país, que em sua visão é uma vitrine para o mundo.

Nestore não esconde a alegria que ainda nutre em descobrir histórias de pessoas que cresceram com as rosquinhas na mesa. Um dos mais recentes episódios aconteceu no apartamento que mantém em Goiânia. A pedido do filho, Sandro, dois instaladores de ar-condicionado foram a sua casa para fazer uma manutenção. Não sabiam quem era o morador do endereço aonde iriam.

Já na casa de Nestore, um dos técnicos soube quem era o cliente e se espantou:

- Então o senhor é o pai do Sandro?

- Sim - respondeu.

- O fundador da Mabel?

Pediu imediatamente para tirar foto.

- Nossa, senhor Nestore, comi esse biscoito a vida toda!

Convite aceito, o companheiro de trabalho do técnico também quis o mesmo. Outra foto. Por fim, pediram para que os três fizessem uma selfie juntos...

Para Nestore, um grande orgulho. É quando ele vê a extensão de sua história impregnada na vida de multidões. É quando ele tem a certeza de que, mais do que alimentar o corpo, a Mabel alimentou o coração dos consumidores. Os biscoitos tornaram-se uma testemunha de bons momentos. Quando ele tem o privilégio de testificar isso, o sentimento é de dever cumprido.

Além de sua residência em Miami, mantém apartamento em Goiânia, para onde eles vêm três vezes por ano. Anualmente, também retorna a sua terra natal, a Itália, para visitar a filha Sônia e a irmã Domizia. A agenda de viagens é movimentada, e a de negócios, também. Sim, ele ainda não quietou e, enquanto puder, assim vai continuar. O segredo da vitalidade, ele ensina: "É não deixar a cabeça parar".

No alto de seus 86 anos, Nestore conserva grande vigor e mantém sua luz própria. Carrega consigo os frutos de sua semeadura, entre eles, o orgulho de ter sido acolhido por onde passou, motivo pelo qual jamais se sentiu um estrangeiro em terra estranha. Enquanto viveu em Ribeirão Preto, foi reconhecido cidadão ribeirão-pretano;

depois, já no Rio de Janeiro, recebeu o título de cidadão carioca. Por último, recebeu o título de cidadão goiano em 13 de maio de 2013. Uma homenagem do então deputado estadual José Vitti, em concorrida solenidade realizada na Assembleia Legislativa de Goiás, na cidade de Goiânia. O salão foi pequeno para tantas presenças.

Por onde passa, sua presença é marcante. Conserva a energia no olhar, o interesse pela vida e pelas pessoas. Jamais invade o território alheio nem se deixa ser invadido. Para quem lhe permite, compartilha ideias, conhecimento, experiência. Geralmente, a maioria lhe abre as portas da mente e do coração. Afinal, quem não quer aprender com um vencedor?

A seguir, uma pequena entrevista dada por Nestore Scodro a Raquel Pinho.

Como é a vida depois dos 80?

É muito boa. Ontem mesmo eu li algo interessante sobre este momento de vida. "Quem diz que, aos 80 anos, se sente como um de 50 está perdendo 30 anos." É preciso viver a plenitude de cada etapa da vida, sem a necessidade de querer se sentir mais novo. Isso é ficar preso ao passado.

As pessoas têm a ideia de que a terceira idade é monótona e pouco interessante...

Há quem diga que as pessoas ficam transparentes quando envelhecem. Porque ninguém olha para o velho. Vejo que muita gente se surpreende quando eu e Luiza andamos de mãos dadas pelas ruas, percebo o olhar de admiração, acho que se encantam. Porque a gente vive essa fase de maneira diferente, de forma autônoma. Em parte, porque, graças a Deus, temos saúde. Tenho 85 anos e continuo com uma mente que funciona, tenho a capacidade de fazer as coisas que eu sempre fiz. Aliás, agora as faço com um pouco mais de experiência e sabedoria. Por outro lado, não deixo a rotina entrar em minha vida, e é esta atitude que me mantém vivo.

Mesmo gozando de um admirável patrimônio, o senhor continua trabalhando. Essa é sua estratégia para espantar a rotina?

Muitas pessoas perguntam por que eu ainda trabalho. Não faço isso por dinheiro, mas para não ficar parado. Tenho de me sentir útil. Quem fica parado em cinco anos envelhece vinte – física e moralmente. Até a personalidade você perde. Meus netos gostam de mim e me tratam como um igual. Não me tratam como velho. Eu falo, discuto, brigo. Sempre digo que você precisa ter um aborrecimento. Adoro uma confusão, no bom sentido. Em suma, trabalho porque eu quero continuar feliz.

O trabalho sempre foi um valor forte na vida do senhor. É através do trabalho que o ser humano mostra sua capacidade de realização?

Sem dúvida. A capacidade do camarada e a intensidade de seu trabalho fazem com que ele se projete ou não. Possa viver bem ou não. Eu comecei a trabalhar desde pequeno. Quando eu tinha 19 ou 20 anos, dormia quatro horas por dia. Eu sempre trabalhei duro e por isso vieram os resultados. Consegui fazer um patrimônio.

Mas hoje o senhor dorme mais do que quatro horas. Como é a rotina do senhor em Miami?

No início da minha vida, trabalhava dezesseis horas por dia. Depois, passei a trabalhar catorze, depois doze. Agora eu trabalho seis ou sete horas. Procuro equilibrar o trabalho com o lazer, afinal a vida não pode ser somente aborrecimentos. Normalmente eu levanto às 8 horas da manhã e vou caminhar com a Luiza até as 10 horas. Depois disso, vou trabalhar em meu home office. Entro na internet e vejo o que tem para fazer. Almoço, vejo os jornais na televisão e, às 2 da tarde, entro no trabalho novamente e sigo até as 5 ou 6 da tarde. Evidentemente, tem dias em que eu trabalho até as 8 ou 9 horas da noite. É esporádico. Depois tomo meu aperitivo, whisky. Um cálice de vinho é no almoço. Depois a gente sai, assiste à televisão, vai ao cinema. Normalmente, eu durmo por volta das 11 horas, meia-noite.

Quais são os negócios que o senhor tem hoje?

Depois que deixei de ser distribuidor da Mabel, passei a desenvolver diversos negócios que percebi serem interessantes. Um deles foi investir em casas para locação em Miami. Outros foram desenvolvidos com um sócio, como a representação de máquinas italianas para impressão de livros. Também invisto na bolsa de valores e acompanho as oscilações.

Sempre estou de olho em produtos interessantes, que podem ser importados nos Estados Unidos, já que adquiri expertise nesse processo. São atividades fáceis de ser conduzidas, que trazem alguns incômodos, mas não a ponto de tirar minha qualidade de vida. Aliás, esse é o critério de seleção do que faço hoje. O trabalho pode tirar meu sossego, mas não pode tirar minha alegria.

Hoje o senhor consegue conciliar o trabalho com família, amigos, lazer, enfim, as outras necessidades do ser humano. Dá para fazer isso quando se é mais jovem?

Jeito tem, mas é muito difícil. O trabalho que se faz na minha idade e o trabalho na juventude são fases diferentes. Quando se é mais novo, o momento é o de conquistas, e elas exigem sacrifícios. Não tem outra maneira para vencer na vida. Para ter sucesso, é preciso trabalhar muito. Não tem conversa. Não se pode ter medo da hora de trabalho e trabalhar olhando para o relógio. A família é importante, mas se você não consegue provê-la, o risco de ela se desintegrar é grande. Ainda é válido o ditado "quando o dinheiro sai pela porta, o amor pula pela janela".

O que o senhor diria para quem está começando hoje na vida empresarial?

A primeira coisa é ser sério e honesto. Não banque o esperto, porque isso vai se voltar contra você. Quem quer o lucro rápido, porque enxerga uma oportunidade de chegar ao sucesso passando por cima dos outros, pode até chegar ao topo. Mas quando chegar, se chegar, não será bem reconhecido, não será apreciado pelos outros. A seriedade é que dá a projeção.

Tem que ter paciência também? A gente vive numa sociedade em que as coisas acontecem muito rápido.

A paciência tem limite. Não adianta ficar esperando que chova se não chove. É preciso se movimentar, ter ou criar alternativas. Eu nunca tive muita paciência. As minhas questões tinham de ser resolvidas.

E quando o senhor perdeu?

A perda dá experiência e ensina que aquele caminho não funciona. Mostra que é hora de mudar a estratégia para não se perder mais. Embora, às vezes, não dependa só de você.

Negócios familiares dão certo?

Sim, desde que se saiba separar as coisas. Não se pode deixar o parente interferir no negócio em função do laço consanguíneo. Geralmente, familiares tendem a achar que têm essa prerrogativa e acabam influenciando as decisões da gestão. Este é o grande perigo. Os critérios de decisão devem ser sempre técnicos, racionais e profissionais. É preciso colocar uma barreira nas influências emocionais. Não é fácil fazer essa distinção, mas ela é imprescindível.

O desapego faz a gente sofrer menos?

Muito menos. Eu larguei meu violino depois de chegar em nível de excelência. Estudei durante anos. Percebi que a carreira de músico não me ajudaria a "fazer a América", o sonho dos jovens europeus da minha época. Então eu o deixei. Joguei tênis durante quarenta e tantos anos, um esporte de que gostava. Um dia, tive uma distensão muscular durante um campeonato, então tive de largar, mesmo tendo quatro quadras de tênis na frente do meu terraço. Não posso jogar, acabou. Quando parei de fumar, senti falta, mas nunca mais fumei, porque entendi que, além de fazer mal, eu estava dando mau exemplo a meus filhos. Sou assim. Quando tive de tomar uma decisão, tomei. Não fiquei remoendo depois.

Qual foi o legado que deixou para os filhos?

Exigir responsabilidade, pontualidade e honestidade. São os princípios de uma vida correta. Quando eles eram novos, fui duro com eles. Nunca os tratei como se fossem crianças. Exigia desde cedo posturas que normalmente se exigem de adultos. Quando vejo quem eles se tornaram, constato que foi para o bem.

Qual o valor da família para o senhor?

Ela é o sentido de tudo. Se não tivesse para quem voltar ao final de um dia de muito trabalho, seria uma desilusão muito grande. Venho ao Brasil três vezes por ano só para ficar perto dos meus filhos e netos. Aprecio uma boa e inteligente conversa. Acho que, por isso, quanto mais os netos e bisnetos crescem, mais me aproximo deles. Assim foi com meus filhos. Espero ainda me tornar um grande companheiro do João, o primeiro Scodro da quarta geração.

Caderno de fotos

Antônio Fortunato.

Dona Anna, Udelio, Nestore
e senhor Antônio Fortunato.

Luiza e Nestore em São Paulo, no começo do namoro.

Nestore na estação ferroviária de Montebelluna com um amigo,minutos antes de tomar o trem para o porto de Genova.

Donna Anna.

Nestore e Udelio nos Estados Unidos.

Nestore na casa de Udelio.

Nestore e Udelio nos Estados Unidos.

Nestore e Udelio em Nova York.

Nestore e Udelio em uma pescaria em Miami.

Este livro foi impresso pelas Edições Loyola
em papel norbrite 66,6 g.